U0462018

守望者
The Catcher

阅读　你的生活

中华文明格局的起源

考古学的视角

陈胜前 著

中国人民大学出版社
·北京·

序　言

缘　起

中华文明历史悠久，博大精深，绵延不绝。对很多人来说这是常识，就像是在说今天天气很好，但是天气预报员需要收集大量的事实数据，发展理论模型，才能说这句话。同理，尽管我们绝大多数人都感受到了中华文明就是如此，但对考古学研究者而言，需要通过调查、发掘和多学科的分析，去印证这样的认识是否准确，还需要发展理论模型，解释为什么中华文明会如此。大家的认识相差无几，但是认识过程存在着显著的差别。正如天气预报可能不准确一样，考古学研究者的认识也可能模糊不清，甚至可能犯错，不过，这样的认识是可以证伪的，其程序是可以追溯的，因此，考古学作为一门广义的科学分支，可以不断进步。考古学要了解过去，一方面需要分析材料，发展理论模型；另一方面需要量力而行，限制自己的精度，即有一分材料说一分话。就本书而言，就是从格局这个更加宏观的层面来认识中华文明的起源，尽管精度可能有所不足，但是得到的认识可能会更可靠一点。

在中华文明探源研究上，21世纪的中国考古学研究者是幸运的。我曾注意到，世界主要古文明的发现集中在100多年前，古希腊、古埃及、两河流域、古印度、玛雅、印加等文明，都是如此。中华文明起源的发现是最晚的，从1928年开始发掘殷墟算起，我们对于中华文明的认识长期停留在距今3700年前后。这个局面直到20世纪80年代红山文化牛河梁遗址坛-庙-冢遗存被发现后才有所改变。90年代中后期，"夏商周断代工程"启动，但受制于材料的发现，也没有从根本上打破有关中华文明起源的固有认知，以至于现在还有不少人，甚至包括一些历史学者的认知还是停留于此。进入21世纪，"中华文明探源工程"启动，有关中华文明起源的考古发现高潮迭起，不断突破我们的定见。21世纪之初，陶寺遗址有了重要发现，2006—2008年发掘的良渚遗址其实是一座古城，2012年再次发掘的位于陕北的石峁遗址其实是龙山时代的古城……古城规模的纪录不断被刷新。100多年前发现世界古文明的人都是西方"考古学家"，之所以加上双引号，一方面是因为那个时候的考古学还比较幼稚，这些考古学家的工作相当粗糙；另一方面是因为他们作为殖民者，大多干过掠夺殖民地文化财富的勾当，有些人甚至是间谍。中国考古学家的幸运之处是，我们自己找到了中华文明的源头，并拥有科学手段，帮助我们确实地认识中华文明的形成过程。

更幸运的是，中国考古学家工作的这个时代正值中华文明崛起复兴之际，旧邦新命，经过近现代的沉沦之后，中华文明涅槃重生，正在创造一种新时代的文明，这一文明对于未来人类社会的命运具有极为重要的意义。中华文明生生不息，刚健自强，博大包容，这种内在的文化精神对于 21 世纪充满挑战的世界来说是必不可少的。百年前，现代考古学刚刚在中国诞生之时，核心的关注点就是中华文明的起源，遗憾的是，那个时候国难深重，民生凋敝，很难系统地开展研究。如今的中国考古学蒸蒸日上，每年有成百上千的田野发掘项目，多学科合作已经成为学科研究的基本方法，随着"中华文明探源工程""考古中国"等项目的进一步开展，中华文明起源过程越来越清晰。正是在这些成就的基础上，才可能写出这本书。

　　学科内外对中华文明起源问题的关注非常高，抖音、B 站、头条、博客等自媒体都参与其中，从不同角度、不同层次对其进行解读。除了考古学之外，还有许多学科参与其中，甚至还有许多热心的民间研究者。在移动互联网应用走在世界前列的中国，公众利用这一便利的途径，也参与到考古学阐释中来。多样的参与极大地丰富了我们对中华文明起源的认识。尽管我是一名专业的考古学研究者，但很长一段时期我的研究重点其实都不是文明起源问题。我进入这个领域是因为被大家的热情吸引，作为一名侧重于理论研究的研究者，我关注的问题是：究竟什么是文明？为什么要研究中华文明起源问题？文明起源研究何以可能？如此等等。考古学是一门强调实证的学科，物质遗存并不会自己讲话，需要通过系统研究才可能揭示出它所包含的信息。

理论研究是其中重要的组成部分，这似乎与考古学作为一门以实物遗存为研究对象的学科性质相背，在公众的印象中，考古学家就是在野外调查与发掘古代遗存的人。不过，理论思考与实物遗存研究并不矛盾。自然科学也研究实物对象，而理论研究是其中极为重要的组成部分。甚至可以说，没有理论研究，就没有自然科学。经验事实的观察最终要上升到理论高度，反过来，理论研究需要得到经验事实的验证，才能真正成立。

理论研究不是可有可无的，它是我们理解经验事实的基础与前提，是实践的指南。最近俄乌冲突是热点新闻，大家注意到俄军的常规力量表现得不尽如人意，其中一个原因就是军事理论研究滞后。二战之初法国也是如此，基于一战经验耗费巨资建设的马其诺防线没有发挥出应有的作用，军事理论领先的德军以机械化装甲部队绕过了这条防线。理论滞后在军事领域是致命的，在社科领域，理论研究也关系着国家与社会的发展。考古学因为与国计民生不直接相关，所以给人的印象是，考古理论研究好像无足轻重。实际上，在考古学中，离开了理论我们就无法理解考古材料，考古学研究也会失去方向与意义。

架　构

在当前中华文明探源研究中，我们在实物遗存的发现、材料的科学分析，乃至文化遗产的保护与利用方面，都做得非常出色。但是，相较而言，理论研究就逊色不少。本书就是围绕中华文明起源所做的系列理论思考，抛砖引玉，希望能够促进有关理论研究的发展。本书主体内容大体可以分为五部分。

第一部分（第 1 章）侧重于讨论考古学的意义。对于熟悉我或者考古学专业的读者而言，可能是老生常谈，可以略过。考虑到部分读者可能并不那么熟悉考古学，因此，这里不厌其详地探讨了考古学的独特视角，揭示它在认识人本身与人类社会演化，以及在认识我们作为中国人上的重要意义。我们之所以是中国人，根本在于文化意义的传承，而其主要载体正是考古学的研究对象——实物遗存。这也是考古学要研究中华文明起源的重要原因之一，令人遗憾的是，这个原因常常被忽视，至今也还没有建立起很好的研究路径。

第二部分（第 2、3 章）关注的是一些基础理论问题。究竟什么是文明？如何定义文明？我们为什么会这么定义文明？要回答这些问题，首先要厘清文化与文明、文明与社会的关系。这里把文明看作文化发展的一个阶段、一种状态、一类形式。文明是人类社会现象，需要从人类社会演化的历史进程中来理解，因此，与之相应，文明有了三个维度的含义：是一个具有时空意义的历史阶段，也是一种社会组织演化的状态，同时还是一类社会存在的形式。目前的考古学研究主要侧重于第一个维度，正在向第二个维度深入，相对忽视第三个维度。最后一个维度也就是人文的维度，对于中华文明探源来说，所关注的是作为中华民族身份认同的中华文明，即文化意义上的中华民族是怎么形成的。

深入文明的定义之中，我们会发现中西方文明所立足的观念基础存在区别。在文明发生的初期，整体/集体导向与个体导向其实都存在于中西方文明中，但是随着历史的发展，中西方文明选择了不同的发展道路，中华文明选择了前者，西方文明选择了后者，这样的差别可以追溯到文明起源之初。究其原因，离不开各自的生产方式。文明就是农业社会发展的产物，全世界的文明无一例外，农业生产方式的不同深刻影响了中西方文明的特征，这种影响一直持续到现在。

第三部分（第4、5、6、7章）是全书的主体，侧重于讨论中华文明演化的阶段、格局、模式与节奏。中华文明演化经历了怎样的发展过程呢？我没有局限在新石器时代，而是从旧石器时代狩猎采集社会开始展开论述。这与我个人的学术训练相关，在硕士研究生阶段我的研究方向是旧石器考古，博士论文方向是旧新石器时代过渡，如今进入文明起源阶段。长时段的考察也是考古学的优势，这样更有利于我们把握历史趋势、理解历史进程。从长时段的视角来看，文明并不是在新石器时代或农业社会才开始萌芽的，而是至少可以追溯到旧新石器时代过渡时期。

长时段本身是一种宏观的考察视角，必然带来对中华文明格局的关注。我首先从史前人类文化发展的格局谈起，然后转向中华文明格局的考察。总体来看，人类文明发展有三个独立的中心：西亚、中南美洲、中国。之所以这样区分，根本原因在于三者对应着三大主要的农业起源中心。中南美洲的农业体系缺乏合适的驯化动物，本身就比较脆弱，这也是其难以抵抗西方殖民侵略的原因之一。西亚的农业扩散到尼罗河流域、印度河流域，还有欧洲，古埃及文明、印度河流域文明、古希腊文明在此基础上形成。但是这几个文明中心之间距离遥远，其间还分布有显著的地理障碍，文明发展一直未能实现融合。值得注意的是，以西亚为基础的农业体系本身分化为相互矛盾的谷物种植与畜牧，需要依赖交换，由此更有利于发展以个体为导向的文明，但是这种发展不利于文明的融合统一。

我们在考察中华文明的形成过程时，通常都会特别强调其"多元一体"的特征。一体化是融合，多元就是分化发展。中华文明在形成过程中曾有过分化发展的阶段，并形成了若干个具有不同特点的文明起源中心，而且具有先边缘、后中心的发展趋势，文中我提出了一个边缘发展理论来解释这种现象。多元化发展需要追溯到旧新石器时代过渡时期，在此基础上，距今 8 500 年前后，形成了新石器时代的若干文化区系，正是在这些文化区系中，先后以不同的模式形成了各具特点的区域早期文明。距今 6 000 年前后，文明化进程加速，区域文明中心逐渐形成；与此同时，文化意义上的中国

形成。然后，通过将近 2 000 年的相互交流，这些早期文明在 4 000
多年前最终融合成一个统一的王朝文明，正式开启以中原为中心的
文明发展格局。

在文明发展过程中，分化、融合、扩散始终是存在的，只是不
同时期的主要趋势有所区别。分化、融合、扩散，本身也是人类文
化发展的基本节奏，文明作为文化的一个部分，自然也有这样的节
奏。中华文明形成过程可分为三个特征明显的阶段：分化、融合、
扩散。追溯这样的发展过程，让我们认识到，中华文明的起源不是
一个突然出现的事件，而是一个长期的过程，是一个有独特节奏的
"三部曲"，其中波澜起伏，异彩纷呈。回溯中华文明起源史，我们
就像在读一部荡气回肠的史诗，观赏一部情节跌宕起伏的戏剧。

第四部分（第 8、9 章）用两章的内容来讨论文明探源的方法论
问题，这也是我开始关注文明探源的初始原因。可能许多人都在想
一个问题：我们能够认识真实的过去吗？我们没有时间机器，无法
回到过去，即便找到了真实的历史，也无法验证。我曾经在课堂上
与学生们讨论这个问题，他们的认识是，我们可能永远无法得到真
实，但应该努力无限接近真实，许多前辈学者也是这么想的。问题
在于：你又如何知道接近了真实呢？这样的研究目标其实是个乌托
邦。我用一个例子来回答学生们的问题。我们都读过《论语》，我们
真的有必要知道孔夫子原来的思想吗？一部作品一旦完成，评论家
就可以根据作品的内涵、时代关联、表达方式等来分析作品所想表

达的东西，这样的分析是基于作品的发展逻辑进行的，至于作者原来的意思，其实可能没有那么重要了，因为有些东西作者自己可能都没有意识到。即便是去观察当代社会，一个人听到的、看到的未必就是真实的。我们如果研究当代的废弃物——垃圾，那么就能从另外一个维度认识当代社会，可能不如听到的、看到的具体，但是可靠性很高，因为这些废弃物是实际发生的行为的遗留，而那些道听途说的事情可能压根就没有发生过。

通过以上两个例子，我想说的是，考古学研究提供的是一个维度的真实（通过实物遗存研究实现的），并不以是否符合文献记载或者某个理论模型为目的。考古学基于当前的理论、方法与材料进行研究，它所得到的成果代表这个时代对历史真实的认识，其核心是科学的一般原则、理性、客观、逻辑。就这一点而言，我们并不需要知道什么是"原有的真实"——这是不可能得到的。重要的是建立一个合理的基于实物遗存分析的历史真实。

在此基础上，我们再来看文献历史的作用。两者是不同维度的事实记载，可能会契合，也可能不同。当两者契合的时候，也就是所谓的"二重证据法"，这不是两者之间相互证明，而是它们与历史事实的关联性得到了双重的肯定。当两者不契合的时候，实物遗存仍然可以保留其客观性。事实上，有关早期文明的历史文献往往带有传说的性质，可能存在移花接木的情况，刻舟求剑式地利用古史传说非但没有帮助，反而会破坏这些珍贵文献的价值。本书反复强调的观点是，文献历史（民族志文献类似之）的价值有二：一是作为推理的线索或启示；二是作为我们理解考古材料的文化背景关联，毕竟没有文字的史前实物遗存不能告诉我们它们究竟代表什么，只有在文化背景关联中才能更好地理解其文化意义。

需要进一步强调的是，文明探源考古的目的并不只是获得历史的真实（基于考古学研究的），更在于理解历史事实的意义，理解它在中华文明形成过程中的意义。我之所以用"中华文明格局"这个概念，是因为它能够较好地把中国史前史与有文字的历史联系起来，通过对史前史的追溯来深化我们对中国历史与当代现实的理解。

由此，在本书的第五部分（第10章）也即最后一部分，我用三篇小文章阐释了考古学在这个方面的价值。回顾中华文明的形成过程，其渊源可以追溯到农业起源阶段，中国与西亚并称世界最早的两个农业起源中心，也是人口与农业文化扩散的中心，此后在此基础上各自形成了若干区域文明起源中心。万年以来，中国一直是人类文化与文明发展的两个主要中心之一，不断融合，形成一个超大型的文明体，而且至今没有发生断裂。我们有充分的理由坚定自身的文化自信。相较而言，西方文明主导人类历史只是非常短暂的现象。而今中华文明重新崛起，包容汇通，和而不同，可以为人类命运共同体贡献自己的独特价值。

写　作

写作如同邂逅，就像在某个时间、地点遇见某个人，遇上一个合适的话题，自然有许多想说的东西。中华文明探源是一个热点话题，想不遇上都难。但是，就此写一本书，却是意料之外的。最近几年，因为参与这个热点话题的讨论，不知不觉有了一些思考。积累到后来，觉得好像可以写一本书了，正好赶上暑假，于是就动笔了。成稿之后，几经调整，终成现在的样子。这些文字是不同时期写成的，本身是独立的文章，有些曾发表在《读书》《中国社会科学报》《史学集刊》等报刊上，还有一些是讲座的底稿，都是围绕中华文明起源这个大问题展开的。因为曾经是独立的作品，于是所用的部分素材可能会有重复，读来不免有些絮叨，对此我深感抱歉。虽然我尽力做了修改与调整，但不同章节的主旨并不相同，加上这些素材对于我的讨论而言又是必不可少的，所以只好保留了下来。

就本书而言，我自己较为满意的方面有三：其一，是本书的框架，尽管是不同时期所写，但如今组织在一起，就中华文明格局的起源这个话题而言，大体是一致的，能够自成体系。其二，本书的价值也许在于理论思考，国内学界这方面的工作相对较少，对于读者而言，可能会有所启发。其三，我希望能把古今联系起来，让更多的读者理解考古学在中华文明探源上取得的成绩，认识到中华文明的价值，在写作的时候尽可能平实，这对考古学研究成果的推广可能有点价值。这么说有王婆卖瓜之嫌，所谓人贵有自知之明，我自己把本书的价值点明，也许会有助于读者更好地把握本书。本书存在的不足一定不少，敬请读者批评指正。最后，衷心感谢中国人民大学出版社的出版团队，在选题、编辑、校对、装帧等环节上的辛勤付出，正是大家的通力合作托起了这部作品。

目　　录

第 1 章　考古学的意义

考古学的视角　　　　　　　　　　　　　　　3

认识人与社会　　　　　　　　　　　　　　　7

认识我们是谁　　　　　　　　　　　　　　18

第 2 章　文明的根基：文化与社会

人的世界　　　　　　　　　　　　　　　　25

社会性的思考　　　　　　　　　　　　　　34

第 3 章　文明的概念与思想基础

文明究竟是什么?　　　　　　　　　　　　47

作为社会秩序的文明　　　　　　　　　　　57

文明的根源　　　　　　　　　　　　　　　70

第4章　早期中国文明演化的关键问题

"夏"的问题　　　　　　　　　　　　　　　85

史前中国的文明化进程　　　　　　　　　89

东西方文化交流——上古世界体系的影响　　96

第5章　文明发展的格局

史前人类文化格局　　　　　　　　　　103

史前中国文明格局　　　　　　　　　　119

第6章　文明起源的模式

良渚模式　　　　　　　　　　　　　　135

红山模式　　　　　　　　　　　　　　155

石家河模式　　　　　　　　　　　　　182

中原模式　　　　　　　　　　　　　　199

南佐模式　　　　　　　　　　　　　　219

中华文明起源与边缘发展理论　　　　　239

第7章　文明化进程的节奏

大分化：中国旧新石器时代过渡的机制与动因　　251

大融合：史前中国文明化进程的浪潮　　　　　　　　260

大扩散：夏王朝的兴起　　　　　　　　　　　　　　276

第8章　有关中国文明起源：我们在争论什么？

争论的焦点问题　　　　　　　　　　　　　　　　　302

问题的解读　　　　　　　　　　　　　　　　　　　305

争论的底层逻辑　　　　　　　　　　　　　　　　　324

第9章　文明探源的方法论问题

文明探源的两个重要问题　　　　　　　　　　　　　335

文明起源研究路径的反思　　　　　　　　　　　　　343

从学术史角度看中华文明探源工程　　　　　　　　　352

文明性：一个值得关注的视角　　　　　　　　　　　359

第10章　中华文明的复兴与未来

文化的竞争　　　　　　　　　　　　　　　　　　　370

大历史角度看当代中国的崛起　　　　　　　　　　　377

中国文化的前途　　　　　　　　　　　　　　　　　389

第 1 章

考古学的意义

　　作为一名考古学理论的思考者与研究者，我想首先从考古学的意义谈起。考古学研究人类的过去，这是一个与我们所有人都相关的话题，我想每一个关注自身存在状态与意义的人对此都会有所追问。在此我想从两个方面展开论述：一个是认识考古学对于作为普遍的人的我们来说有什么意义；另一个是认识作为特殊的人，即作为中国人，考古学又能发挥怎样的作用。下面我把这个主题分为三个部分加以讨论：第一部分我想谈谈考古学的视角，因为不只考古学，许多其他学科也有关注"让人成为人"这个问题，但考古学有自己特殊的视角，能够做出独特的贡献，我会谈谈考古学究竟有着怎样不同的视角。第二部分我想谈谈考古学在认识人本身、人类社会演化与中华文明起源方面做出的贡献。第三部分我想谈谈考古学在认识我们是谁，也就是在定位我们的文化身份上的帮助。

考古学的视角

　　考古学是一门以物质遗存为研究对象的学科，简言之，就是研究物的学科，尤其是古代社会遗留下来的物。这决定了考古学具有两个特殊的优势：一个优势是超长的时间尺度。人类数百万年的历史中，真正有文字记载的历史不过四五千年，文字资料较为系统的历史则更短。也就是说，超过 99% 的人类历史都是考古学研究的范围。于是，从长时段的视角来考察历史就成了考古学的长项。正所谓"风物长宜放眼量"，在长时段的考察中，我们更能看清楚事物本来的面目与发展趋势。比如，考古学家在研究古希腊的景观变化的过程中，注意到进入农业时代之后，人类牧羊导致植被破坏、水土流失。以特定的时段来审察这个现象，会断定这是一件很糟糕的事情。但从长时段的视角来看，考古学家又发现这里的地理条件，除了牧羊，很难利用起来。而流失的水土堆积在河流平缓的区域，形成肥沃的田野，有利于农业发展。与之类似，黄土高原的水土流失，固然给当地带来了破坏，但从另一个角度来看，这也创造了华北大平原发展农业的条件。再比如，现在许多人夸赞的西方文明，仿佛它自古以来就有一种先天的优越性似的，但如果从长时段的视角来看，会发现欧洲并不是农业的起源地，其文明的出现较之西亚与埃及要晚得多。追溯西方文明的历史，就会发现它也是一个不断吸收、融合的过程。这里包括把古希腊奉为西方文明的源头，把源自西亚的宗教视为自己的精神归宿。西方文明正是不断从东方获取营养，才有了今天的成就。文明都是创造、学习与交流的产物，并没有必定优越的文明。从长时段的视角来看，我们更可能理性、辩证地看问题。

考古学的另一个优势是直接以物为研究对象。物是人类生产生活的直接载体，相比于文字资料，它直接而具体。我常说一句话：垃圾可能比文献记载更真实。人们说的话未必真实，但是他们扔掉的垃圾是不会撒谎的。20世纪70年代，垃圾考古的开创者拉什杰（Rathje）在美国亚利桑那州的图森市开展调查工作，首先做的是社会学的问卷调查，其中包括酒类消费的情况，随后展开垃圾考古的工作，分析被调查群体的垃圾废弃行为，结果是让人大吃一惊的[1]。即便不说被调查的人会有意说谎或者对自己的行为有错误的评估，从调查结果中我们也可以看出文字资料与实物遗存也就是垃圾之间存在的差距。哪方面的证据更可靠呢？毫无疑问是垃圾。一方面，在某种意义上，考古学是一门研究垃圾的学科，不那么高大上；但

---

[1] 参见威廉·拉什杰、库伦·默菲：《垃圾之歌：垃圾的考古学研究》，周文萍、连惠幸译，中国社会科学出版社，1999。

是，另一方面，考古学又是揭示真相、探索真理的学科。从这个角度看考古学，它最像刑侦破案。你可以比较一下考古学家与刑侦专家的工作程序，有非常高的相似性。首先，保护现场；其次，除去堆积物，不要挪动重要的物质遗存；再次，提取实验室分析的材料，进行多学科的分析；又次，根据现场与材料分析的结果，参照以往的经验模式，提出多种假说；最后，在进一步的工作中去验证这些假说。刑侦专家参照的经验模式来自以往的办案积累，考古学家参照的经验模式大多来自民族志、民族考古、实验考古等分支学科。简言之，考古学家就是侦查史前案件的专家。

考古学研究物，还有另外一个重要的视角，如果上面说的是科学视角的话，那么这个视角就是人文视角。它的基本理论原理是，人们在长期的生产生活中，利用物来实现自己的目的，与此同时，人们会赋予物文化意义，人赋予物的意义并不完全是一个随意的过程，它往往与物本身固有的一些属性相关。由此，物成为文化意义的载体，反过来，人会被物所包含的文化意义影响。在这样的情境中，人就是物，物就是人，研究物，就是在研究人，考古学由此可以深入人们的精神领域，而不限于技术与社会层面的考察。举个例子，在我们中国文化中，人们把松、竹、梅视为"岁寒三友"，松、竹经冬而不凋，梅花耐寒开放，这一属性为中国文化所强调，松、竹、梅于是成为君子砥砺情操的诤友，古代的书斋庭院中往往都会种这三种植物。然而，换一种文化，比如在西方文化中，这三种植物也就是普通的三种植物而已，但西方文化之于老橡树的情结，则是中国文化所没有的。再比如玉石，玉石表面温润，光泽鲜明，同时质地坚硬，中国文化用玉的历史将近上万年。在漫长的历史进程中，中国古人喜欢玉，会用玉来形容许多美好的事物，与此同时，玉也深刻地影响了中国文化的特性，包括中国传统文人士大夫所尊崇的性格。玉的品格是含蓄的、温和的、非暴力的，同时还有严格的内在原则。"宁为玉碎，不为瓦全"，这也是中国古代文化中圣贤具有的品格。

从人文的角度来考察物质遗存，需要我们对物质遗存所存在的文化背景联系有很好的理解，我们研究物质遗存的一个重要任务就是阐释其意义。就像我们研究《红楼梦》一样，不同时代从不同角度所做的反复阐释，既传承了其中包含的文化意义，也让新产生的文化意义融入新时代的生活中，完成文化传统的延续与创新。

司马迁有言："究天人之际，通古今之变，成一家之言。"我们可以把这句话看作考古学的宗旨。我们或可以把"通古今之变"理解为科学阐释，把"成一家之言"理解为人文阐释。当代考古学正是在科学与人文两条道路上来研究人类过去的。人文是在科学基础之上的延伸，而不是在此之外的拓展。理解这些，是理解当代考古学研究的前提。

认识人与社会

认识人本身

让人成为人，首先要知道人是何物，人是怎么来的。在近代科学考古学兴起之前，对人类起源与人类特性的认识基本都来自神话传说或者宗教教义。17 世纪时，红衣主教乌舍尔（Ussher）根据《圣经》中的记载，计算出世界创造于公元前 4004 年 10 月 23 日中午，这似乎是那个时代对整个人类历史的年代探索的巅峰。包括中国文化在内的许多文化，如古希腊、古埃及、亚述、巴比伦以及古代中美洲文化，都认为人类有数以万年的久远历史，但这些认识都没有立足于实物材料。

1669 年，丹麦博物学家尼古拉斯·斯坦诺（Nicolaus Steno）绘制了世界上最早的地质剖面图，认识到它所代表的沉积过程与地层叠压关系，即晚期的地层应该位于早期的地层之上。1797 年，英国人约翰·弗里尔（John Frere）在萨福克郡的一家砖厂采土的地方发现了旧石器时代的手斧以及绝灭动物的化石，他认为这些石头是人工制品，并将其归属于一个"绝对非常遥远的时代，甚至是在现在这个世界诞生之前"。但他的成果发表后几十年都无人问津。其后还有一些重要的发现，随着地质学与进化论思想的发展，最终在法国确定了人类古老年代的里程碑。提供这个最后证据的人是法国的一位海关官员德佩斯（de Perthes），19 世纪中叶他在阿布维利（Abbeville）地区发掘了一处旷野遗址，证明了石器与猛犸象、披毛犀出土于同一层位。1859 年，数位杰出的英国学者访问了阿布维利遗址，此举促使官方接受这个遗址的真实性，同时，达尔文的《物种起源》一书出版，人类不再被认为是神的创造物，而是长期生物演化的结果。把人类对自身历史的认识落实在实物证据上，考古学的一个分支——旧石器考古——完成了一锤定音的确认。在这个确认的过程中，考古学结合了地质学、生物学等多学科的成果，同时受到了启蒙主义思想的推动①。

认识人的由来是第一步，下一步需要回答：人与动物究竟有何区别？人的本质特征究竟是什么？在大自然演化的舞台上，为什么人类能够崛起？我们可以从问题解决机制入手来回答这些问题。人类在面对危机挑战的时候，首先还是会像其他动物一样，通过改变行为、通过生理反应等途径来应对，但是人类有别于其他动物的地方在于，人类更多地依赖文化（部分学者认为有些动物也有一定的

---

① 参见布鲁斯·特里格：《考古学思想史（第 2 版）》，陈淳译，中国人民大学出版社，2010。

文化）。这里文化是一种能力，它包括向外求，通过技术改造外在世界；也包括向社会求，通过社会组织的变化来解决问题；还包括向内求，通过精神的强化来克服或消解困难。人类文化的演变过程至少可以分为三个阶段，这三个阶段与人类能力的成长密切相关。具体地说，它有三个里程碑：第一个是石器技术的出现，第二个是语言能力的形成，第三个是艺术的起源。

与动物相比，人类拥有一项特别突出的技能，就是能够制造工具。当代动物学家，尤其是灵长类动物学家，发现其他动物也有一定的工具制造能力。但人类的能力并不限于制造简单的工具，而是一整套的技术能力。抽象地说，就是拥有向外求的能力，人能够利用与改造外在世界。这种能力是从石器的发明开始的。当前，考古学研究显示，人类最早的石器可追溯至300多万年前，从简单的石片、砍砸器开始，发展到两面加工、形制对称的手斧，再到预制台面技术出现，按照规划打制出特定形制的石片，再后来可以生产形制标准的石叶、细石器。石器技术越来越复杂，制作效率也越来越高。这些石叶、细石叶可以镶嵌在骨柄、鹿角柄上，制作成复合工具。利用投掷工具，人类可以在远离猎物威胁的远距离处猎杀动物。

人类利用外物改造世界的能力中最突出的应该是用火，目前考古发现最早的用火时间超过100万年，但是能够得到普遍承认的用火证据只有数十万年。有了火，通过焚烧，人类就可以改变大片土地的景观，把森林变成草地，吸引更多的食草动物；有了火，人类就可以把食物弄熟后再吃，极大地减少了消化的时间，还能消杀其中的某些毒素与病原体；火给人类带来了温暖，有利于人类向更广阔的地域扩散。火也是社会生活的中心，围绕火塘，人类可以面对面地交流。火塘的范围，也限定了人类亲密社会网络的规模，按进化人类学家邓巴（Dunbar）的说法，就是 5 个人，这是围坐在火塘边谈话，能够听见对方说话的范围①。

DNA 考古研究显示，人类社会演化在大约 30 万年前有了突破性的进展，此时人类祖先的语言能力有了显著进步，这意味着人类社会交往的能力有了大幅度提高，也许我们可以把这个转变称为"社会革命"。现代人在这个方面超越了同时期的其他人类群体，比如尼安德特人。考古学家克里夫·甘博（Clive Gamble）认为，现代人与尼安德特人在社会能力上的一个关键区别在于，现代人能够利用外物来扩展社会网络，其社会交往较之尼安德特人依赖面对面式的交往更有效率。这种利用外物来扩展社会网络的方式就是利用物来代表人，也就是说，即便交往者不在场，只要有信物在，就能够实现"不在如在"的效果②。这样的话，社会交往的范围就可能扩大，社会交往的效率就可能提高。在地广人稀的时代，有效的社会联系是群体能够找到配偶、繁衍后代的根本保证。

---

① 参见罗宾·邓巴：《人类的演化》，余彬译，上海文艺出版社，2016。
② 参见克里夫·甘博：《欧洲旧石器时代社会》，陈胜前、张萌译，上海古籍出版社，2021。

现代人除了利用外物来扩展社会关系网络外，还利用更有弹性、更有效率的工具来延伸自己的生理能力。从石器考古的角度来说，现代人的石器技术展现出更好的规划，即石器制作者会考虑到工具在更长时间、更多样情况下的使用。而尼安德特人在制作石器时更多只考虑当时的用途。现代人的进步在于谋划得更加长远。可能更有意义的一点是，现代人利用外物来储备知识、承载文化。这里有个关键的前提，即现代人用外物塑造了一个内在的精神世界。

现有的考古学证据显示，至少在距今 7 万年前后，人类开始有了艺术品，这又是一个标杆性的发展，它表明人类文化有了精神内涵。从技术到社会再到精神，人类文化有了我们现在熟悉的完整面目，这其中精神（又称精神文化）最为稳定，成为文化的标杆。精神世界是人利用外物塑造的内在世界，其突出代表就是宗教。原始宗教不仅是一个社会的凝固剂，协调社会矛盾，增进更大范围的社会群体认同（如基督教之于西方文化），还是个人协调自己与外在世界矛盾的手段。这些认识来自我们已知的宗教。对于史前时代而言，宗教发展还处在雏形阶段。从民族考古，我们推测早期人类的精神生活应该是用神话来解释世界。

从某种意义上说，精神世界是人类构建的认识世界的模型。它是当代科学与知识的前身，它的出现有利于人们探索未知的世界，就像我们现在构建的黑洞理论一样，在有限观察的基础上确立世界可能存在的形态。除了有利于探索世界，它还有利于下一代的教育，这也跟我们现在学习科学知识一样。精神还是激发个体与群体能动性的催化剂，让一个人或群体爆发出强烈的动力与创造性。一个很好的例子就是抗美援朝战争，中国人民志愿军在物质条件、武器装备远逊于对手的情况下，充分发挥了精神的作用，激发出旺盛的战斗热情与广泛的创造力。有了精神世界，文化就有了稳定的内核，成为一个地区或者一个群体长久的标识。

从考古学的视角来认识人类的演化及其特征，会发现人最重要的属性莫过于能动性，即人会利用物来改造世界，实现自己的目的，如用工具狩猎，用火改造自然景观。随着文化的发展，人类开始赋予物文化意义，构建自己的内在精神世界，这样的世界反过来又影响了人的发展。

认识社会

上面说到考古学在认识人类自身由来与特性上的意义，然而，人之于自身的定位不仅基于自然史，许多时候是基于社会与时代的。考古学在这个方面有什么帮助呢？从考古学超长时段的视角出发进行考察，我们可以把整个人类社会分为三个阶段：狩猎采集时代、农业时代、工商业时代。在这三个阶段，人类获取基本生活资料的方式是不同的，由此在居住方式、社会组织、意识形态、人与自然的关系等主要方面都存在着重大的区别。狩猎采集时代，人类居无定所，过着流动采食的生活，群体成员也具有流动性，社会组织的基础单位是游群，意识形态多是万物有灵的崇拜。农业时代，人类开启食物生产经济，更多是定居的，基础社会单位是乡村，意识形态上形成了较为系统的宗教或类似于宗教的思想。工商业时代，人类依赖工业化生产与市场交换来获取资源，居住的基本形态从乡村变成了城市，科技帮助人类摆脱许多环境约束，宗教退潮，意识形态趋于多元化。

从全世界来看，在原始技术的状态下，具有广阔农业自然地理区域的地方是很少的。我们首先可以把南半球排除在外，因为那里的温带区域面积十分有限。在北半球，则要排除北美，因为新大陆地区，人类较晚涉足，这里的狩猎资源丰富，农业需求并不强烈；另外，这里缺乏适合驯化的大型哺乳动物，如马、牛等，驯化动物仅有火鸡与豚鼠，农业系统不完整。然后需要排除北非、阿拉伯半岛，这里是干旱的沙漠，根本不适合农业。欧洲的温带区域大部分为海洋所占领，陆地区域所处的纬度跟中国的东北差不多。尽管它属于温带海洋性气候，但总的热量条件还是不如中纬度地区。最后，我们看到，剩下的、适合农业发展的区域不过是西亚的"新月形地带"（尼罗河流域、印度河流域，以及欧洲的农业都是受到西亚影响而发展起来的）与中国长江、黄河中下游地区。而且，中国这片区域的面积更大、更完整，可以说是得天独厚。正是在这样的条件下，一万多年前，中国发展出了两大农业起源中心：北方地区以粟、黍为主的旱作农业中心与长江中下游地区的稻作农业中心。从目前的考古证据来看，两个地区几乎出现得一样早。

正是在这样的基础上，中华文明的基本格局形成。中华文明的首要特点是原生型，它立足于原生的农业社会基础之上，根基深厚。当前的研究表明，早期中国文明从距今近六千年起源，经历了三波浪潮：第一波在长江中下游地区，以良渚文明与石家河文明为代表；第二波在北方地区，以石峁、陶寺文明为代表；第三波在中原地区（后文有更详细的讨论）。不过越来越多的发现似乎表明早期中国文明更像是群星闪烁，逐渐汇聚，最后形成我们熟知的中华文明（或称中国文明、华夏文明，书中三者通用）。中华文明的另一个特点就是南北相依，两大农业起源中心赋予它深广的社会经济基础，这在后来的历史发展中意义巨大。每当北方遇到战乱的时候，人群南迁，保存并扩散了中原先进的文明。中华文明之所以能够成为唯一绵延不绝的古文明，与这样深广的社会经济基础是分不开的。

中华文明的基础并不限于南北，而是有一个不断融合的过程，不同地区存在着不同的发展模式。从农业起源与发展的过程来看，在作为生态交错带的长城南北地区曾经存在着一种波动的文化适应，这里环境不稳定，新石器时代一直在农业与狩猎采集之间波动，后来增加了畜牧，再后来引入了马、牛、羊，在春秋时期形成了游牧经济。1.2万年前，中国东北地区发展出了渔猎传统。这是一种能够支持复杂狩猎采集者的特殊适应，我在《史前的现代化：

从狩猎采集到农业起源》一书中称之为"强悍的狩猎采集者"。历史上，精于射猎的东北少数民族常有入主中原的机会，从鲜卑到女真，其农业开始较晚，在距今 6 000 年前后，水平不高，较成熟的农业直到汉代才真正开始。华南地区新石器时代早期流行的是一种混合着根茎种植、渔猎（遗址中通常有大量介壳堆积）、狩猎采集的食物生产形式。西南地区是狩猎采集者的天堂，是狩猎采集时代的"北、上、广、深"，直到历史时期，这里还保留有较多的狩猎采集经济成分。农业起源核心区的农业在六七千年前成熟，即农业的文化生态系统形成，农业扩散速度大大加快，此时南岛语族开始扩散，人类大规模进入青藏高原。与此同时，农业起源核心区的文明化进程加快，上述周边地区也开始参与其中，文化融合作为一个中华文明长期的发展趋势与内在结构正式形成。

　　大约在西周时期，中华文明的融合模式开始发生一次重大改变。向西北扩散［黑腾线（黑河-腾中）以西］的农业结合欧亚草原上驯化的马以及其他驯化动物，形成了一种新的农业形式——游牧。这不是一种自给自足的农业，它需要与作物农业社会交换，或者采用另一种更暴力的形式——劫掠。游牧社会形成后，3 000 多年里与中原地区反复拉锯。游牧社会威胁中原政权主要还是发生在战国之后，此时以诸子百家为代表的中国文化已经形成。南北（其实是东南与西北）交锋的局面一直维持到 19 世纪，中国的西北半壁河山就是在这个过程中与东南半壁逐渐融合。19 世纪伊始，西方殖民帝国开始从海上方向威胁中国，中华文明格局又发生了一次重大改变，中国开启了海洋时代，或者说工商业文明时代。

回首中国农业时代的后半程（距今六千年之后），中华文明一直在不断融合，这个过程既包括和缓的农业人口的扩散，也包括激烈的战争。农业文明的秩序并不只是国家政统的存在，甚至也不完全是民族的融合，它是一个全方位的系统结构，最终凝聚成一个具有稳定精神内核的文化传统。漫长的农业时代与得天独厚的条件，把古代中国的农业文明推向了极致。尽管存在地方的不平衡，但通过政府的调配，尤其是沟通南北的大运河的兴建，中国可以较好地解决饥馑危机，堪称农业时代的楷模。农业时代的中国要维系一个巨大的政权，除了依赖国家力量之外，很长时间都需要依赖乡村社会的自我管理，所谓皇权不下县。尽管地区差异巨大、方言众多，但中国有统一的文字。在完善的农业生产与社会结构的基础上，发展出了堪称农业时代文化结晶的"天人合一"的思想观念。一切都是如此完善，以至于"十全皇帝"乾隆在面对英国使团代表马戛尔尼时可以高傲地说：天朝统驭万国、抚有四海、物产丰盈、无所不有……中国的士大夫阶层不愿意学习西方的"奇技淫巧"（科学技术），即便康熙皇帝带头做示范。

然而，农业时代还是结束了！农业取代狩猎采集，在于它能够提供更高水平的食物保障，能够产生一定的生产剩余，能够在更有限的范围内获取食物。这样的话，可以避免经常遭遇饥饿（养育更多的人口），打破食物分享上的平均主义（鼓励更多的剩余生产），以及避免群体之间领域的争夺（促进定居）。但是，农业的发展也带来了更多的人口、更大规模的社会冲突、更复杂的社会，最终形成了文明。与工商业相比，农业生产是低效率的，一个家庭或生产单位要生产自己需要的几乎所有东西，而不是生产这里最适合生产的东西。农业社会的生产与消费处在一种根深蒂固的平衡状态，而商业交换可以打破产出与需求之间的平衡，商业刺激下的工业进一步帮助人们突破生产极限。再者，农业社会的生产都建立在控制的基础上，由此形成各种形式的等级制，以及为之服务的意识形态。商业交换需要的是平等与自由，打破身份控制，需要律法来保证交易与财产，打破社会关系对个体的约束，以及确认作为交换单位的个人的主体性。

回顾史前史，不难发现，当代中国正处在一个重大的历史转型阶段，这是一次万年尺度的社会变迁，中国正在从一个传统社会转向现代工商业社会。非常幸运的是，我们都是这次重大历史变迁的见证者与参与者。

认识我们是谁

我们是谁？是什么定义了我们？是我们的文化，特别是其中的精神内核。为什么要这么说呢？这里需要先回答一个问题：我们的文化是如何传承的？许多人会说，是通过一代人与一代人的接力来传承的。泛泛而言，自然没有错。具体又是如何传承的呢？有人会说，言传身教。当然，这是传承的重要方式，但是我们常常忘记了文化最重要的载体——物质世界。物是生产生活的载体，在漫长的历史中，人不断赋予物文化意义，一山一水、一草一木都有文化意义，我们就生活在由物所承载的文化意义组成的世界中，被它熏陶，正所谓"一方水土养一方人"。山水草木尚且如此，更何况人造之物！文化的传承离不开真实的物，人们在不断阐释并发扬其意义，从而实现文化的传承。

中国考古学的前身是金石学，人们把玩古物，乐在其中，正所谓"观其器，诵其言，形容仿佛，以追三代之遗风，如见其人矣"，人们不知不觉受到古物所蕴含意义的熏陶。反过来说，人们之所以欣赏这些古物，就是因为这些古物更符合他们所在时代的需要。好古的宋代学者喜欢三代时期的古物，尤其是周代的古物，因为三代是他们心目中理想的时代。后来古物的内容不断扩展，秦砖汉瓦、魏晋碑刻、隋唐雕塑，等等。好古者欣赏的往往是一个时代最优秀或最具代表性的事物。我自己就特别喜欢魏晋时期的碑刻，那是个极其看重书法的时代，也是中国楷书的形成时期，但还没有固化，每个人的书写都有自己鲜明的个性，从中可以看到风骨、个性、浪漫、刚健。当然，最重要的是，我们在书法中看到了中国文化的从容与中庸——这可能是我们所在的时代最缺乏的。简言之，金石学是一门以文化的形式存在于生活之中的学问。追根溯源，我们可以说考古学源于生活。

阅读考古学史，我们可能受布鲁斯·特里格（Bruce Trigger）的影响最大，他说近代考古学有两个源头：北欧的史前考古与英法的旧石器考古。不知道是有意还是无意，他居然忽略了一个更早的源头，那就是西方的古典考古，也就是由温克尔曼（Winkelman）开创的艺术史研究。艺术史在西方的地位有点像金石学在中国的地位，也是源远流长，古希腊罗马的古物是西方人钦慕欣赏的对象。我们不妨对比一下现代西方所谓美好的生活与古希腊的生活，会发现两者很相似：葡萄酒、橄榄油、全麦面包、奶酪、蔬菜水果沙拉……然后在充满阳光的户外（草地上或树荫下）休闲。其基本的审美标准，如匀称的身材、结实的肌肉等，都与古希腊的雕塑十分相似。18、19 世纪之间的英国有钱人会送子女去欧洲大陆进行一次

"大旅行"，从巴黎出发，穿越阿尔卑斯山，然后到意大利，观赏西方的古典文化。在浸入式地欣赏西方古典文化的过程中，西方人完成了成为西方人的文化洗礼。

在文化身份的构建上，西方在文艺复兴以来的近代化过程中把古希腊文明塑造成了西方文明的根源。实际上，古希腊文明与古埃及文明、西亚文明交往密切，其农业基础来自西亚，其农业人群来自西亚，其科学来自古埃及，在文化上与西欧、北欧即所谓欧洲的中心有比较大的区别。但是，通过文化身份的构建，西方世界产生了共同的文化传统认同。

近代考古学在民族国家甚至文化身份的构建上曾发挥过重要的作用。在民族国家的构建上，最显著的例子莫过于日耳曼德国的形成，300 多个小国形成了日耳曼民族认同，成为现代德国立国的基础。没有民族认同，就没有现代国家。而考古学提供的正是民族认同的历史证明，以实物形式加以体现。

反过来问：中国人何以成为中国人呢？最近这些年，经常听说国内有"精神外国人"，心里很是难受。我深切地感到，我们的文化教育有非常大的欠缺，它偏重于书本，而缺少浸入式的体验。考古学本可以提供丰富而具体的文化资源，但很显然，考古学在人们的文化生活中缺位了，间接导致了部分人的文化认同发生错位。我们之所以成为中国人，必定是因为我们接受了蕴含在物质生活中的中国文化。中华民族是世界上最难被西方同化的民族之一，其中的一个重要原因是我们的胃。中国拥有极为丰富的饮食文化，有些人虽然移民西方多年，但还是很难适应西方的饮食。在饮食中我们接受五味各有所喜的观念，不会强迫别人跟自己保持一致。在饮食中我们接受平衡的观念，"五谷为养，五果为助，五畜为益，五菜为充"，以偏素食为主的中国饮食更强调与自然的和谐。在饮食中我们学会了分享，习得了社会伦理。

作为中国人，我们生活在充满文化意义的景观中，这里最典型的例子莫过于中国园林，中国园林以"画境文心"著称，每走一步，都能感受到文化底蕴。"疏影横斜水清浅，暗香浮动月黄昏"，一湾浅水，稀疏的倒影，都饱含诗意。从中我们学会含蓄，学会欣赏精微的美感。我们的文化蕴藏在物质遗存中，这些古代物质遗存也被称为文化遗产，它们承载着中国的文化意义。"皮之不存，毛将焉附"，一旦将文化遗产破坏殆尽，我们的文化传统就无所依附。研究与保护文化遗产，是考古学的职责所在、意义所系。考古学不是一门直接研究社会现实问题的学科，它的着眼点是遥远的过去，好像严重脱离现实，好像是人们茶余饭后的消遣。其实不然，它关乎我们这个时代的文化命脉，是建设当代中国文化的生力军，是我们真正确立文化自信的基础。

以上的探讨贯穿着一个中心主题，那就是考古学通过研究物来研究人，物是人类能力的延伸，是社会生产生活的载体，更为重要的是，在长期的生产生活中，人赋予物文化意义，物承载着我们的文化，失去了它，我们就失去了文化赖以存在的基础，我们就会迷失人的本质，迷失自己的身份，迷失生活的意义。也正是在这个意义上，考古学让人成为人，让人了解自身，让人把握社会与时代，让人理解并欣赏自身的文化。考古学，让我们的生活更加美好！

第 2 章

文明的根基：文化与社会

　　对于考古学者而言，长时段的视角是一种习惯，由此，我们在讨论文明时，首先就要从根本说起。文明的根本是什么呢？我想应该是文化与社会。文明是社会现象，是社会发展的一个阶段或一种形态，文明需要社会基础，这很好理解。在考古学的语境中，文明通常简称国家，为了避免与当代国家的定义混淆，于是又被称为早期国家。而从文化的角度来理解文明，许多人可能不大习惯，尤其是研究文明起源的学者，他们关注的更多是社会组织形态的改变。我们在从文化的角度来理解文明时，首先想到的是作为暴力机器的国家在形成之后所生产的暴力，其规模更大，似乎很难与"文明"联系起来。文化是人应对挑战的基本手段，正如前面所讲到的，它包括向外求、向社会求以及向内求。形成国家这样的组织形态其实只是文化手段的一个方面，而不是其所有方面。作为文化的文明，还有精神内涵。狭义上的中华文明，是以精神内涵为中心的；广义上的文明则还包括在不同历史阶段创造的物质成就。这里说的文化，不仅是功能意义上的，还是交流表达（符号象征）意义上的，所有这些意义都体现在物质材料上。正因为如此，这里先讨论人的文化与社会这两个根本性的特征，或许有助于我们更好地理解文明的属性。

人的世界

为什么要从这样一个看起来大而无当的题目开始呢？这跟考古学有什么关系呢？考古学表面上研究的是物质遗存，实际上是要研究人，是通过物来研究人。物质遗存是零碎的，人的世界是完整的，就像拼图游戏一样，我们必须知道完整的图形是什么样的，才可能顺利地将图拼好。所以，从这个角度来说，考古学首先要理解人的世界是什么样的，否则我们的研究就可能如同盲人摸象，摸到大腿就说大象像柱子，摸到耳朵就说大象像扇子。人的世界是什么样的，这对于考古学来说是一个根本性的问题，不能不重视，不能不思考。人的世界是一个极大的问题，需要宏观地考察。需要指出的是，宏观不是微观之和，宏观是不同于微观的考察角度，它能够获得微观所不能发现的性质与问题。宏观考察针对的是考古学发展的方向，而不是具体问题的研究理论或方法。了解这些，可以帮助我们明确思考人的世界的价值所在。

欣赏《黑客帝国》《盗梦空间》等电影的一代人，对于真实的世界总会有几分怀疑。《黑客帝国》的英文名是 "*The Matrix*"，可直译为"体系"。所有的真实都存在于一定的知识体系之中，我们这个时代的真实同样存在于一定的体系之中，我们喜欢把这个体系称为科学。狩猎采集时代流行万物有灵论，猎人认为自己与动物的身体能够互换，他们模仿动物、体验动物，如此真实，以至于连被狩猎的动物都不能准确分辨。他们的认识是真实的，他们的体验是真实的，而不是如我们认识的那样虚幻。真实有不同的层次，我狠狠掐了自己一下，疼痛让我意识到我不是在做梦。但是在现实面前，我们会发现自己看到的可能是假象，或者表象，真实在其背后，藏在更深的地方。科学是我们这个时代所能达到的最深刻的真实。如若以为这就是历史的终结，恐怕还是一种狂想，是另一种乌托邦主义的变形。人的探索永远在路上，每一个知识体系都有其前提，都有其局限。科学时代人类遇到或制造出来的问题层出不穷，其严重程度似乎不输于狩猎采集时代。正如《三体》的作者刘慈欣所言：毁灭人类的不是弱小和无知，而是傲慢。现在是我们放弃认识论上的傲慢的时候了。

我曾做过一个梦，梦里自己有可以无限支配的金钱，但又发现自己消费有限，周围环境不佳，又有什么好消费的呢？我想或许可以用这些钱来改造世界，我把钱投资到希望改变的领域中，给希望改变的人进行投资……谁也不会注意改变一切的力量来源——金钱，在当代学术语境中叫作资本。每个人都像风筝一样，好像在自由飞翔，但其实背后都有一根线在牵着，资本就是这根线。不管目的是什么，是实现资源的最佳配置，还是满足人的物质欲望，抑或是赚取利润，最终的结果都是一样的，人的世界是为资本所操纵的。我们会听到资本的声音，因为资本可以控制媒体，资本还可以控制人的认知模式——（资本）自由主义。就像新型冠状病毒感染刚在美国暴发时一样，主政者首先想到的是保护资本的利益，必须保护股市，让民众在自由的"奶头乐"中沉醉。一切看起来都像是行动者自由的选择，但其实背后都是资本的力量。人为财死，鸟为食亡。把握住资本，似乎就控制了整个世界，人不过是资本操纵下的木偶。知识精英以为自己在为自由呐喊，其实只不过是做了资本的传声筒。

《自私的基因》（ *The Selfish Gene* ）的作者道金斯（Dawkins）认为，人不过是基因的载具而已[①]，他在生物学意义上看穿了人的本质。基因总是寻找最能传递自身的载体，有更多、更好、更稳定的资源供给，就可能有更多的后代，基因就可能得到最大程度的扩散。优势的基因（表现形式为拥有资源）会有更多的遗传机会，不管它属于谁，情况都是如此，真正在背后运作的是基因。就一个生命个体而言，完成了基因传递之后，身体机能就会逐渐衰退。总之，一切人的行为似乎都是为基因所左右的。

在科学兴起之前，人们并不知道基因，人们相信神。有的地方

---

① 参见理查德·道金斯：《自私的基因》，卢允中、张岱云、陈复加、罗小舟译，中信出版社，2012。

的人只相信一个神，有的相信许多神。一切都是神的安排，包括人之生死、命运沉浮。人的世界似乎是为一种冥冥的力量所支配，它可以让高山倾倒，让河流泛滥；万物为刍狗，为这种力量所摆弄。人应该做的就是顺从神的安排，向它祈祷，祈求它的怜悯，为此，要祭祀它，把最好的东西献给它。人为什么愿意相信有神呢？因为人要面对太多不确定的事情，神是确定性的象征。有了它，人至少能够心安些，有虔诚宗教信仰的人在生活中往往表现得比较平静。近代科学兴起后，许多看起来神秘的事情都有了科学的解释，人们不再把彗星与吉凶联系在一起，所有的自然现象似乎都可以用科学来解释，科学给人以确定性，尤其是科学与技术相结合，产生了惊天动地的伟力。从某种意义上说，当代人类信仰科学，科学无所不能，它拥有确定性。科学揭示世界的规律，发现现象背后的真理。支配人的世界的是规律与真理，掌握了它们，人们就可以避免灾难，就可以克服困难。科学规律与真理成了神的代名词。在学术研究上，我们也是在竭力寻找规律与真理，将之视为学术研究的终极目标。物理与化学的世界可以直接通过实验进行检验，生物的世界有了时间因素，于是就有了历史检验的说法。总之，人仍然像是木偶，只不过其背后牵线的主宰在不断更换。

　　然而，这真的是人的世界吗？回顾史前史，我们知道人生活在自己不断改造的世界中。至少在50万年前人类就开始用火，火是人改造世界的利器。人们经常生火焚烧土地，把丛林变成草地，把枯枝败叶与生活垃圾变成肥料，把有害的物种赶走或者消灭。即便是在人们依赖狩猎采集为生的荒野地带，貌似自然的景观也早已被人类用火"耕种"过许多次。我们通常把狩猎采集看作人类最自然的生活方式，实际上并非如此。狩猎采集者每到一地，砍伐树木，修建住所，留下食物垃圾，其中有经常食用的植物的种子（果核）。砍伐后的空地有了阳光，垃圾可用作肥料，于是有利于人们采集的植物越来越多。考古学家波利迪斯（Politis）称之为"流动的生产"，经过千百年的反复利用，一个地方的自然景观就会被人类改变①。狩猎采集者尚且如此，农业群体就更不用说了，为了开垦耕地，人们焚烧树木，排干沼泽，驯化动植物。我们现代人所想象的田园牧歌式的生活其实都是人工改造的产物。至于说工商业社会，改造的力度更是前所未有，排山倒海，四季不分，昼夜颠倒，人似乎有意要颠覆自然的秩序，人似乎更喜欢生活在由自己创造的世界里。

　　人之所以能改造世界，是因为人可以利用科学，并发现了规律，利用了规律。人的认知是一个积累的过程，代代相传，同时每一代又有新的贡献。科学技术的伟力对于 20 世纪 70 年代早期出生的中国人来说，印象是十分深刻的。在笔者小时候，偏远乡村的生活跟几千年前相比，变化还很有限。然而就在短短 40多年的时间里，日月换新天，先是通电，有了电灯，然后有了机器，

---

　　①　参见 G. G. Politis, "Moving to Produce: Nukak Mobility and Settlement Patterns in Amazonia," *World Archaeology* 27（1996）: 492-511。

再后来就是各种生活电器、交通机械，如今更是已进入移动互联网的时代。所有这些技术发明都立足于各种科学原理之上，这些发现又是过去几百年来知识的积累。我们看到知识积累是个加速的过程，回到旧石器时代早中期，每增加一点知识往往都需要几十万年。直到四五万年前开始的旧石器时代晚期，人类才开始认识到投射工具（如标枪投射器、弓）的作用，开始利用罗网这样的编织物来捕猎或捕捞。轴心时代（中国的春秋战国时期、西方的古希腊时期、印度的佛教起源时期）之前，人类的知识一直是以经验积累为主的，但自此开始，人类的抽象知识显著增加，人类开始探索经验背后深层的原理。又经过两千多年，西方率先开启科学革命、工业革命，世界发生了翻天覆地的变化。人的世界是发现的世界，是人掌握与利用其规律的世界。

人生活在自己改造的世界中，人生活在自己认识与利用的世界中，人更生活在自己创造的世界中。人类自从有了语言，就开始赋予事物特定的意义，这种意义需要足够稳定，从而让所有社会成员都可以利用，达成交流的目的。这就意味着人的世界是象征的，同时是历史的。在人的生活实践中，人不断赋予周围的世界意义，意义由此渗透到事物中，人由此生活在一个充满意义的世界中，这些意义又反过来影响着人的生活实践。一个稳定的社会经过长期的历史发展会形成自身独特的意义体系，也就是我们日常语言中所说的文化。中国是世界上少有的文化连续发展的地区，尽管朝代时有更迭，人群不断迁徙扩散，但是总的文化根脉不曾中断。按照存在主义哲学的说法，语言是存在的家，我们的文化根脉之所以没有断绝，最主要的原因就是我们的语言。近现代中国文化遭受了前所未有的挫折，文化精英阶层信心尽失，曾想放弃汉字，幸而他们没有成功。中国文化的连续发展至少有 5 000 年的历史，而我更愿意将其延伸至农业起源之时，因为在新石器时代的考古发现中，我们能够看到许多中国文化的前身。这些悠久的意义不仅渗透到中国的三山五岳中，而且渗透到从日月星辰到一草一木的广阔世界中。这是一个诸子百家、两汉文赋、唐诗宋词等歌咏过的世界，这是一个由无数历史经验积淀的世界。这片河山不仅仅是我们的栖身之所，更是我们的精神家园。

人的世界是辩证的。人改造、认识与创造自己的世界，同时又为这个世界所制约。人创造了国家，也受到国家的约束。人制造石器，取代利齿、肌肉以及复杂的肠胃，于是人的身体更加纤细，更依赖工具。在移动互联网时代，手机集通信、支付、娱乐，甚至工作平台于一身，使我们须臾不能离开它，它极大地方便了我们的工作与生活，但同时也成为我们最想扔掉的东西。未来将是人工智能的时代，汽车将可以自动驾驶，许多事情都可以由机器人来完成，有些人已经开始担心它将是人类的敌人。所有这些由人创造的东西都可以归为文化。人类开始依赖外物来解决问题的时候，就走上了一条不归路。人依赖文化，文化也制约人，人其实一直都在与自己创造的东西做斗争！有时是技术，有时是制度，有时是精神。

然而，人似乎一直都在抗争，有人诅咒各种科技的发展。面对现实社会的发展，太多的人是无可奈何的，有人选择隐居，希望回归更加简单的物质与社会生活，从而保持内心的宁静。但是，无论怎么选择，人都无法脱离文化，因为文化是人的基本属性。如果摆脱了它，人就回到了像黑猩猩那样的状态，我想没有人愿意这样。人的世界是辩证的，人创造文化，依赖文化，又为文化所制约。这是人所面临的基本现实，这就是人的境况。如今科技发展一日千里，其引发的社会问题则各有不同，面对现实的状况，还是需要具体情况具体分析。中国古人讲要审时度势，"能攻心则反侧自消，自古知兵非好战；不审势即宽严皆误，后来治蜀要深思"，这是成都武侯祠的一副对联。"差之毫厘，谬以千里"，这是中国人熟知的成语。它们都说明了一点，即辩证关系是复杂的，它不是简单的折中，不是捣糨糊，处理好辩证关系需要智慧。世界的奥秘就在这里，人生的趣味也正在于此。

人的世界是辩证的，不仅因为这个世界的形成过程如此，还因为人的认识过程也是如此，而且两者之间存在着密切的关联，并导致我们在看待人的世界这个问题时处在多重的辩证关系之中。所有人的认识都是历史的产物，都处在一定的历史背景关联之中，都是特定情境下的表达。与此同时，我们的认识对象也正在发生改变。

有趣的是，科学研究强调客观、真理等超越历史的存在。因为古今基本一致，所以当我们研究自然界时，历史并不成为问题。然而，当我们研究人类社会本身时，问题就来了。认识人的世界需要历史关联，包括跟正在不断成为历史的现实之间的关联。

回到考古学研究上来，我们该如何开展研究呢？我们经常说考古学要透物见人，就是要通过物质遗存来研究人的世界。但是，人的世界是自然与文化双重的存在，一方面是规律、结构与机制，另一方面是文化意义、能动性与历史，两者是高度融合的。单独强调其中的一个方面是不合适的，忽视前者，人之过去就成了玄怪志异；忽视后者，人之过去则成了机械工厂。我们需要有辩证的方法或视角。具体到当下的情境中，中国考古学面对的是什么样的挑战呢？应该说，两个方面的挑战都存在，玄怪志异式的研究时不时会露头。不过，这个问题的关键在于把人的世界看作机械的，这样的世界是决定论式的，人仿佛是被某种东西操纵的木偶；这样的世界没有历史，或者说把历史看作无足轻重的，也没有能动性与文化意义。研究者从自己相信的前提出发（如经济学上的"理性的经济人"假设），发展出一套又一套解释的理论，最后沉醉在自己的世界里自说自话。这是当代人文社会科学研究中非常普遍的现象，历史学本身也丧失了作为一种方法的独立性，不能提供一种独特的理解世界的眼光。走出乌托邦，走出机械工厂，是人文社会科学的出路，也是考古学的出路。

社会性的思考

进化人类学家邓巴的《社群的进化》(*How Many Friends does One Person Need?*）一书中对人类社会性演化的描写令人印象深刻[①]。邓巴是"邓巴数"的提出者，他注意到人群规模存在5人、15人、50人、150人、500人、1 500人等不同层次，每个层次之间大约有3倍数的规律，即3倍律，这个规律具有跨文化的普遍性。究其原因，与人类处理社会交往信息的能力相关，交往频率越高、质量越高，人群的规模就越小。社会性的发展会影响到人类的夫妻关系、家庭规模、语言形成，如此等等。在邓巴眼中，社会性的发展似乎是人类演化的根本特征。这样的认识倒是很符合马克思主义的观点，即人的属性可以分为自然性与社会性，其中社会性是人的根本属性。的确，回顾人类的历史，人类几乎所有的成就都是社会的产物。如果让一个人从小脱离社会，孤身生活在自然之中，那这个人是很难存活下来的。即便能够生存，也可能像"狼孩"一样，因为长期跟狼生活在一起，失去了人的能力——文化。

---

① 参见罗宾·邓巴：《社群的进化》，李慧中译，四川人民出版社，2019。

　　考古学者在考察人类演化的时候，考察的基本对象之一就是文化，我们把文化看作人区别于其他物种的根本特征。当然，动物行为学研究在挑战这个论断，比如乌鸦也会制造工具，黑猩猩也有复杂的社会交流，僧帽猴甚至能够打制"石器"。文化是人类在身体之外解决问题的能力，但是我们不能把所有在身体之外解决问题的行为都称为文化。人类的文化有特殊的结构，它包括三个相互联系、相互促进的方面。换句话说，人类利用文化从三个方面来解决问题：一是向外求或曰向自然求，比如通过技术发明与革新，利用从前难以利用的自然资源，石器技术的变革、植物栽培、动物驯化都属于这个方面的发展。二是向社会求（就是这里说的社会性），即通过社会组织的变革来解决问题，生活在当代社会中的我们对此应该有非常切身的体会，历史上也是如此，许多时候人类面临的不是生存的问题，而是分配的问题。三是向内求，这是人精神性的方面，精神性构成人的主观能动性，人由此改变自己，改变世界。正是因为有这样的结构，人类文化才具有其他物种难以企及的复杂性与效率，人类才能脱颖而出，建立了近乎绝对的适应优势——只有自己才能毁灭自己的优势。

　　从这个角度来看，社会是文化的组成部分，社会是人类三种解决问题的能力之一。当然，有人可能不同意这样的观点，比如可以把人类文化也视为社会性的产物。但是，我们在研究人类演化的时候，文化无疑是一个更合适的概念，我们可以从以上三个层面来考察文化，尤其重要的是，它能够与经验材料联系起来。相较而言，文化是比社会性更抽象的概念，更能概括人类的特殊性。在文化的范畴内理解社会是一个较为理想的角度。

根源与本质

社会是人的需要，这是我们都知道的。人类的猿科祖先就过着相当社会化的生活，这一点从与人类关系最密切的近亲黑猩猩中也能观察到。当然，不是所有的猿科动物都热爱社会生活，生活在苏门答腊丛林中的猩猩就比较孤单。从这个角度来说，偏好社会是自然选择的结果，它有利于人类的生存。的确，人类祖先要在热带稀树草原上生存下来，社会协作无疑是非常有效的途径。今天我们还能从生活在类似环境中的灵长类动物如狒狒身上看到我们祖先的影子，当狒狒群体穿越开阔地环境的时候，周围都有雄性青壮年个体担负保护职能。有意思的是，人类祖先既然已经掌握了工具的使用技能，为什么还会继续朝社会化方向发展呢？是不是有过度装备之嫌？这可能与两个原因有关：一个原因是，早期人类的工具十分简单，发展也很缓慢，由此赋予人类的生存优势有限。一直到一两百万年前，人类工具行为的最高成就也就是打制最简单的石片而已，之后才开始有了成型的大型砍砸工具。另一个原因是，人类祖先就是过着社会化生活的，这是人类继承的遗产。

把社会能力与工具能力结合起来，会产生如虎添翼的效果。人类演化就在这两条道路上展开，相互推进，相互交融。工具技术的进步是明显的，仅从石器上看，克拉克（Clark）就归纳过五个模式①，从中能够看到人类选择的石料品质越来越精良，对石刃的利用也越来越充分。石器不仅可以直接使用，还可以用来加工竹木骨角等材料，更有意义的是，石器可以与这些有机材料结合起来形成复合工具，比如带柄的石刀、用于投掷的标枪、可用于远程射杀的弓箭等。这里还有一个重要的成就是用火，目前的考古证据把火的使用历史推到了上百万年前，不过控制用火（即能够维持火种）的历史可能要晚得多。火的力量毋庸多言，它能够烤制食物，给人温暖、安全、光明，还能帮助人开辟林地。民族志中的澳洲土著经常烧地，小规模地烧，就像给大地打扫卫生一样。所有这些成就又都是社会的产物，技术的进步是积累性的，需要不同人的贡献；石料的来源地或远或近，需要有人能够提供相关的信息；用火更是促进了社会化的发展，火可以分享，而不损害分享者的利益（不像食物、土地），分享火种可以拉近社会群体之间的关系。

人类在这两条并行的道路上越走越远，这种结合在距今 7 万年前后结出了硕果，那就是人类开始运用外物来拓展社会关系，物质表现形式是艺术品。从前人与人的交往需要面对面进行，就像其他灵长类动物一样，相互梳理对方的毛发。而今有了外物的协助，即

---

① 参见 Grahame Clark, *World Prehistory in New Perspective,* 3rd edition（Cambridge: Cambridge University Press, 1977）。

使不见面，也可以进行社会交往。某件物品就能代表某人或某一群人，外物有了信息传递的作用，表达从具体到抽象，进而形成符号，最后产生了我们熟知的文字。有了外物的帮助，人类不仅可以更有效地拓展社会关系网络，从认识几十人到认识数百人，更重要的是，可以更有效地积累知识、传递知识，自然也有利于学习知识。文化的发展也伴随着人类大脑的演化，自从人类能够直立行走，后续的人类体质演化基本都体现在大脑上。人类越来越聪明，越来越有创造性。至今我们都觉得有点不可思议，两种能力本来就已很突出了，两者结合居然又产生出更强大的能力。这样的演化是由外在环境还是人类自身推动的？距今 7 万年前后，人类已经走出非洲，开始出现适应辐射，没有物种能够与人类竞争了，由此，我们可以提出一种解释，即人类扩散的需要导致了新的发展。除此之外，似乎还可以有另一种解释。DNA 考古研究告诉我们，距今一二十万年前人类曾经濒临灭绝[1]，后来挺过来了，两种能力结合所产生的硕果或可以溯源于此，即生存压力所致。

在现实生活中，我们总是惊奇于有些人，能够不为利所诱、不为武力所屈服，明明知道必死，但仍然一往无前。这很难用生物学的法则来解释，我们称之为信仰。信仰是精神生活的内核，信仰一定程度上能够让人超越肉体的限制。人类的演化似乎不再满足于物

---

① 参见柯蒂斯·W. 马雷安：《人类濒临灭绝时》，蒋青、高瑞雪译，《环球科学》2010 年第 9 期。

质层面的能力，而是开始超越这一层面，形成精神领域。精神，或称意识形态，是人类能力新的丰碑。这种能力产生的考古证据至少可以追溯至旧石器时代晚期，此时文化有了爆发性的改变，如欧洲旧石器时代晚期的洞穴壁画、雕塑，都清晰地显示了精神信仰的存在。人的身体、动物的头颅，人与动物融为一体，人仿佛有了动物的力量。精神的发展是一个更不思议的成就。距今 4 万年前后的旧石器时代晚期，我们可以确知完全没有其他物种甚至是气候事件能够威胁人类的生存，但是此时偏偏诞生了人类生存的又一利器——精神。有了它，人类就敢深入不毛之地；有了它，人类就敢登上高峰。有了它，不论是工具能力还是社会能力，都有了新的飞跃，因为有的人开始树立理想，要探索世界存在背后的真理，要改变社会现状，建立一个更美好的世界。

为什么会这样？人类为什么要演化出如此卓越的能力？这是现实所需还是发展的必然？从前者的角度来说，精神生活似乎是为了协调社会关系或矛盾。广义上，文化本身就是社会性的，精神作为文化的高层组成部分，确实要有服务社会的目的，历史时期宗教的形成就是很好的例子。在史前时代，也有一些关系与矛盾需要协调，但是，除了与社会相关的，还有人与自然的，以及人本身的——人之存在的意义。史前时代的精神涉及的范围非常广，包含了我们当代所有学科的萌芽。相较而言，历史时期形成的宗教似乎更侧重于协调社会关系与矛盾。如果从发展的必然的角度来说，精神应该可以说是物质符号化的延伸。史前人类有了"艺术品"之后，其实就创造了另一个世界，一个虚拟的、存在于人的思维中的世界。后来更加复杂的精神生活，尤其是宗教，都是沿着这条线索发展的。人的世界包括物质世界与精神世界，一实一虚，相互推动。我们考察当代世界时，也可以看到同样的结构。实践的成本是高昂的，在虚拟的世界（理论的）先进行一些推演，有助于提高探索世界的效率。如此说来，人类的演化仍然是在工具与社会两条道路上进行，只不过在此基础上涌现出了新的结合体——精神。

说到这里，不禁想起人类演化的另一个结果：社会等级。它是人类社会演化的副产品吗？还是说它就像精神一样，是发展的必然？社会等级不是一个令人愉快的话题，但却是一个我们不得不面对的问题，也是考古学探索的核心问题之一。如今，已经很少有人相信人类早期是奉行平均主义的。不是说不存在平均主义，而是说需要对平均主义加以解释。人类的灵长类祖先并不是过着平均主义的生活，要实现平均主义，他们也需要付出巨大的努力，要去抑制社会中一部分人的欲望。也就是说，平均主义也是一种等级，一种反向的等级。考古学者海登（Hayden）认为，在旧石器时代，资源变化不定，生存风险高，此时抑制等级是有利于人类生存的[①]。这种说法倒是很贴近历史唯物主义的看法。但是人类社会后来的发展

---

① 参见 B. Hayden, "Nimrods, Piscators, Pluckers, and Planters: The Emergence of Food Production," *Journal of Anthropological Archaeology* 9(1990): 31-69。

似乎像是脱缰的野马，在社会等级分化的道路上走向了极致，有些人生而优越，极端的等级社会似乎与农业社会关系密切。进入工商业时代之后，社会等级意识又开始淡化。这也说明，社会等级的演化，或强或弱，并不是单向发展的，而是与人类的社会生产密切联系的。

历史与现实

有趣的是，不同的社会在历史进程中侧重的文化能力有所不同。世界历史上的轴心时代，大抵相当于中国历史上的春秋战国时期，此时世界上有三个对后世影响深远的文明：古希腊文明、古印度文明和中国文明。希腊半岛及其周边海岛，空间狭小、多山，部分资源如林木、矿产分布不均。但这里海上交通便利，人们兼营农业、畜牧与手工，政治上是城邦林立。古希腊文明以商贸、科学（或称哲学，科学的前身）而闻名。在当时的自然与社会背景下，古希腊人更侧重于向外求，通过商贸、殖民以及技术手段来解决问题。印度的轴心时代以贡献了佛教而闻名于世，当时的印度人选择了向内求，通过宗教来解决问题。佛教的基本旨意是改造人的精神世界，从而超越外在世界对人的束缚。而中国当时兴起了儒家思想，孔夫子及其弟子们更多从社会层面去寻求解决问题的办法，强调规范的社会等级秩序、社会道德。孔夫子对鬼神似乎持半信半疑的态度，所以并未多加讨论。对于商贸，中国历代对商人的抑制都很厉害。

不管是儒家还是道家，都很满足于自给自足的小农经济，外求的欲望非常有限。三个文明的侧重点存在鲜明的差别，表现出轴心时代人类文明发展的重要特征。

历史的选择在当时或许是一种必然，最终的影响极为深远。儒家思想以社会性为中心，在处理社会关系上走向了极致。这是一种务实的策略，相对而言，在向外求与向内求上存在不足。从东汉时期，佛教传入中国内地，它对现实的超越，它在概念与思辨上的发展，弥补了中国文明的不足。至于近世，中国更大规模地引入西方文明——以古希腊文明为基础的侧重于向外求的文明。不同文明各有所长，本应取长补短。中国历史上之所以出现两次大规模的西学东渐，正是因为中国文化能力上存在偏重。能够取长补短、不断学习，正是中国文明能够绵延不绝的重要原因。以社会性为中心的发展带给中国世所罕有的社会整合程度。而古希腊文明以及以它为基础的西方文明则一直没有完成民族融合，欧洲至今还是四分五裂，族群纷争不断。印度历史上几乎很少有统一的时候，范围大一点的政权往往都是外来人群强加的，如莫卧儿帝国。即便是现在的印度，也是大英帝国长期殖民的产物。中国文明在社会整合方面似乎是一枝独秀，五千多年的文明史形成了统一的中华民族认同，这是了不起的成就。当然，代价也不小，宋元、明清之间，不少领域都在走回头路。如今的中国，融合东西，贯通古今，有可能创造出一个新的文明。

　　社会发展仅仅依凭社会性是不够的，还必须有合适的精神引领，失去精神引领的社会性，可能只是各种利益关系的勾结、各种权力的斗争，难以形成统一的合力与长远的稳定。没有外求能力的社会性，就是无本之木、无源之水，最终会陷入发展的停滞或者固定的发展循环之中。社会性本身是把双刃剑，一方面，成功的社会整合会使社会规模更大、更复杂，还会有更强的行动力；另一方面，这个过程也会消耗大量的资源，尤其是在失去精神引领或缺乏外求能力的情况下，社会整合的消耗会更大，这反过来会对社会造成破坏。对于一个人类社会群体而言，其不论社会组织形式如何，都需要将这三个方面综合考虑进来，很难说有一个一劳永逸的最佳方案，但是理论上，通过动态的调整，是可以在一定的时期实现最佳的。历史与现实都提供了很多借鉴，如当代西方社会在社会整合上遇到了不小的困难，种族、移民、宗教、阶级、党派等社会利益关系纠缠在一起，短时间内还看不到解决的可能。

　　回到个体层面，讨论这三种能力也能带给我们一些启示。人类历史与现实社会很大程度上是由三类人驱动的：一类是积极外求的人，如各种能工巧匠、科技人才、工商巨子，他们把人的能力无限延伸；一类是向社会求的人，历朝历代都不乏这样的治世能臣、贤明帝王，或者一代枭雄，他们努力调整社会关系，协调社会矛盾；还有一类向内求的人，他们是时代精神的引领者，也是思想文化的传承者，如孔子、苏格拉底、释迦牟尼以及后世众多的思想家，他们就像是催化剂，既可以催生诸如科学这样的能力，也可以推动社会本身的变革。与之相应，形成了当代学术的三大领域：自然科学、社会科学、人文科学。

　　无所不能的人是不存在的，但是平衡发展却是人生的需要，至少需要去了解向外求、向社会求、向内求这三个方面。我们生活的这个时代物质文明高度发达，外物的丰足会使人产生一种错觉，以为个人可以独立地生存于世，以为人只要有了丰裕的物质就可以无忧无虑。但是，频发的抑郁症以及焦虑的普遍存在告诉我们，人不是这样生活的，人需要在外物、社会与自身精神世界之间保持平衡。这是人经过数以百万年的演化形成的能力，人也由此产生了相应的依赖，脱离就会产生心理失衡，出现健康问题。

第 3 章

文明的概念与思想基础

　　当今中国的移动互联网应用走在世界前列，催生了许多应用，如微信、抖音、B 站、头条等，公众可借此便利地参与考古学讨论。每当提及中华文明起源时，我注意到不少人说文明的标准是要有文字。能够提出这一点，说明他们已经意识到在讨论文明起源之前，应该知道概念的内涵。对于并不专门从事文明起源研究或者不关注理论问题的人来说，他们的认识往往来自长期流传的观点，而很少会反思这样的观点是否正确，是否已经过时。文明究竟是什么？文明为什么要有标准？这些问题都需要深入探讨，深入概念提出的理论基础上。只有了解了立论的前提，才能较好地把握我们究竟在讨论什么。遗憾的是，我们在这个方面的思考还比较少。文明作为一个人文社会科学的概念，特别需要考虑它在什么层面具有跨文化的统一性。盲目采用自然科学的方法，强行设定概念的内涵，其实只是推行某种观点（通常是以西方为中心），建立垄断的话语而已。考古学有追根溯源的习惯，我想这种习惯不仅应该是时间轴线上的，也应该是思想意义上的。

文明究竟是什么？

文明是个多含义的概念，具体所指随着语境的变化而有所不同。如果脱离语境来讨论文明，必然会产生许多歧义，当前不同学科研究在讨论文明时就存在这个方面的问题。在考古学的语境中，文明其实有较为明确的含义，其本质的特征就是"国家"，所以考古学者所讨论的文明起源，基本可以等同于国家起源。但是，在现代社会的语境中，国家通常指民族国家（nation），与考古学者所指史前时代最初的国家（pristine state）并不是一回事，因此有学者用"早期国家"这一称谓，北美地区学者则更喜欢用"复杂社会"这个概念。

无论采用什么样的概念，研究者所指的对象并没有什么争议，那就是新石器时代晚期人类社会组织形态发生了重大变化，出现了一种或多种新的社会组织形态。当然，这并不意味着争议由此消失，学者们就社会组织形态的统一性与多样性、原生形态与衍生形态以及形成机制与原因，展开了无休止的争论。考古学者则面临着概念构建与材料解释之间的矛盾：一个矛盾是用材料证明本身来自材料归纳的概念，另一个矛盾是概念与材料之间的疏离。如何确立文明与考古材料之间的关系，对于考古学研究来说仍然是一个挑战。

如何定义文明？

考古学研究文明起源的困难在于，考古材料本身只是可见的物质遗存，不会自己讲话，不会自动生成概念，需要依赖考古学者从物质遗存中提炼概念，而考古学者之所以采用某个概念，很大程度上取决于其知识体系。在这个方面，考古学者更多受惠于人类学，因为人类学者能够研究具体存在的社会，又称活态的社会（living society），而这是考古学者力所不逮的。地理大发现之后，在世界各地进行殖民活动的欧洲传教士、学者以及其他关注人类社会形态与生活差异的人，记录了当时存在的形态各异的人类社会，并从中总结出了若干共性。

不过，在国家起源的理论探讨上，人类学家并不是最早的，这本身是一个历史悠久的话题。影响广泛的讨论来自一些思想家，通常会追溯到霍布斯与卢梭，他们的观念截然相反。在霍布斯看来，早期人类的生活野蛮、肮脏，国家就像一根救命稻草，它是个体之间的契约，个体把自己的权力让渡给站在契约之外的统治者，统治者是"道德上帝"的现实化身。而在卢梭眼中，早期人类的生活自由、平等、轻松，只是在土地成为私有财产之后，人群之间的竞争与暴力加剧，政府由此起源。在卢梭的契约里，统治者是契约方之一，而不是像霍布斯所说的那样置身事外，政府不过是次生的存在。两位思想家虽然对人性与国家性质的认识迥然不同，但都承认国家的起源是为了解决某些影响生存的关键问题，需要协调社会内部的关系。

此后影响最大的思想无疑来自马克思主义。马克思主义有关文明起源的研究部分立足于人类学研究之上，即摩尔根的《古代社会》。马克思与恩格斯深刻认识到，并不存在什么自然的人类状况，人类社会的一切都是历史的。国家就是历史的产物，它既然会产生，那么就会改变，同样也会消失。按照马克思主义的观点，人类社会经济发展到一定阶段之后，劳动分工加剧，阶级产生，国家是阶级矛盾斗争的产物。和霍布斯、卢梭一样，马克思与恩格斯也认为国家的起源是为了解决社会现实问题，也涉及社会关系的调整，不过，他们更深入地认识到国家是历史的存在，是社会经济发展到一定阶段的结果，由此，经济基础应该成为研究的核心与出发点。

基于民族志材料以及思想先驱的影响，人类学领域发展出不同体系的国家起源理论以及有关国家起源机制的解释。其中引用频繁的两个人类社会演进方案为塞维斯（Service）的"游群-部落-酋邦-国家"与弗里德（Fried）的"平均社会-阶等社会-分层社会-国家社会"①。解释国家起源机制的代表性理论有魏特夫（Wittfogel，又译

---

① 参见埃尔曼·塞维斯：《国家与文明的起源：文化演进的过程》，龚辛、郭璐莎、陈力子译，上海古籍出版社，2019；M. H. Fried, *The Evolution of Political Society: An Essay in Political Anthropology*（New York: Random House，1967）。

为威特福格尔）的水利理论 [①]、卡内罗（Carneiro）的限制理论或战争理论 [②]、特斯塔特（Testart）的王臣论 [③]，等等。有关人类学理论的问题主要在于，这些理论往往是基于有限案例的概括，其普适性存疑。更大的问题在于，人类学者研究的所谓"国家"，都是早期国家起源之后的产物，在弗里德看来，都是次生的，我们不能用次生的形态去说明原生的形态。最后，无论人类学理论多么有说服力，它最终还是得落实到考古材料上，否则我们就不能探讨早期国家或文明起源问题。也许正因为如此，考古学家柴尔德（Childe）在研究文明起源时，没有着力于探讨国家起源，而是侧重于研究城市的起源 [④]。可能他认为国家是个过于抽象的概念，而城市是具体的，是表现在物质遗存上的，civilization（文明）从词源上就来自 city（城市）。

当然，不能由此否认思想家、人类学者，以及其他人类社会研究者对定义文明所做的贡献。正是在这些理论的推动下，考古学者努力去寻找文明演化的证据。也正是随着理论的不断推进，文明探源的考古学研究才能不断推陈出新。

---

① 参见卡尔·A.魏特夫：《东方专制主义：对于极权力量的比较研究》，徐式谷、奚瑞森、邹如山等译，中国社会科学出版社，1989。

② 参见 R. Carneiro, "A Theory of the Origin of the State," *Science* 169(1970): 733-738。

③ 参见 A. Testart, *La Servitude Volontaire* (Paris: Errance, 2004)。

④ 参见埃尔曼·塞维斯：《国家与文明的起源：文化演进的过程》，龚辛、郭璐莎、陈力子译。

文明是否需要有标准?

过去的三十多年中，中国学术界把如何定义文明的问题转化为关于文明的定义标准的问题，相关的讨论持续不断。其实，这一转化本身就值得讨论，为什么文明要有标准呢?

首先，需要明确的是，在人文社科研究中，要建立绝对统一的标准是徒劳的。即便在抽象的哲学领域，有关世界的基本概念也在随着时代的变迁而不断变化。在全球高度连通的经济领域，我们能够观察到的市场经济也远不止一种形态;在政治领域，诸如民主、自由之类的概念不仅存在着多样的定义，事实上也存在着多样的形态。在交流极为便利的当代社会都存在难以简单概括的多样性，更何况在难以有效沟通的史前时代。也就是说，在全球范围内，试图建立界定文明的统一的标准，无疑是乌托邦式的想法。在有限区域内、在一定时间范围内确立界定文明的标准，是可行的，但是该标准过于局限，难以推广。

其次，回到考古学研究上来，文明探源研究始于西方，在 19世纪末 20 世纪初达到高峰，当时一大批考古探险家到世界各地"发现"了美索不达米亚、古埃及、古希腊、古印度、玛雅与印加等文明。当时也正值西方殖民主义高潮，西方在全球秩序中处在绝对垄断的地位，与之相应，跨文化的比较与概括，建立单线条的演化方案，是当时那个时代的基本特征。这个时期也可被称为现代主义时期，研究者都希望能够建立具有普适性的体系，几乎在所有学科中都是如此，并不是考古学特有的现象。跨文化比较是需要标准的，而确立标准的是西方学者，其立场注定难以摆脱西方中心论。我们熟悉的城市、文字、金属冶炼的文明标准实际就是西方中心论的产物。进入后现代时期之后，西方学术界其实已经摆脱了这种简单的文明标准论，转而开始承认文明形态的高度多样性。

最后，除了受时代思潮、历史背景、相关学科的影响，从考古学学科内部的发展来看，文明标准论与考古学的研究范式关系密切。柴尔德提出了文明起源的十个标准，还有研究者提出了七个标准或者其他数量不一的标准。考古学的标准是指那些能够表现在物质遗存上的特征，而不是抽象的概念。柴尔德本人是文化历史考古范式的主要开创者，他归纳的标准也就是其范式的重要表现形式。所谓范式，在考古学中，可被理解为以核心概念纲领为中心，会同相应的支撑理论方法，形成了一套成熟的实践体系，其中核心概念纲领是基础，是灵魂。当代考古学的三大范式——文化历史考古、过程考古、后过程考古——的核心概念都是"文化"，但是不同范式中"文化"的内涵存在着显著的差异。在文化历史考古范式中，以"考古学文化"这个重要概念为例，它所说的文化，就是指一定时空范围内具有相似特征的物质遗存的总和，也就是一系列标准或规范，是古人在不知不觉中遵循的东西。

　　在文化历史考古的核心概念纲领的引领下，文明起源研究必然会浓缩成若干标准或规范。其实，不只文明起源研究如此，其他问题的研究也与之类似。即便是在文化历史考古并不大适用的旧石器考古领域内，文化的标准论也相当流行，基于石器技术的若干相似性（标准）可以把石制品划分为不同的石器工业类型，就像新石器时代的考古学文化一样，最终把这些类型与特定的人群联系起来。从这个角度来说，文明之所以有标准，是文化历史考古研究范式约束的结果。文明作为一个时期、一定区域范围内的现象，存在某些共同的物质遗存特征，这跟"考古学文化"概念本质上是一致的。从中我们也可以看到成熟范式的强大约束力，它提供必要的概念、相应的理论方法，形成了研究者可以相互理解的话语体系。在同一范式中，研究者必定会选择相同的研究逻辑，在文化历史考古中表现为归纳。但即便是巨细靡遗地归纳，最终得到的概念对后续的研究工作也很少能起到指导作用，不过是进一步证实而已。更关键的问题在于，文明不同特征（标准）之间是什么关系，与古代社会生活有什么联系，还没有说清楚。

文明究竟是什么？

　　我们可以换一个范式来看文明，比如从过程考古学的角度来看文明。过程考古学是功能主义的，强调研究文化系统的不同子系统之间的关系，探讨变化的内在机制。它所依赖的核心概念纲领是作为适应的文化，这里文化是人外在于身体的应对各种挑战的手段。按照这个范式，文明应该是人在一定阶段应对挑战的手段。由此需要了解这个阶段的社会发展状况，以及存在哪些挑战。从马克思主义的观点来看，这些挑战可被称为矛盾，是需要解决的问题。

文明所处的历史阶段与农业发展密不可分，可以说文明是农业发展的产物。农业在距今一万年前后在西亚与中国的华北、长江中下游地区起源，从已有的考古证据来看，文明发生在距今六千年前后。从农业起源到文明起源经历了四五千年的发展。这里的发展包括定居点的建立、人口的增加等。对于史前中国而言，特别值得注意的是农业文化生态系统的建立，即包括技术、社会与意识形态在内的文化系统与环境之间形成了较为稳定的互动关系。

具体而论，人口增加、定居农业形成之后，土地的所有权问题成为亟待解决的问题。土地是所有农业社会基本的生产资料，无论是在群体（如村落）还是个体（家庭）层面都需要加以界定。农业属于延后回报型的生产活动，前期投入较大，如果没有明确的所有权，就无法开展生产活动。因此，农业必然会促进群体的分化。但是，农业发展到一定程度后，需要灌溉与防洪，因而需要有超越家庭单位的群体协作，这带来了群体整合的动力。当然，农业社会的发展带来的分化远不止这些，还包括专业分工、社会分层以及社会等级的出现。同样，社会整合的动力也远不止灌溉与防洪，群体之间的土地所有权的纠纷、应对灾祸的群体协作、无政府状态下的冲突失控等，都有可能推动社会进行更高层次的整合。

由此，文明起源问题意味着要研究社会分化与整合的过程，研究文化系统在技术、社会与意识形态三个层面的反应，研究人与环境的关系的调整，如此等等。在过程考古学的范式下，文明的界定标准无疑不是很重要的问题，更重要的问题应该是文明形成的机制，是社会演化的规律。过程考古学强调考古学研究应该注意科学性，包括考古推理的逻辑性，因此需要明确的前提、真实的考古材料（需要弄清楚考古材料的形成过程）、多线条的推理逻辑、更精确的变量，等等。

随着考古学理论的发展，我们现在认识到，过程考古学对文明的定义也有局限，后过程考古学对此有诸多批评。后过程考古学强调能动性，强调意识形态的作用，强调历史性与关联性，这些都可以补充我们对文明的理解。在这个研究范式中，文明是群体的表达自身的方式，其意义存在于一定的情境中，而要理解这些意义，就需要回到历史文化情境中。换句话说，我们研究中华文明起源，就不能离开中华文化的整体，需要从历史进程层面来把握它。中华文明作为一个没有中断的文明，良好的历史连续性为理解物质遗存的文化意义提供了绝佳的条件。反过来，我们进行中华文明探源，也是为了理解自身文明的连续性。

从上述讨论中，我们看到，文明至少有三层含义，文明探源绝不仅仅是重建消失的古史，也不仅仅是讨论社会的进化，它还应阐释文明的连续性，理解文明本身。文明究竟是什么？不会有一个固定不变的答案。对于考古学研究而言，需要不断拓展范式，展开更加深入的研究，这是不变的学术规律。

作为社会秩序的文明

不久前受邀参加了一个读书群的讨论，主题为"文明是一种社会秩序"。之所以设定这个主题，是因为读书群之前组织过多次讨论，这是之前讨论达成的共识。参与讨论的研究者来自不同学科，包括哲学、中国史、世界史、考古学、民族学（人类学）等。在这个专业分工越来越细的时代，讨论的交集并不是太多，这也是意料之中的。换个角度来看，能有一个让不同学科的研究者都感兴趣的话题，也很难得。因此，学科之间的交流尽管困难重重，但仍然值得为之努力。简言之，不同学科背景的学者都想知道：文明究竟是一种怎样的社会秩序？它是怎么产生的？有哪些共同标志？又发生了什么变化？我们尤其想知道：文明与国家是什么关系？所有这些问题其实已不只是学术问题，而且是一个所有人都会关注的问题，因为它们关系到人存在于世的基本属性与意义。

文化与文明

说到文明，恐怕要先从文化说起，因为两者在不少情况下是混用的。严格地说，文化是人在身体之外应对挑战的手段，其中包括技术、社会、意识形态三个层次。相对而言，文明是文化的一种状态，一种较为复杂的状态。如果要追根溯源的话，文明作为一个概念是启蒙主义的产物，与野蛮对应。而今学术意义上的文明已经失去了道德上的判断，也不是文化成就的泛称，而是与社会复杂性联系在一起的。更确切地说，文明的核心要素是社会复杂性达到了"国家"的程度；也正是在这个意义上，文明代表一种社会秩序，一种新的社会秩序，它取代了自旧石器时代以来的社会秩序。

马兹利什（Mazlish）在《文明及其内涵》（*Civilization and Its Contents*）中讨论什么是文明时说，他最认同一位伊朗学者的观点，即文明应该包含两部分不可分割的内容：第一部分内容是一套清晰的世界观，它可以表现为一种文化体系、一种意识形态，或者一种宗教，其中以宗教形式出现的频率最高。第二部分内容由一套连贯的政治、军事和经济体系表现出来，而这种体系又常常具体地以一个帝国或者一种历史体制的面貌展现出来①。我也赞同这个观点，文明的两部分内容是相辅相成的。具体表现在中国文明起源研究上，前者指我们要去研究文明阶段中国文化的起源，后者指我们要去研究一系列体系及其常见的国家形态的起源。目前学术界特别关注的往往是国家这一特殊社会组织形态的起源，而相对忽视文明的文化

---

① 参见布鲁斯·马兹利什：《文明及其内涵》，汪辉译，商务印书馆，2017。

内涵，更是很少注意到文化内涵在文明起源进程中所起的作用。按照文明的第二部分内容，所谓中国文明起源研究还应该从多维度（政治、军事、经济等）去探索作为体系的中国文明的起源。也就是说，中国文明起源不是某个点上的表现，而是一个体系，体现在多个维度上。如果把文明起源等同于国家起源就显得过于狭隘了。

实际上，究竟什么是国家，学界并没有定论。我们现在的"国家"概念与民族密切相关，是近代化的产物，与历史上的古代国家不能等同，与史前时代国家的差别就更大了。史前时代，地方之间交通困难，交流远不如现在便利，地方之间的阻隔比比皆是，可以想见那个时代很可能会形成各具特色的地方模式，而要形成具有统一形态的国家，无疑是非常困难的。学界一直在试图寻找一个具有统一性的国家定义以及共同的标准，这个定义越具体，标准越明确、越丰富，也就越不可信。相反，一些模糊的、粗糙的定义倒可能更可靠。为了避免与国家既有的含义混淆，有学者采用"早期国家"的定义[①]，用以探讨文明起源。在这个概念提出之前，流行的另外一个概念是"酋邦"。"酋邦"概念来自民族志研究，把这样一个概念用于史前时代，就存在古今是否具有一致性的问题。无论是早期国家还是酋邦，都有不少歧义。因此，回到元概念"社会复杂性"也就成了不二的选择。不论采用怎样的概念，最终还

---

① 参见 H. J. M. Claessen and P. Skalník, "The Early State: Theories and Hypotheses," in *The Early State*, eds. H. J. M. Claessen and P. Skalník (Hague: Mouton, 1978), pp. 3-29。

是要解释它们为什么会出现，为什么人类社会会出现一种新的社会秩序。

文明秩序的根源

把文明看作一种新秩序，也就意味着承认在文明出现之前，人类社会本身是存在社会秩序的。毫无疑问，一个社会组织若是没有某种组织原则，是不可能形成的，即便动物社会也是如此（其中的原则就是进化论）。那么，文明是按照怎样的原则来组织社会秩序的呢？文明是文化的一种状态，本质上文明还是文化，人类是唯一依赖文化来应对挑战的动物，也就是说，文明是人类应对挑战的产物，作为一种新的社会秩序，文明解决了以前社会没有解决的问题。那么，这个问题是什么呢？

尽管文明的形态可能多种多样，但不等于说其间没有任何共性。共性是存在的，只是比较少而已。其中最突出的莫过于不平等（或称为等级）。文明社会是等级社会，文明之前的社会通常被称为平均社会（或者原始共产主义社会）。人类学家塞维斯与弗里德各自提出了不同的文明演进方案，他们的出发点都是平均社会。他们从全球民族志材料中观察到，绝大多数狩猎采集社会与农业水平处在初级阶段的社会基本都是平均社会。这样的社会缺乏稳定的不平等，一个狩猎能力突出的猎手可能会在群体中获得一定的威望，但是这种威望在他死后不会传递下去。尤其值得注意的是，他没有通过威望获得直接的好处。平均社会之所以能够存在，是因为它有一种社会平衡机制，比如人们相信猎人不能吃自己打到的猎物，否则他们以后就打不到或不容易打到猎物了。这种社会平衡机制就抹除了能力突出者可能凭借生产上的优势而获得稳固社会地位的可能性。

平均社会对于早期人类演化具有重要的现实意义。人类生活在热带稀树草原这样的开阔地带时，面临众多捕猎者的威胁，不得不采取群体防卫的策略。在这样的群体中，个体的突出能力并不足以保障群体的安全，相反，如果破坏了群体的团结，那么群体的所有成员就都可能受到伤害，因此，必须发展出一种社会机制，来防止群体的团结遭到破坏。发展食物分享，抑制劳动果实私有的观念，就是增进群体团结的有效方式。灵长类动物学家在人类的近亲黑猩猩群体中没有观察到类似的行为，尤其是把采集到的食物带回营地，然后一起分享的行为。人类的狩猎采集社会阶段持续了数百万年，原始的平均主义可以说已经深植于人性之中，成为人性的基础。

然而，平均社会并不是永远有利于人类社会发展的。在距今四五万年的旧石器时代晚期，人类已经有了远射的武器、各种捕猎的设施（如陷阱、网套等），可以有效捕猎各种类型的动物，从猛犸象到猛兽，人类成为食物链顶端的捕食者，而且作为杂食者，人类可以同时利用众多的食物链。当生存安全不再是首重目标时，平均主义的负面作用就开始体现出来，它抑制了能力突出的个体进一步扩大再生产的积极性，马歇尔·萨林斯（Marshall Sahlins）在《石器时代经济学》（*Stone Age Economics*）中就注意到了这一点①。毫无疑问，社会要提高生产效率，就必须打破这种平均主义的社会平衡机制。在考古学中，关于农业起源的动因存在两种说法：一种认为农业起源是"为了吃饭"，因为环境变迁，食物资源开始短缺；另一种认为农业起源是"为了请客吃饭"，农业能够产生满足请客吃饭所需的生产剩余。目前"请客吃饭"理论还有一些问题，因为早期农业还是需要群体成员一起出力才能操持，并不是某个能人可以独立完成的。再者，文明起源是在农业起源数千年之后，而不是在农业起源之时。这可能是因为平均主义对人类社会始终是必要的（现在依然如此），它对于早期农业起源在一定程度上是必要的，同时破除平均主义是一个长期的过程。

这是考察平均社会的一个维度，还有一个维度，需要我们反其道而行，即重新考察平均社会这个概念本身。我们现在把文明起源之前的社会统称为平均社会，这种叫法并不合理，这其中应该包含若干阶段，还可能存在地域性的差异。至少到了旧石器时代晚期，已经出现了一些非实用的、具有展示性的东西，如个人装饰品、精致化的石器技术、罕见的外来物品等。海登称之为"威望技术"，是个体用以展示其社会威望的物质表现形式②。在这个阶段，我们可以

---

① 参见马歇尔·萨林斯：《石器时代经济学》，张经纬、郑少雄、张帆译，生活·读书·新知三联书店，2009。

② 参见 B. Hayden, "Practical and Prestige Technologies: The Evolution of Material Systems," *Journal of Archaeological Method and Theory* 5(1998):1-55。

看到个体成员的地位已经有所分化，尤其是个体开始运用文化的手段（艺术品、精致技术、外来物品等）来强化或固化其身份，这是前所未有的。此前的人类社会里，个体的能力也不可能是无差别的，但是差别很难体现出来，没有持久的、明确可见的、外在的表现形式。因此，旧石器时代晚期应该可以算是突破平均社会的一个里程碑。旧石器时代晚期也是人类创造力实现爆炸式发展的一个时期，尽管有学者认为许多创新的根源可以追溯到更早的时期，而且也不都是同时出现的[①]，但是在旧石器时代晚期（距今四五万——一万年）不长的时间里集中出现了一系列发明，让此前数百万年的人类历史相形见绌，这一点令人印象深刻。

旧石器时代晚期之后是旧新石器时代过渡时期，在中国史前史上，这个阶段持续了数千年（具体时间长度看如何定义），这也是农业起源的时期。如果"请客吃饭"理论可以成立的话，那么我们就看到了平均社会被突破的另一个阶段，威望竞争开始进入生活资料的生产领域，从形式上的表现落实到了食物生产上。从民族志与考古材料来看，依赖水生资源的狩猎采集社会更可能出现社会复杂性，在北美西北海岸、南美太平洋沿岸、西北欧、日本、中国东北等许多地方的狩猎采集社会中都发现了社会复杂性的证据[②]。水生资

---

①　参见 O. Bar-Yosef, "The Upper Paleolithic Revolution," *Annual Review of Anthropology* 31(2002):363-393。

②　参见 W. C. Prentiss and I. Kuijt (eds.), *Complex Hunter-Gatherers: Evolution and Organization of Prehistoric Communities on the Plateau of Northwestern North America* (Salt Lake City: University of Utah Press, 2004), pp.140-154。

源的特点是资源域广阔，可以定点利用，这导致了集中的人口分布与更大的群体规模，以及更加明晰的领地概念（一旦挪开，适合渔猎的地方就可能被他人占领）。末次盛冰期时，中国的海岸线向东扩展了上千公里，当时的沿海地带是适合利用的，可能生活着社会复杂性较高的狩猎采集者。随着海平面上升，这些群体不断向内陆迁移。从年代接近上万年前的浙江上山文化的考古材料，如适合宴飨的大型敞口盆、精致的陶壶、酿酒的迹象等来看，这个社会可能带有一定的社会复杂性[1]。这也可能是良渚文明能在中国文明起源浪潮中拔得头筹的原因之一，因为其初始社会复杂性就比较高。

从复杂狩猎采集者的材料可以看出，社会复杂性的起源与资源控制、人口规模的关系最为密切。换个角度思考，人不仅是消费者，也是生产者，要想有效控制资源，除了控制资源产地（土地）之外，还要控制获取资源的劳力，以及生产工具（需要较大投入的船只）。随着社会竞争的加剧，冲突必然会增加，社会秩序必须进行调整，也就是平均社会瓦解。狩猎采集者完全依赖自然资源为生，人口密度非常低，作为其中另类的依赖水生资源的狩猎采集者也不可能仅仅以渔猎资源为生，他们还需要去采集植物，这个短板也限制了其人口的进一步增长。

---

① 参见 J-J. Wang, L-P. Jiang and H-L. Sun, "Early Evidence for Beer Drinking in a 9000-year-old Platform Mound in Southern China," *PLoS ONE* 16(2021)。

社会秩序的转换

　　狩猎采集社会的根本局限在于这是一种高度依赖流动性的社会，自然资源是流动的，资源的密度也迫使人类社会群体不得不流动。人群通过流动去获取资源，包括获取资源分布的信息，还包括获取再生产（繁衍）的机会，只有通过流动才能在人口稀疏的环境中找到配偶。除了人群本身的流动之外，群体的部分成员也是流动的，这有利于群体之间的交流。狩猎采集者在流动中生产与再生产，人类学家与考古学家非常关注流动性问题，流动性的重要性就像农业之于传统社会、工商业之于现代社会。早期人类的社会秩序就是建立在流动性基础之上的，由于一切都是流动的，人只知其母而不知其父，难以确定父子关系。在这样的社会中，社会身份难以固定下来，更别说代际传承了。即便通过母子关系（这个是明确的）可以实现传承，由于没有可传递的固定资源，这样的传承也没有多少意义。

　　农业起源改变了狩猎采集时代的社会秩序。农业需要定居，需要固定的土地、动植物以及劳动力。按照伍德伯恩（Woodburn）的说法，农业属于延后回报型的生产活动，春天播种，秋天才能收获。若是涉及开垦、平整土地、增加土壤肥力等更高投入的活动，则需要数年乃至更长的时间才能收回成本①。如果预期的回报不能确

---

　　① 参见 J. Woodburn, "Hunter-Gatherers Today and Reconstruction of the Past," in *Soviet and Western Anthropology,* ed. A. Geller (London: Duckworth, 1980), pp. 95-117。

定的话，那么就不会有人投入，有明确固定的关系是农业社会的根本特点。农业是文明社会的基础，没有农业，就没有文明，古今中外，无一例外。与狩猎采集社会相比，农业社会建立了固定的社会秩序。当然，需要注意的是，文明不仅是固定的社会秩序，而且是复杂的、等级化的社会秩序。为什么文明出现在新石器时代晚期，出现在农业已经有了一定发展的阶段，而不是在农业起源之初呢？

万物各有短长，人也不例外，孟子将人分为劳心者与劳力者，社会分工是不可避免的。群体规模扩大之后必定需要社会分工，这有利于提高劳动效率。分工早已有之，狩猎采集时代有按性别、年龄的分工，农业时代进一步发展，百工兴起。但是孟子偷换了概念，由此得出有治人者与治于人者，劳心者为什么就可以治人？尤其是为何由此形成了固化的社会等级？当人群达到一定规模（通常是150人），就必须分层处理，也就是说，等级化是社会关系扩展的必然趋势。农业起源后，人口规模迅速扩大，同等面积农业所能支撑的人口密度是狩猎采集时代的二三十倍。农业还带来了固定的资源，特别是土地，人可以迁移，但土地不能。人口的增加必然会加剧对固定资源的竞争，包括群体内部与群体之间的竞争。换句话说，农业发展到一定的程度（社会分工、人口规模与土地资源的固定化），等级化是不可避免的。由此，作为文明的社会秩序形成，至于是称为"邦"还是"国"，抑或有其他名称，都只是形态的问题，社会新秩序的基础已然奠定。

　　狩猎采集时代的人类与自然具有密切关联。人类从自然中获取资源，但人口的增长也受制于自然资源的多寡，一定范围内可以利用的自然资源终究是有限的。尽管到了旧石器时代晚期，人类的捕猎工具与技术（轻便的细石叶技术、远射程的武器等）、采集的装备都达到了前所未有的水平，但除了少数能够利用船只进行狩猎采集的群体可在一定程度上提高运输能力、拓展利用资源的范围（如水生资源）外，只能依赖两条腿走路的群体每天活动的范围也就是步行三四小时能到达的地区（还要考虑返回）。狩猎采集者后来发展出专门化的任务小组以及更好的食物储备方法，如猎人去更远的地方打猎，然后带回晒干的肉条。没有马匹，能够长距离背运的数量是很有限的。狩猎采集者的生活，一言以蔽之，受限于自己的身体，生产如此，消费亦如此。多打猎物消费不了，居无定所的生活反而会让多余之物成为负担。生产与消费受限，也就意味着人的再生产（人口繁育）存在无法突破的阈值。

　　农业起源的重大意义就在于突破这些极限。首先在生产层面，以动植物驯化为基础的农业极大地提高了单位面积所能提供食物资源的数量，与此同时，通过储备，食物资源的稳定性有了极大提高。其次在消费层面，由于社会等级分化，高等级的社会成员突破了消费上的极限，他们需要奢侈品，需要专业的工匠、仆人为他们服务，这些不能参加农业生产的人都需要农业生产者来养活。由此可以说，没有农业提供的充足的生产剩余，就不可能产生文明所需要的基本要素：专业化的工匠、管理与服务人员，以及统治阶层所需要的其他力量（如军队）。农业之所以能突破狩猎采集社会的极限，这与一定历史阶段自然条件的发展密切相关，人口密度达到了极限，全新世稳定的气候到来，伴随着农业起源，狩猎采集社会的平均主义传统被打破。

中国是农业时代的幸运儿，有南北两个主要的农业起源中心，如果加上北方草原的游牧业与岭南地区立足于根茎种植的园圃农业，就有四种食物生产形式。在上万年的历史进程中，中国发展出了世界上最完善的农业文化生态系统，支持中国文明在超过五千年的时间里实现连续发展，并发展为一个超大型的文明。但不可否认的是，中国在近代社会的转型中落后了。传统中国农业社会，除了少量的奢侈品生产之外，生产与消费处在平衡状态。受制于劳力输出（加上少量的畜力帮助），生产很难有进一步提高，士大夫阶层满足于既有的利益，中国形成了一个能够自我繁殖的稳态社会，以农业为根基，人口规模趋于饱和，而人们的生活水平不但没有提升，反而下降了。过去100多年里，中国通过一系列革命来打破这种稳态结构，这是大家都熟悉的近现代史，其中经历的困难挫折之多，反过来也说明要改变一种稳态的社会秩序是多么艰难。

工商业社会首先以商业突破了农业生产与消费的极限，人们可以享受来自不同地方的物品。商业也激发了人的物欲，物欲需要生产工业化，让更多的人获得想要的物品。工商业社会强调平等，主要是从这个意义上讲的。人类社会进入工商业阶段之后，人口较之农业社会又出现大幅度增长，一如农业取代狩猎采集的影响。工商业社会形成之后，社会结构、意识形态都与农业社会大不相同，不论是在中国还是在西方，贵族士大夫阶层消失了，社会等级的边界趋于模糊，人类社会似乎进入了一个美丽的新的世界，进入了一个新的稳定状态。

　　而今，世界似乎又处在一次新的变革的边缘。资本主义的生产与消费是不可持续的，物欲满足达到极致之后，人会对物欲产生反感。以资本为中心的社会运作效率越来越低，代表资本的社会精英逐渐丧失了群体对他们的信任感。以人工智能为代表的新技术有可能实现精准的生活与消费。当然，这一切还只是一个趋势，未来会如何发展，历史将给出答案。

文明的根源

文明是个有些自相矛盾的概念，因为人类历史中的文明实际上并不大文明。许多时候文明留给人的印象并不美好，战争规模不断扩大，生态环境不断遭到破坏，人的生活仍然充满痛苦，更别提那些所谓文明人犯的种族灭绝罪行了。我们只有在回归理性的时候，看看身边的文明成就，如衣食住行的便利、文化娱乐的丰富、科学技术的先进，才会认同文明是人类的伟大成就。文明跟世上所有的事物一样，美好与阴暗的方面总是形影不离的。文明的结果如此，文明的起因又如何呢？尽管关于文明起源的理论解释有许多，不过，从根源上看，考古学家亚历克斯·巴克（Alex Barker）认为只有两种：一种是集体主义的，文明兴起是为了集体的利益，如抵抗洪涝灾害或应对资源紧缺；另一种是个体主义（或称个人主义）的，文明兴起是个体地位分化的产物[①]。在个体地位分化过程中，有的人成了领袖，有的人成了仆从。为了固化社会关系、防止底层反

---

① 参见 A. W. Barker, "Chiefdoms," in *Handbook of Archaeological Theories,* eds. R. A. Bentley, H. D. G. Maschner and C. Chipindale (Lanham: Altamira Press, 2008), pp.11-27。

抗，形成了国家这样复杂的社会组织机构，也就是文明。究竟哪一种观点更合理，研究者们的分歧始终是存在的，这些分歧甚至是无法弥合的。实际上，不同地方文明兴起的原因可能并不相同，并没有一个统一的模式。有的是集体主义的，有的是个体主义的，一如当代的人类社会组织模式。

当代社会中，有一个听起来特别高大上的词，叫作"自由主义"。"不自由，毋宁死"，"生命诚可贵，爱情价更高。若为自由故，两者皆可抛"，这些耳熟能详的话语把自由抬升到了一个至高无上的地位。自由不是什么坏东西，不过自由主义（即自由高于一切）就不一定是个好东西了。自由主义的根本是个体，换个名称就是个体主义。集体主义讲团结，个体主义讲自由。个体主义是当代西方社会的基础。最近读了本书——《发明个体：人在古典时代与中世纪的地位》（*Inventing the Individual: The Origins of Western Liberalism*），英国学者拉里·西登托普（Larry Siedentop）著，该书系统回顾了西方自由主义的形成过程，与我对自由主义的理解是一致的——个体是发明的（inventing the individual）①。按照西登托普的说法，"自由主义传统唯一承认的天赋权利，就是个体的自由"。自由主义对于西方社会打破宗教约束、释放人的欲望、激发人的创造性，是有积极意义的。当然，任何事物都免不了既有优

---

① 参见拉里·西登托普：《发明个体：人在古典时代与中世纪的地位》，贺晴川译，广西师范大学出版社，2021。

点，也有缺点。事物发展到一定阶段就可能走向自己的反面。就比如在新型冠状病毒感染中，个体主义给西方社会带来了灾难性的后果。

我对西登托普的著作有不同的意见，原因在于个体并不是西方发明的，其在人类社会中有悠久的历史。准确地说，个体是旧石器时代晚期的发明（在非洲地区还要早），一个直接的考古证据就是个体装饰品。这是对个体身份的肯定。人类历史上个体第一次有了与众不同的标识。这不是说更早的人类社会没有个体区分，比如黑猩猩社会也有不同的个体角色，但这种个体是生物学意义上的，而不是文化意义上的。文化极大地强化了个体的差异。到了新石器时代，有的人就成了神的后裔，有的人具有绝通天地的能力，有的人具有天生的优越性，而其他人则一代代心甘情愿地服侍这些人。这是十足的个体主义：个体获得了最大的利益，个体的欲望得到了最大限度的满足，个体行为不需要受到任何约束——只不过是以牺牲其他个体为前提的。现代的自由主义究其本质，仍然如此，个体的利益、欲望得到最大限度的满足，行为受到最小限度的约束。至于说因此要牺牲谁的利益，这似乎不是自由主义者要考虑的。殖民时代以来牺牲的是非西方社会的个体的利益，当没有足够的非西方社会的个体的利益可以牺牲的时候，同一社会群体的个体（弱势群体）的利益也是可以牺牲的（表现为社会达尔文主义）。

生物学意义上的个体早已有之，旧石器时代晚期涌现出来的个体是文化意义上的，这无疑是人类演化史上的里程碑。考古学上，我们发现这个时期出现了文化大爆炸，文化意义上的个体的兴起可能是主要原因，由此个体有动力在文化上创新。生物学意义上的个体之间的竞争已经没有多大意义，文化可以使个体改变生物学意义上的竞争态势。头脑简单、四肢发达并不能占据优势，文化上有优势才是最重要的。个体的文化发展反过来带来了社会关系的复杂化，协作分工、利益分配、关系协商、信息传递等都需要有相应的发展。但是，旧石器时代晚期人类仍然以狩猎采集为生，过着高度流动的生活，群体内社会成员也存在流动，在高度流动的社会中，难以保证固定的性伴侣。在这样的社会中，维系个体自己的身份还勉强可行，但要把自己的身份传递给子女就有难度了，因为个体并不能确定子女就是自己的。一个优秀的猎手，他的威望也仅限于自身，而不能保证传递给后代。与此同时，狩猎采集社会，尤其是季节性较强的区域，很容易面临季节性的资源压力，群体的协作对于生存意义重大，因此，这样的社会往往需要存在较强的平均主义。平均主义是集体主义的一种形式，是抑制个体的平衡器。集体与个体的平衡保障了旧石器时代晚期的人类生存，同时促进了这个时期的文化大爆炸。

旧石器时代结束，农业开始起源，在有关农业起源的解释中有一种说法，即发展农业主要不只是"为了吃饭"，而是"为了请客吃饭"。这个说法倒是很符合我们的常识，比如传统农村，人们终年劳作，好大一部分资源是用于社会内部竞争的——为了请客吃饭。现在我们绝大多数人不再从事农业生产，许多人仍然保持了原初的工作目的：一方面为了养家糊口，另一方面为了社会关系（出人头地、衣锦还乡，如此等等）。从这个角度来说，个体意识推动了农业的起源。但是，农业时代，至少在其初期，还是非常强调集体意识的。从目前的考古证据来看，新石器时代较早阶段聚落强调空间布局，与此同时，个体墓葬的分化也不明显。以辽西的兴隆洼文化为例，其聚落中的房屋往往成排布置。我曾参与发掘的白音长汗遗址是个双生聚落，以浅壕沟隔开，每排房屋中都有一座较大的房子，每个聚落中都有一座超大的房子。该地区后来的新石器时代聚落很少有这样严整的布局。究其原因，在农业发展的初级阶段，如果以小家庭为单位进行生产，显然是不足以维持生计的，群体内部的协作至关重要。当然，这不等于说这个时期个体意识消失了，这时个体装饰品依旧存在，还出现了玉器，但集体主义还是占主导地位的。

　　就人类文明阶段而言，应该说集体主义与个体主义都是文明的根源，只是不同时代、不同地区可能会有所偏重。具体到地区文明层面，我们不妨比较一下西方文明与中国文明，这一方面有助于我们认识人类文明的性质，另一方面也有助于我们更好地理解当代世界的两种主要人类文明形态。

　　当代西方文明无疑是以个体主义为基础的，大多数人都认为这

是文艺复兴以来西方实现近代化的产物，实际上，其历史至少可以
追溯到古希腊时期，尤其离不开其经济基础。古希腊的农业来自西
亚，包括种植麦子、驯养牛羊，但是希腊地形崎岖，缺少适合农
业发展的平原与盆地，如果完全依赖当地的农业生产的话，很难养
活不断增加的人口，不过有利之处是爱琴海岛屿众多，海上交通条
件相对优越。于是，古希腊很早就发展出一种依赖海上贸易的文明
形态，贸易的物品不仅有奢侈品与其他用以增强首领威望的罕见物
品，还有大量的实用物品，如橄榄油、陶器、木材、铜块等，水下
考古发现的古希腊沉船上有数量惊人的物资（公元前 1350 年前后
的乌鲁布伦沉船上就有约 10 吨铜锭）。古希腊文明不断开拓商路，
向外殖民，其范围一致延伸到黑海、北非。而商业交换是以个体为
基础的，强调商业交换必然导致个体意识的增强。因此，在这个意
义上说，古希腊文明奠定了西方文明的个体主义的文化基因——向
外不断索求、殖民。其影响还可以从文化景观上看出来，西方表现
出对制高点和视控点的强烈偏好，而中国则更偏好隐蔽和屏蔽性结
构（俞孔坚语），这种差别很大程度上是由两种文明的经济基础决
定的。

　　中国文明的经济基础更多是内向的。从考古证据来看，中国史
前农业有两个明显的中心——华北地区与长江中下游地区，北方是
以粟、黍种植为中心的旱作农业，南方是以水稻种植为中心的稻作
农业。两种农业的发展都经历了从山麓、盆地向沼泽平原扩散的过

程。如在洞庭湖地区，从彭头山文化、皂市下层文化到大溪文化，可以看到这一明显的扩散趋势。长江下游地区、华北地区也是如此。山麓、小盆地是史前狩猎采集者的最佳栖居地，水源、石料、燃料供给便利，同时还能享用森林、草地两个地带的资源，但是这里适合农业发展的土地有限，人口增加之后必定要向外扩散。除了向沼泽平原地区扩散之外，还会向河流的上游区域以及其他更边缘的农业环境扩散，如在辽西发现的兴隆洼文化，在内蒙古中南部、冀北地区发现的裕民文化，年代都在距今 8 000 年前后，这里都属于农业边缘环境。双向的扩散带来两个后果：在河流上游以及其他更边缘的农业环境扩散，难以发展灌溉，农业完全靠天吃饭，而且容易导致植被破坏，水土流失，环境恶化；而在河流下游沼泽平原地区扩散，有灌溉的便利，但需要有大量的劳力以及强有力的劳动组织，而且还会遇到洪涝灾害。需要注意的是，上游的环境破坏会加剧下游的危机。简言之，中国史前农业的文化生态格局需要应对危机挑战，需要建设系列工程来解决这些问题。

中国新石器时代晚期，原始农业支持下的人口规模与密度都达到了前所未有的规模，华北的沼泽平原、长江中下游泛滥平原地带都有了密集的聚落。这带来的一个直接后果就是，风险规模越来越大，便利迁移的可能性越来越小，因为其他区域也已经有人定居了。人们必须对这个地带的风险加以控制，最直接的风险就是洪涝灾害，还有利益上的激烈冲突。在长江边生活的人都知道，一个地方泄洪必定会淹没另一个地方，因此是泄洪还是加固围堰就成了不可调和的矛盾。在这种高风险地带生活的人们必须要组织起来，必须要有良好的集体意识才能生存下去，由此能领导大众的精英就脱颖而出，社会复杂性也随之提高，文明开始萌生。后来，随着生产日趋小家庭化以及群体间的冲突走向军事化，个体的权威得到进一步加强，最终形成国家。在国家正式形成之前的复杂社会可被称为古国（有人可能更愿意称之为酋邦），这个时期在中国历史上持续了一千多年。简言之，在中国文明发生过程中，集体比个体更可能是出发点，这是必然的选择。

中国史前农业的另一个特点就是自给自足。无论是华北还是长江中下游，与谷物农业相关联的都是驯养猪、鸡、狗等动物，马、羊出现得较晚，是商周时期由中亚引入的。牛的驯化要复杂一些，目前的证据更支持存在多个驯化中心。从中不难看出，中国史前农业的物种结构是相互补充的，谷物的副产品如糠壳就可以喂养牲口，基本不需要占用专门的劳力。相反，养羊、马、牛（水牛除外）需要专门的草地与专门的劳力，与谷物农业是矛盾的。西亚史前农业的物种结构就是如此，古希腊从西亚引入的农业继承了这种内在的矛盾。由于存在这样的矛盾，交换就成为一种必要。如在西亚新石器时代较早阶段就出现了可能用以计数的陶筹，最后在此基础上发展出了楔形文字。当然，这不是说中国史前时代没有交换，只是中国史前时代交换的更多是礼仪用品，或者说是奢侈品，而较少需要像西亚、古希腊那样交换牲口、谷物等生活物资。自给自足的中国史前农业经济促进形成一种稳定的文化模式，氏族、宗族、乡土等以社会为中心的观念由此可以在长期的历史进程中得到充分发展，经济基础、社会结构、意识形态等相互配合，形成了一个超级稳定的文化系统。这是中国文明能够五千多年绵延不绝的原因之一。当然，个体也深深嵌在各种以集体为导向的社会结构中。

生产方式的不同很大程度上影响了中西方早期文明的发展，但是由此分别形成了集体主义与个体主义的导向，后来的发展又不断强化了这种趋向，由此成为某种文化基因。需要强调的是，两种文明都发展出了相应的平衡策略。就西方文明而言，能够制衡个体主义的是宗教，只有通过神才能约束漫无边际的个体。历史上，强烈的宗教氛围是西方文明的一个显著特征。中世纪时，宗教约束发展到了一个极端的程度，成为"生命不能承受之重"。近代西方通过变革，摆脱宗教束缚，依赖契约、法律来约束个体，但这种约束似乎不够强大，于是出现了米兰·昆德拉那样的说法——"生命不能承受之轻"，如毒品枪支泛滥、家庭解体，等等。

就中国文明的发展而言，集体主义导向是不断得到强化的。大禹治水作为一个神话故事，与某个具体的个体联系在一起不一定可靠，但作为一个文明的文化心理的共同记忆是没有问题的。无论是南方的良渚文明、石家河文明，还是中原文明，都需要克服在沼泽平原开展农业耕作时遭遇洪涝灾害的困难。历史时期，南北互济，为此修建了大运河。超级稳定的文化系统结构，家庭、氏族、宗族、国家等，层层叠叠的社会关系，把个体联系在一起，包裹起来。中国文明史中一直没有出现很强的宗教文化，究其原因，是因为各种集体的约束已经足够强，完全没有必要再创造出一个上帝来约束个体。为了平衡集体主义，中国历史上发展出了极为丰富多彩的诗歌文化与神仙思想，许多诗歌都与超脱、退隐、佯狂等心理相关，代表个体试图摆脱种种社会约束的心理追求。现实中，那些想暂时摆脱社会关系约束的人，可以选择去道观、寺庙。

从文明发展的历程来看，集体主义或个体主义导向只是不同历史时期的需要。两者是辩证的关系，一般意义上，并不存在哪一个更好或更占优。但在特定历史时期，还是可以分出优劣的。就像在抗日救亡时期，全民族都在浴血奋战的时候，高唱个体自由、鼓吹风花雪月，显然是非常不合适的。个体主义在西方资本主义的发展过程中，以人的逐利性为引导，促进了生产力的发展，这一点是值得肯定的。近现代中国就借鉴了西方个体主义的发展模式，包括学习了以个性解放为中心的启蒙思想。

文明是要相互学习、取长补短的，集体主义或个体主义并不必然孰好孰坏，关键在于平衡。当前，我们看到如西方这种个体主义导向的社会发展模式已经失去平衡，弊端日渐显现。个体的欲望是无穷无尽的，没有节制地攫取，终将耗尽自然资源，气候危机加剧，生态环境崩溃，社会内部阶层固化，矛盾尖锐。当下，在人类生存风险日益增多的情况下，西方的个体主义应该退潮了。此一时也，彼一时也。不是说个体主义是错误的，而是说它在当今这个世界要暂时让位，人类命运共同体的说法真的更符合时代的潮流。

第 4 章

早期中国文明演化的关键问题

————————— ■ —————————

　　讨论之前有必要先梳理一下背景。我们为什么要讨论中国文明起源问题呢？任何一个讨论都是时代的产物，反映时代的某种特征。关注这个问题，就是关注中国文明的起源及其在当代背景下的意义。假如我们讨论的内容还像清朝朴学一样，那么就与现实脱节了。再比如，在抗战时期，在那个民族救亡的时代，如果学者们在一起讨论风花雪月，就显然很不合时宜。在当代考古学学术背景下，学术讨论基本上遵循两条线索：一条是科学的，另一条是人文的。我们现在更多采用科学的路径，而对人文的路径考虑得比较少。

　　中国文明起源问题的时代背景主要与中国崛起和民族复兴相关。人们之所以关注并重视中国文明起源这个问题，都与这一背景密切相关。还有就是当前的国际环境，在此背景下，更加凸显了我们对自身身份认同的需要。更进一步说，就是要考虑时代精神。因为我们所处的这个时代，存在诸如经济发展、技术独立自主、生态建设等问题。基于这个时代所有的思想基础与社会背景，围绕这些问题的研究会形成一个时代特有的时代精神。我们现在的时代精神是什么？是特别值得思考的。

　　目前的知识界有三种研究视角，即前现代性的、现代性的和后现代性的，很多研究者站在现代性的角度上来批判前现代性，而忽视了现代性本身也需要批判。所谓现代性，我认为它实际上是以西方文化为中心，以西方资本主义为基础的一套观念、制度和知识体系。这套知识体系目前在世界上占主流，它塑造了我们对整个世界的认知。如果站在后现代的角度上来看，就要对这个问题进行反思。当前中国考古学界有两种需要反思的趋向：一种与前现代思想相关，合适的反思工具是科学；另一种与现代性相关，合适的反思工具是人文思想。基于后一项需要，我提出了一个概念叫"文化中国"，这里的"文化"是动词，目的就是想让中国一直都有的文化脉络重新清晰起来。

从理论层面看，早期中国文明的演化涉及三个重要的问题。第一，有关"夏"的争论，究竟有没有夏朝？理论上怎么解决这个问题？第二，关于中国文明的起源，究竟什么是文明？中国文明是如何起源的？这既是一个理论问题，也是一个实践问题。第三，东西方文化交流的影响，中国文明是不是西来的，或者说，西来的文化因素究竟有多大的影响？不知大家是否注意到，我们对东西方文化交流概念的理解很多时候反映着我们的时代观念。从考古学史的回顾中可以很清楚地认识到这一点。在 20 世纪初，非常流行中国文明"西来"说、彩陶"西来"说、中国人种"西来"说。那个时期也正是中国文化沉沦的时期。而在中国实现独立后，则特别强调自身的独立性。到改革开放后，又开始强调东西方文化交流。这其中，有一部分内容确实存在着东西方文化交流，还有一部分在很大程度上是受现实观念影响的。

假如带着这样的观念研究问题，所想即所视。尽管看到的东西不是假的，但其反映的仅仅是这个时代的一种认识。第一个是关于"夏"的问题，涉及考古学上的一个特别关键的理论问题——族属。在考古学上能不能识别族属上的"夏"？我们所说的"夏"究竟是指什么？是指夏族还是指夏代？如果指的是夏族，那就是族属考古的问题。如果指的是夏代，在考古学上的应对策略则是不一样的。第二个是关于中国文明起源的问题。实际上讨论的是社会复杂性的演化，也就是国家的出现。国家的出现是一个过程，中间经历了一系列发展阶段，不同发展阶段所面临的世界体系不同，或者说所关联的环境和关键约束是不一样的。它必须要突破，突破它关联的环境和关键约束。有关社会复杂性的讨论的核心是社会权力的变化。第三个问题的关键是上古世界体系。上古世界体系不等于全世界范围，而只是一个关联网络。这种影响有何种形式，经历了哪些阶段，对中国文明有何影响？任何文明都是从一定环境，或者从一定联系中诞生的，不会是一个孤立的存在。回溯上古世界体系的发展，中国文明是不是像有人想象的那样，是西来的？或者是独立发展的？或者其间曾受到外面的某种影响？

"夏"的问题

　　说到"夏"的问题，我们实际上可以看到三个"夏"。如果仔细思考的话，或许可以看到更多。因为除此之外，还有一个像是无法看到的夏，即那个真正的夏，那个历史上曾经存在过但目前尚无法证实的夏。

　　这三个"夏"中，第一个是存在于中国历史文化中的夏（文化）。作为文化的夏是存在的，这是一个真的判断。因为它始终存在于中国历史文化中。像我们知道的《夏小正》、大禹的传说、有关夏桀残暴的故事，这些早已融入中国文化，它们是真实的文化存在。这个存在是我们进行直接历史推导的前提。中国文化是我们自身的文化，中国人在这个文化中浸淫了几千年，对这个文化本身有很好的理解，可以往前回溯。这是我们自己祖先的历史，很多文化都是一脉相承的，因此才可以往上追溯。可惜国内的研究者对此的关注还不够多，而在海外汉学研究中，这个问题更少被提及。这个夏是一个被中外学术界忽视的存在。

　　第二个是存在于历史文献中的夏（代），这是一个难以证实的存在，也是目前争论的主要问题。因为要证实这个存在比较困难。文献与神话研究经过反复书写和不断传承，现代文本与以前的记载可能差别很大，尤其很多文献都是在春秋战国时期或汉以后编纂而成的，再往前推两千年，确实会被人质疑。所以，海外汉学家提出的质疑确实也有一定的道理。

第三个是存在于考古学研究中的夏（文明）。这也是一个被忽视的存在。考古学研究的是实物遗存。无论承认或者不承认，无论是不是被称为"夏"，这个实物遗存都在那里。在考古学中研究夏，首先要谈文化。在考古学中有三种不同的文化观。在考古学中讲考古学文化，实际指的是一定时空范围内具有相似特征的物质遗存的总和，被用来指代一定的人群，考古学者经常试图把它跟族群联系起来，但这非常困难。因为族属在人类学里是一个情境性的存在，换言之，一个人喜欢这个族群，就可能加入这个族群，认同这个族群，假如有利可图就加入，若无利可图就退出。这表明族属是情境性的，虽然也有原生性的。总体上，族属非常有弹性。

关于考古学文化与族属的对应，不少人可能读过希安·琼斯（Siân Jones）的《族属的考古：构建古今的身份》（*The Archaeology of Ethnicity: Constructing Identities in the Past and Present*）。该书的基本观点就是族属考古不太可能实现。考古学文化与族属之间的关联有点像考古学的"哥德巴赫猜想"，因为它几乎是不可能被解决的。把考古学文化和"夏族"联系起来，这个问题也基本上不可能被解决。

从理论上讲，作为一种物质遗存的考古学文化与作为人类学概念的族属之间尽管存在相关性，但是不可能等同起来。考古学文化是基于这种客观实在的考古材料建立起来的，即一定时间、一定空间里具有类似特征的遗物、遗迹。基于这些客观实在的东西建立起来，自有其合理性，但只是考古学意义上的，而不是人类学意义上的。

在考古学中研究夏，实际有两条路可循。一条路是科学意义上的研究，考古学其实是通过对这种物质遗存的研究，从一个侧面来研究真实的世界。这并不是说它等于真实，而是说它是物质遗存所反映的真实，这是科学意义上的考古学所做的工作。我们现在通过这个方法探索中国文明的演化路径，这是一个纯粹科学的研究。另一条路是从人文角度所做的研究，探讨物质遗存所表现出来的文化意义，即这种文化意义上的中国文明是如何传承的，从文化意义上追溯与历史以及更早的时期都能联系起来的物质。

在考古学研究的科学路径上，即使没有夏也没有关系。"夏"在这里只是一个概念，通过科学的路径，我们可以重建中国史前文明史。通过文化意义的探索，可以把整个中国文化的这些意义联系起来。比如说"鼎"，夏有九鼎，在中国人语言里面有"定鼎中原"或者"问鼎"一类的概念，这些概念的意义与后来的发展一脉相承，我们可以不断向前追溯。

目前沟通考古学与历史文献存在着困难，但考古学有自己的研究路径，即使不依赖历史文献也可以做一些工作。我个人的理解是，在沟通考古学与历史文献方面有三个途径：文献史学、人类学和直接历史。而考古材料包括考古出土的文字、图像、遗物、遗迹等。这里面最有效的方法还是"直接历史法"（direct historical approach，DHA）。在直接历史法中，需要多途径进行文化意义的溯源。多途径包括神话学、文献史学、民俗、文化观念、礼仪制度、意义象征等。追溯从比较晚的时期，例如从商周时期开始，不断往前推，进而完整地联系起来。其脉络一旦清楚，整个问题就相对比较好解决了。即使不能把历史文献与考古学研究联系起来，保持不同学科研究间的张力，对不同学科的发展也是有利的。每个学科的研究都有自己的视角。这并不是什么坏事，所有的学科都一样的话，也未必是好事。目前的考古学研究、文献研究、神话研究和其他学科的研究之间可能存在一些差异，这可以推动不同学科之间的互动，如果都一样的话，就没有互动的动力了。

我们究竟在研究什么？是在寻找夏文化？夏族的文化？还是夏王朝？夏代文明？如果是在寻找夏族的文化，那这个问题的研究是不太可能完成的。而关于夏文明，最好的方法可能是寄希望于有文字出土。但没有文字出土，并不代表对中国文明的探讨就会止步不前，也并不影响我们对中国文明的探讨，因为那些时代曾经存在的物质遗存都在那里。如何进行中国文明的探讨？前面介绍了一种科学的途径，即通过研究古代物质遗存把史前史呈现出来。另一种途径是进行物质遗存的文化意义研究，将文化意义联系起来，把从古至今的文化意义串联起来。

史前中国的文明化进程

所谓文明，是文化系统演化复杂性的阶段性特征（系统状态）。文化实际上是一种人类应对挑战的能力，是包含技术、社会、意识形态等不同层次因素在内且相互关联的系统。系统具有不同程度的社会复杂性，其中一个系统状态就是国家，而达到这样的复杂性需要经过若干阶段，并存在不同的路径，由此包含多种多样的系统状态。文明起源研究就是要弄清楚其阶段性与路径（或称模式），研究的核心是社会权力，国家作为一种系统状态，社会权力呈现为中心化与制度化。然而，要达到这样的系统状态，人类社会经历了长期的演化过程。其一般特征也体现在史前中国的文明化进程中。

关于中国文明起源，首先要认识到它具有多阶段性。很多人在看中国文明的时候，基本上就是在看"夏"——有或无。然而，史前中国的文明化进程是一个长期的过程，这个过程甚至可以追溯到旧石器时代。史前社会在前文明时代也存在一定的社会复杂性，具体表现在以下三个方面：

第一，细石叶社会可能存在威望的差别。细石叶技术最早可以追溯到距今两万六七千年，它是打制石器技术的巅峰。有的石器制作已经达到非常高的水平，这是需要经过长期训练才有可能达到的水平，显然不是所有人都能拥有这样的制作水平，所以能制作出这些精良石器的人会得到相应的威望。目前无法确定当时的社会是否平等，推测更可能是平等社会，那就意味着当时的社会需要把这些可能产生威望的人的威望抑制住，以防止不平等的产生，但是无论如何，社会不平等的根源其实已经形成。

第二，复杂的狩猎采集者。在距今一万年前后，开始出现复杂的狩猎采集者。他们往往利用水生资源，一般位于海岸地带，或者资源丰富的河滨。水生资源的资源域非常广，比如说，一条大马哈鱼可能来自几百公里之外，相较而言，陆地资源的来源范围就小得多，因此更容易被消耗殆尽。水生资源的位置非常固定，所以利用者一旦离开，这个位置就可能被他人占领。利用者必须降低自己居址的流动性，甚至定居下来，以保证自己能够守住这个位置，由此形成了更强的领地观念。丰富的水生资源能够提供一定程度的生产剩余，尤其是在资源丰富的季节，这就带来了资源分配问题。水生资源利用者的社会有点类似于农业社会，所以，在利用水生资源的狩猎采集群体中通常会出现社会复杂性。

第三，旧新石器时代过渡—早期新石器的社会复杂性。从旧新石器时代过渡到新石器时代，社会复杂性进一步提高。考古发现显示，在黑龙江饶河小南山遗址中开始出现玉器（见图4-1），在上山遗址中能看到已经分化的陶器，在贾湖遗址中也能找到一些暴力的证据，还出现了酒。在探讨文明起源之前，首先要找到不平等的起源。

图 4-1 黑龙江饶河小南山遗址出土玉器场景

资料来源：李有骞提供。

文明的起源需要突破几个关键的约束。第一是狩猎采集时代的平均主义。我们知道狩猎采集者的社会多为平均社会，但之所以为平均社会，是因为其中存在限制不平等发生的机制，但这样的约束机制此时已经有瓦解的迹象。为什么会瓦解呢？显然与水生资源利用与农业的发生相关。第二是有限威望的约束。在狩猎采集时代，有的人能力特别强，树立起了威望，然而他的威望不能世袭，他的子女们需要重新树立自己的威望。社会上开始出现世袭的不平等，也就表明这个约束被打破了。第三是硬权力的缺乏。因为最开始的权力大都是靠威望、个人能力和品德建立起来的，但是权力光靠这些是有限的。后面出现了与战争相关的权力——制度性的暴力，这是社会权力中的硬权力。早期社会缺乏这样的权力，这在社会权力演化中成为另一个关键的约束。

归纳起来说，导致社会复杂性不断提升的原因至少包括以下两个：一个是人口的原因，自农业诞生之后，人口越来越多，社会规模的扩大必然促进社会分层，以便更有效地处理问题。另一个是剩余产品问题，萨林斯特别强调这一点，农业能够生产适合储备的谷物，它所带来的定居也需要这些。即便没有剩余产品，也会涉及分配的问题。随着农业的成熟，生产剩余最终成为可能，但产生的剩余产品由谁来分配？对这个问题的解决，直接促进了文化系统的复杂化。

上面所说的主要是前文明时代的社会复杂性，人口、剩余产品总体上是不断增加的（虽然间或因为环境危机会有所收缩），系统状态（社会复杂性的程度）呈现出不同的面貌，后面依次出现了邦国

（或称古国）、王国、帝国，这是社会权力演化的一般路径。但是，文明演进的路径还存在时间和空间上的多样性，并不是所有地方都处于同一时代，同一时代的地方也可能具有不同的社会复杂性。即使在王国时代，有的地方可能还是小酋邦，有的地方则是比酋邦高一级的文明演化阶段。

史前中国文明化进程持续的时间是比较长的，其中涉及早期中国文明的一个特殊性，那就是存在以玉为代表的文明阶段。如果把二里头文化看作青铜文明的开始，则以玉为代表的整个古国时代有两千年的历史，持续时间很长。这个时代对后来中国文化的影响非常大。它代表的是一种以德（礼）服人、（文）化成天下的观念，是一种以文化把人"化"掉的统治方式，后来的儒家文化就与此相关。不是说儒家文化就是这种文化的直接遗留，而是说，因为一开始就有这样的根基，所以中国人更容易接受儒家思想。如果一开始没有这个倾向，那么，即使孔夫子提出了儒家思想，儒家思想也不大可能流传下来，更不可能被发扬光大。

早期中国文明的社会权力演化可以分为四个阶段：第一个阶段是以政治权力为中心，出现在古国时代。第二个阶段从二里头文化开始（实际可能更早），增加了军事权力，以青铜为代表。第三个阶段增加的是经济权力，这与铁器有关，因为铁器能制作农具，青铜则很少用来制作农具。第四个阶段增加的是意识形态的权力，确切地说，它在汉代才表现得比较明显。如此，社会权力演化的四个阶

段就完整了 [1]。

早期中国文明演化具有很明显的多模式特点。我把早期世界文明分成六种类型：第一种是商路控制型。大津巴布韦文明、古希腊文明都属于商路控制型，通过商业来促进文明的形成。我们对石峁遗址和陶寺遗址所知尚浅，它们是否可能与这一类型有关系呢？第二种是水生资源资助型。像南美洲的秘鲁文明，这里靠近世界上水生资源最丰富的秘鲁寒流，紧贴着海岸的是近乎沙漠地带的环境，但就是在这里产生了南美洲的早期文明，因为它借助了非常有利的水生资源。早期中国文明中，良渚文明是相对靠海的，接近这种类型。第三种是生产型。这种文明是依靠农业生产发展起来的，像我国的中原文明。第四种是祭祀型。比如玛雅文明、红山文明，红山文明属于典型的祭祀型文明，以牛河梁遗址为代表。第五种是战争型。例如古埃及文明、夏家店下层文化。第六种是工程型（水利）。例如良渚文明，良渚的水利系统非常惊人，这里的人们早在距今五千年就开始修筑水坝，控制洪水。在中国文明演化的过程中，上述六种类型都有所表现。很少有文明只是由一个动因导致的，很多文明都是由几种因素一起推动的。基础单一的文明是非常脆弱的。

讨论中国文明演化时，我特别强调它的自组织和超循环性。文明是文化系统状态的整体涌现，最后的诱发原因可能是系统内外的任意变化。文化系统发展到一定程度、复杂到一定程度的时候，最

---

[1]　参见陈胜前：《早期中国社会权力演化的独特道路》，《历史研究》2022 年第 2 期。

后推动它的因素可能是任意的，这就是我们常说的蝴蝶效应。中国文明起源是自组织的过程，发展具有明显的阶段性。所谓超循环，是指在中国文明演进过程中，外来因素可以随时加入，文明演进无须停止。例如青铜冶炼技术，部分因素可能来自西亚地区；五谷中的大麦、小麦，六畜中的马、羊、牛都来自欧亚草原地带。这里我们可以把中国文明与印度河流域文明做比较。我们在印度河流域文明的发展进程中看到有明显的外来人口侵入，而在中国文明的发展进程中则看不到这个现象。中国文明的发展相对独立。外来的文化影响因素进入循环过程，中国文明进程并没有因此而被打断。需要注意的是，这些文化因素进入中国文明化进程的时间较晚，主要是在青铜时代，此时中国文明早已起源，它们形成影响力则更晚，过度夸大文化交流的影响并不符合历史事实。

东西方文化交流——上古世界体系的影响

"世界体系"这一概念是从更大范围和更广阔的视角来看待社会发展。上古世界体系可以分为三个阶段：第一个是狩猎采集时代的，第二个是农业时代的，第三个即最后一个是游牧时代的（其实是农业时代的一个变种）。区别它们的关键是互动能力。互动能力是上古世界体系形成的重要前提条件。在狩猎采集时代，上古世界体系形成的标志就是现代人的扩散。现代人扩散到了除南极洲以外的整个世界，如果没有互动能力是不可能扩散到全世界的，不过那个时候人类主要靠步行，部分地方可能用到了独木舟。而农业时代的互动能力之所以能取得进一步发展，主要是因为交通工具的发展，尤其是出现了可以进行长距离运输的马车、骆驼。在水运方便的地方，可以用船来运输。水运的便利是良渚文明兴起的重要硬件因素，因为很多水利工程的兴修都需要船运。公元前 1000 年前后，游牧帝国开始出现，游牧群体在欧亚草原上纵横，极大地促进了古代世界体系的发展。

关于上古世界体系的影响，至少可以分为以下六个阶段：

第一个阶段是现代人的扩散，在距今四万至五万年，目前的DNA 考古研究显示，现代人已经扩散到了东亚地区，生物学意义上的中国人出现了。

第二个阶段是细石叶技术的起源与扩散，距今二万七千年前后出现了细石叶社会，距今一万年农业起源，细石叶技术退潮，这种技术流行了一万七千年，生活在长城地带的人群一直持续使用该技术到历史时期。细石叶技术从中国华北一直扩散到东北亚、西北美的部分地区。这种技术是把细石叶镶嵌到骨柄、鹿角柄上，将之组合成复合工具。欧亚大陆西侧采用源于石叶技术的细石叶技术，它是把大的石叶掰细了再进行镶嵌。彼是将大东西分开，而我们则喜欢合，这种一分一合，只是一种习惯而已，但可能对我们的认知乃至文化产生了潜移默化的影响。即使到现在，中国人的思维方式还是倾向于综合。从某种意义上说，在这个阶段，中国文化的思维模式已经起源。

第三个阶段是农业群体的扩散（渐进式的），这奠定了中国在过去上万年时间里的生产方式、农业，以及小农经济这种社会结构，还有与之相应的天人合一的意识形态，因此我们说中国文化中的一些基础成分是农业起源的产物。农业群体不断扩散，如今的汉藏缅语系、南岛语系的源头都要追溯到黄河与长江中下游地区，这里是早期农业的核心区，类似的扩散过程也见于西亚[①]。农业群体以其缓

---

① 参见 P. Bellwood, "Archaeology and the Origins of Language Families," in *Handbook of Archaeological Theories*, eds. R. A. Bentley, H. D. G. Maschner and C. Chippindale, pp. 225-244。

慢但持续的方式构建了自身的世界体系。

第四个阶段是新石器时代文化互动圈的形成。这里我把它叫作文化物质和文化区域的形成，这里的"文化"是一个动词。在这个阶段中国古人赋予了某些物质特定的文化意义，这些意义自此流传开来。如玉这种比较硬的石头，变成了一种特别的美石。鼎也被赋予了特定的意义，代表稳定、重要性以及权力。地理区域也有了文化意义，如文化意义上的南方和北方。许多物质材料都被赋予了意义，这些意义有的可能消失了，有的被后世继承下来，构成中国文化的一些基本内容。有一个概念叫"最初（早）的中国"，如果从文化意义上说，它在距今 6 000 年时已经形成；如果指一种政治组织形态，就是所谓的国家或早期国家，它形成稍晚于文化意义上的中国，典型代表就是良渚文明。

第五个阶段是政治意义上中国的兴起，也就是夏王朝。距今 5 000 年，欧亚草原人扩散，南亚次大陆人群融合始于距今 4 000 年前后。有了马、马车之后，人群在欧亚草原的行动就方便多了。在距今 4 000 年前后，欧亚草原的文化传播开始影响到中国文明，包括马、马车、牛、羊、小麦，不过其影响是逐渐发生的，持续的时间超过千年；这些影响中可能还包括青铜冶炼，不过，中国新石器时代遗址已经出现了铜矿石，中国烧制陶器的历史悠久，所以在本土出现青铜技术也不存在什么技术上的障碍。我们在思考这个问题时，可能还需要追问：为什么是在这个时候接受来自西亚的文化因素，而不是更早？为什么西亚没有接受来自东亚的文化因素？这需要考虑夏王朝兴起的历史背景，文明融合的前奏是逐鹿中原的激烈竞争，脱颖而出者需要在社会组织上有新的创造。夏是青铜文明的正式奠基者（先驱有陶寺文明），青铜所代表的军事权力开创了一个新时代。

第六个阶段是游牧社会的兴起，其真正的形成要晚到春秋战国时期。此前东西方文明的交流是相对有限的，游牧社会利用欧亚大草原，沟通了欧亚大陆东西侧的文明。于中国而言，游牧的西北与农耕的东南持续互动，成为影响中国历史的关键结构，这种影响持续至清朝。

从世界体系的发展阶段来看，我们会发现中国文明的形成是一个连续的过程。究竟哪一个才是"最初（早）的中国"呢？这是一个很难回答的问题，标准不同，答案也会很不一样。

第 5 章

文明发展的格局

在了解中华文明格局起源之前，有必要先考察世界范围内史前人类文化发展的格局。从世界来看中国与从中国去看世界，是两个相互补充的视角，有利于我们更好地认识中华文明的特色及渊源。史前时代本是无稽之谈，基本只存在于神话传说之中，所幸有考古学，让我们对人类史前时代的认识焕然一新。过去一百多年来，凭借实物遗存的发现与研究，考古学逐渐把早已湮没的人类历史揭示出来，从而让我们认识到久远的人类历史并非不可知。当然，目前的材料数量与精度还存在不足，但对于我们认识史前人类文化演化的基本格局还是有一定价值的；或者反过来说，在目前的研究基础上，我们能够得到的比较可靠的认识还是框架性的，有关文化演化格局的讨论是相对可行的。

史前人类文化格局

　　我想从大家熟悉的近现代人类文化格局说起，由今及古，循序渐进，更容易理解。更重要的还在于，当下是我们认识世界的起点与背景，它深刻影响了我们的认知方式与价值选择。不得不承认的一点是，近现代世界基本是由西方主导的，因为西方率先开启了工业革命，并凭借船坚炮利的优势，在世界范围内进行殖民扩张，在19 世纪末，世界完全被西方列强瓜分了。往前追溯，工业革命之所以会发生在西方，是因为这里率先开始了地理大发现，开阔了视野，积累了财富；还因为有解放思想的文艺复兴、释放社会活力的宗教改革、革新认知的科学革命，如此等等。所以，西方人并没有什么人种上的优势，只是因为在文化变革上先行了一步，种族主义者将文化上的优势上升为生物学上的优势，是非常可笑的。回溯史前人类文化格局的变迁，就很容易发现这一点。

　　总体来说，近现代西方的崛起可以延伸到工业革命之前的一段时间，不过，从 20 世纪开始，西方其实是逐渐走向衰落的。一战、二战首先削弱了西方的实力，尤其是软实力。一战后梁启超先生曾到欧洲考察，看到满目疮痍的战场，敏锐地意识到西方文化并不如当时有些国人想象的那么优越，它有很严重的内部问题。二战后，殖民地国家纷纷独立，美国虽然挟二战的成果，但是在朝鲜、越南、伊拉克、阿富汗还是铩羽而归，再也不像 19 世纪的英国那样所向披靡了。到 21 世纪，中国开始全面崛起，对西方主导的世界形成了前所未有的冲击。除了中国之外，东亚的日本、韩国等都已成为发达经济体。也就是说，当代世界的文化格局中，除西方文化之外，还有一支东亚文化。如果说日、韩等还有很强的依附性质，那么中国的崛起将可能形成一支真正具有独立性、能够与西方文化分庭抗礼的文化。

我们特别需要注意，西方文化主导的世界文化格局是人类历史上的短时段事件，跟人类六百多万年的历史相比，不过是一瞬间的事。现代考古学研究表明人类起源于非洲，不论是猿人，还是解剖学意义上的现代人，后者最早于距今二三十万年出现在非洲，距今十万年前后走出非洲，到距今三万年前后基本取代了欧亚大陆的土著群体。从这个角度说，非洲应该是主导人类历史时间最长的大陆，超过了人类历史 99% 的时间。所以，文化优越感以及极端的种族主义是非常荒诞的。从这个意义上说，所有人都应该读点考古学，了解人类文化格局的发展历史，多一点自知之明，少一点傲慢。

旧石器时代

旧石器时代分为早、中、晚三个时期，人类在旧石器时代晚期才进入澳大利亚与美洲，所以总体的文化格局主要是针对欧、亚、非这三个陆路连通的大陆而言的。我们先不考虑生物学上人种的扩散与替代，而是从文化上来考察，这主要表现在石器的形态与技术上。尽管已知人类最早的石器可以追溯至距今 300 多万年，但是类型与技术较为清楚的石器（工业）还是要从距今约 200 万年算起。首先出现的是奥杜威工业，以砍砸器与石片为代表；随后出现了以手斧为代表的阿舍利工业。最早的阿舍利手斧早到距今 176 万年，比奥杜威工业晚不了多少，以至于部分研究者认为两者可能是同时出现的，至少曾经同时存在，代表两种不同技术选择或生活需要。

1949 年，考古学家莫维斯（Movius）发表文章，指出世界旧石器的分布存在东西之别 [①]。东部一直以砍砸器或砍砸工具为基本特征，从早期到晚期，没有什么变化。西部则有更多的发展，发现有手斧，也就是两面加工石器的技术。东部包括东亚、东南亚，西部包括非洲、欧洲、西亚与南亚在内的区域。在他看来，东亚、东南亚地区之所以缺乏手斧，是因为这个地区是文化交流的角落。后来的学者把这个分界线称为"莫维斯线" [②]。莫维斯提出这个观点的

[①]　参见 H. L. Movius, "The Lower Paleolithic Cultures of Southern and Eastern Asia," *Transactions of the American Philosophical Society* 38(1949): 329-420。

[②]　参见 D. S. Coon, *The Living Races of Man* (New York: Alfred A. Knopf, 1965)。

时候，中国值得一提的旧石器考古发现还只有周口店遗址。有趣的是，莫维斯的划分在此后很长一段时间内都是成立的，中国的旧石器时代遗址中的确没有发现手斧，直到 2000 年，才在广西百色盆地发现手斧，但其形制与典型的手斧还是有些区别，还没能从根本上撼动莫维斯线。

20 世纪 60 年代克拉克提出一个统一的分类体系，他把石器技术类型分为五个模式，从早到晚分别是：模式 I 奥杜威、模式 II 阿舍利、模式 III 莫斯特、模式 IV 石叶、模式 V 细石器。莫斯特工业流行于旧石器时代中期，以预制台面生产石片（又称勒瓦娄哇技术）为代表；石叶技术主要见于旧石器时代晚期，生产两侧边平行的长条形石刃，代表石器产品的标准化；细石器是中石器时代的技术，石器细小，多是镶嵌在骨柄上的石刃。这个方案形成于绝对测年技术在全球推广开来之后，考古学家第一次能够把全球旧石器时代发现放在同一个年代框架中。分类体系中暗含着石器生产的技术逻辑：打片的精确性不断提高，加工程度不断提高。按照这个分类体系，中国旧石器时代似乎只有模式 I 技术，尤其是秦岭-淮河以南的广大南方地区，北方地区晚到距今 2.6 万年前后才有细石叶技术，一种介于石叶与细石器之间的技术，南方似乎是"角落中的角落"。克拉克的五个模式的划分，进一步发展了莫维斯线的划分。

不论是莫维斯还是克拉克，显然都违背了一个基本事实，即 1万多年前，稻作农业在长江中下游地区起源，这里率先开启了"新石器时代革命"（柴尔德的概念）。南方如果真的是"角落中的角落"，一直只知道用一种从旧石器时代早期就开始流行的最简单的石器技术，那么怎么可能引领时代呢？还有一个明显的矛盾是：如果解剖学上的现代智人都来自非洲，那么为什么该地区的石器能够一脉相承呢？除非石器技术本身没有那么重要，与古人的智力、生活并不直接对应；或者说，南方地区的人类采用了其他可能更高级的工具。1989 年珀普（Pope）提出过"竹子假说"，认为南方地区的人类因为可以采用竹子制作工具，所以石器工具不那么发达[1]。然而竹子并不仅仅分布在东亚与东南亚，有些地方没有竹子，同样也只运用模式 I 技术，如东欧的部分区域。

最近二十多年来，中国旧石器考古的发现与研究有了较大的发展，莫维斯线不断受到挑战，发现手斧的遗址越来越多，形制也越来越典型，如秦岭山中的汉中与洛南盆地、山西的襄汾盆地、朝鲜半岛的全谷里，尤其是最近发现的四川稻城皮洛遗址。也就是说，东亚地区旧石器时代的古人类并非不知道这种技术，也并非不能生产这种所谓"高级"的石器工具，只是这种技术没有那么普及而已。可能是因为缺乏大块的燧石原料，再就是没有必要。手斧只是一种石器工具而已，可以用不同的石器工具来取代。中国旧石器时代石器技术并非只有砍砸器、石片这样简单的石器工具，南方地区

---

[1]　参见 G. G.Pope, "Bamboo and Human Evolution," *Natural History* 10(1989): 48-57。

与襄汾盆地有修理极好的手镐，古人对这种挖掘工具的尖部进行了精细的修理。更不可思议的是北方的泥河湾盆地，尤其是距今160万年的马圈沟遗址令人印象深刻，那里出土的石制品中居然有类似于石叶一样的工具，石器组合以石片为主，与南方以砍砸器、手镐等大型工具为代表的石器组合有明显的区别。简言之，旧石器时代的石器技术很大程度上是镶嵌分布的，并不存在莫维斯、克拉克所做的那样的简单划分。

否定莫维斯、克拉克，并不是要否定整体归纳的可能，而是否定单线演化的模式，否定把石器技术与文化适应水平简单地等同起来。从总体来看，旧石器时代的世界，其文化格局存在东西的差别，其中还镶嵌着独具特色的地方单元，东西方之间至少有欧亚大草原与沿海地带两条交流途径。石器技术只是古人生活的一个方面，它并不能代表古人的适应水平，一个证据就是会制作勒瓦娄哇石片的尼安德特人灭绝了。古人根据本地的条件与需要采用相应的石器技术，其文化适应十分多样，各不相同，有点类似于当代世界的饮食。从粗线条的归纳中，我们可以得到的较为确定的认识是，旧石器时代的东亚是一个相对独立的人类演化区域，具有自己的文化传统，是世界旧石器时代文化的两大传统之一。

新石器时代

相比于有点扑朔迷离的旧石器时代，新石器时代的世界要清晰得多。究其原因，新石器时代的物质遗存不仅保存得更好，而且数量多得多。新石器时代的标志性事件就是农业起源，人类从以狩猎采集为生转向依赖农业种植（包括畜牧），表面上看只是谋生手段发生了改变，但它所带来的变化是十分深刻的。因为农业，人类走向定居，人口规模大幅度增长，社会组织结构显著复杂化，人类所面临的人与环境、人与人的关系都发生了改变，随之意识形态也发生了改变。农业起源带来的社会变迁与工业革命带来的变化非常相似，所以我称之为"史前的现代化"。因为定居，人类的活动范围缩小，物质遗存的特征形成，由此我们可以看到各具特色的区域文化面貌。这也是我们经常说中国有一万年文化史的重要原因。人类社会进入工业社会也就两百年左右，这还是从工业革命最早发生地算起的，像中国这种后发国家，直到二十多年前才完成第一次工业革命。也就是说，过去的一万多年，中国都是在农业时代度过的，若以万年的时间尺度来看，整个世界的状况都差不多。

　　农业时代世界的文化格局可以分三个层次来看。第一个层次，距今一万年前后，西亚与中国的东部出现了最早的农业，所谓中国东部包括华北的旱作农业与长江中下游的稻作农业，这两个农业体系差别显著，但几乎同时起源。第二个层次要加上美洲大陆，这里驯化了玉米、土豆、红薯、花生、向日葵、辣椒、南瓜等如今已广泛种植的农作物，但这里的农业发生较晚，而且缺乏驯化的动物，农业体系不完整。第三个层次要再加上诸如非洲、新几内亚等地，这些地方驯化某些物种，人们在很大程度上依赖狩猎采集来获取食物，农业体系更不完整。就其影响的文化格局而言，首先是区分农业起源区与非农业起源区，有农业的区域具有垄断性，是文化扩散的中心区域，不断取代周边的狩猎采集文化；其次是区分旧大陆与新大陆，旧大陆地区的农业体系完整，起源时间更早，发展更充分，这导致了后来的历史命运是旧大陆去殖民新大陆，而非相反；最后是欧亚大陆的东西侧之别，形成了两个旗鼓相当的文化体系。

比较东西方两个农业文化体系，可以说是各有千秋，难分伯仲。西亚的农业起源中心就是所谓的"新月形地带"，从两河流域的山前地带延伸到黎凡特地区，驯化的物种主要有大小麦、豆类、牛、羊。这些物种非常适合驯化，而且有非常高的营养与经济价值，小麦的种子大，牛、羊的个体大，用途广。以"新月形地带"为中心，该地区的农业扩散到尼罗河流域（埃及）、印度河流域，以及希腊，并从希腊出发继续向西传播。可以说整个欧亚大陆西侧与北非的农业都来自西亚，大约在龙山晚期，小麦、牛、羊传到了中国。不过，这些东西在当时的价值可能并没有许多人想象的那么大，同位素考古分析显示，直到西周时期，社会上层还是主要吃本土出产的粟、黍，小麦是社会下层的食物[1]。西亚农业体系的关键问题在

---

① 参见周立刚、韩朝会、孙蕾、呼国强：《河南淇县宋庄东周墓地人骨稳定同位素分析：东周贵族与殉人食谱初探》，《人类学学报》2021 年第 1 期。

于饲养牛、羊与作物种植是矛盾的，不仅因为牛、羊需要大片的牧场，会占用农田，破坏庄稼，还因为饲养活动会占用劳力。这些矛盾导致后来畜牧业与作物农业分化，形成不同的社会群体，两个群体之间通过贸易交换互通有无。当然，这是理想的状况，其间的冲突不少，后来畜牧群体征服了农耕群体。但是，这样的社会内部暗含着许多冲突的文化因素，一旦时机成熟，就会显现出来。

相比而言，立足于中国农业体系的文化要和谐一些。首先，中国同时有两大重要的农业起源中心，北方以粟、黍种植为中心的旱作农业与长江中下游的稻作农业。两地农业起源时间差不多，都有旧新石器时代过渡时期的遗址，显示出各自独立的文化发展序列。南北互补，互为缓冲，这对后来中华文明的发展进程意义重大，中华文明之所以能够成为世界上唯一没有中断的文明，南方这个巨大的缓冲地带是重要原因之一。

其次，从物种组合来看，中国农业体系中的主要农作物是粟、黍、稻，主要驯化动物是猪、狗、鸡。粟、黍非常适合储备，条件合适的话，长时间储藏也不会腐烂；水稻的种子大，适应面广（有水稻还有旱稻）。关键在于农作物种植与家畜饲养之间没有太大的矛盾，甚至是互补的，剩余的农作物可以用来饲养家畜，无须专门抽出劳力来照顾家畜。种植水稻的稻田还可以养鱼，相得益彰。这一特点意义重大，它有助于形成自给自足的农业体系，也塑造了一种强调整体、和谐的文化。

再次，中国的自然地理环境远比西亚多样，由此造就了多样的文化适应，除了农业之外，还有岭南地区的园圃农业、东北地区的渔猎适应、长城地带的波动混合适应（在农业与狩猎采集之间波动）等，这也是中华文明丰富多彩的基础。

最后，史前中国诞生于季风气候区，这一点显然不同于西亚和其他农业起源中心。季风气候的好处是雨热同季，作物的产量高；不利之处同样明显，季风带来的降水具有较大的不确定性，这就导致季风气候区容易出现干旱与洪涝。对于中国古人而言，一方面需要尽可能预测季风的变化，这促进了有关农业气候的观察，古代中国有关农业的天文地理方面的知识相当精细；另一方面需要组织人力修建水利设施，以应对干旱与洪涝，这促进了文明的形成，并影响了中华文化传统的特征。当然，环境的影响不只有这些，节俭、好积聚的习惯等，都与此相关。

我们如果能够穿越到一万年前，就会发现那个时候的世界有两个地方的文化最亮眼，这两个地方正在引领一个新时代的发展。这两个地方为中亚荒漠与高原所阻隔，各自独立发展。也许通过欧亚草原的边缘，两地之间通过接力赛式的传递，会存在某些交流，交流的东西可能是一些装饰品，比如玉石，但影响几乎可以忽略不计。真正有意义的交流始于距今五千年之时。随着畜牧经济的形成，人们逐渐可以有效地利用草原地带，逐水草而居饲养家畜的人群成为东西方之间沟通的桥梁。

文明起源以后

文明的根基是农业，因为农业能够带来充足的人口、足够的生产剩余、对土地所有权的重视，以及对处理复杂问题的社会组织的需要。越来越多的人口导致人们周围的陌生人越来越多。从民族志研究中我们知道，陌生意味着敌意，意味着伤害。狩猎采集时代，人口稀少，有许多空地可以迁徙，即便人与人之间有了敌意，其中一方还可以选择搬走。农业时代很难做到这一点，不仅仅因为人多了，更因为耕地、庄稼、牲口还有房子等都不适合搬迁。相比而言，狩猎采集者身无长物，所以便于流动。政治经济学告诉我们，政治问题的背后是经济，如近代民族国家兴起的背后是资本主义。农业时代发展到一定阶段之后，社会矛盾激化，谁都感到不安全，此时就需要发展更高层次的社会组织来管控矛盾，文明由此开始萌芽。从这个意义上说，文明是社会秩序的代名词。准确地说，文明代表较为复杂、稳定的社会秩序，一般而言，文明社会具有明显的社会分层，出现专业化分工，形成中心化的政府组织，如此等等。

因为农业起源的时间更早，农业体系发展得更加完整，五六千年前，以西亚为中心的区域与中国的华北和长江中下游地区率先出现文明起源。现在大家喜欢争论东西方谁的文明更早，这个问题与农业起源问题相似。其答案并不取决于考古发现，而取决于研究者采用什么样的标准。毕竟近代考古学首先形成于欧洲，很长一段时间，甚至到现在，欧美学者都把握着话语权。欧洲文明的源头是古希腊文明，而古希腊文明又属于以西亚为中心的农业文化体系，因此长期以来欧美学者都是从西亚出发来看世界其他地方的。说到文明起源，西亚的标准是青铜、文字与城市，从这个标准出发，没有文字的印加帝国都不能称为文明，缺乏城市的游牧帝国如匈奴，也不能说有文明，这不免有些荒谬。文明指的是社会秩序的复杂程度，不能要求每个地方具有相同的物质遗存特征，毕竟每个地方的物质条件并不相同，表现社会秩序复杂程度的形式也不相同。从中国的考古发现可知，不同地区文明发展的形态不尽相同，更何况是东西方之间。

东西方文明各有自己的发展脉络，其发展阶段一目了然。19世纪曾有一种超级文化传播论，那就是，不论什么都是从西亚起源的。20世纪初，中国人、中国文化"西来"说甚嚣尘上，连章太炎这样的国学大师也这么认为。有趣的是，现在居然还有人这么认为。这种论调认为，如果你坚持认为中华文明是独立起源的，那么你就是狭隘的民族主义者，你就缺乏世界眼光，或者说你就丧失了学者应有的独立性。其实，文明是农业社会发展的产物，西亚与中国是明显不同的两个最早的农业起源中心，各自独立发展，进入文明社会，完全是顺理成章的事情，根本就不需要用传播论来解释。否则，中国制陶的历史比西亚早得多，为什么不说西亚的陶器来自中国呢？超级文化传播论本是西方中心论的衍生产品，一百年前就已经过时了，现在还搬出来用，本身就需要做进一步的解释。

　　东西方不同的农业形态奠定了后续文明发展的基础。西亚的农业形态扩散到了尼罗河流域、印度河流域，以及爱琴海地区，在此基础上形成了古埃及文明、古印度文明与古希腊文明。因为有共同的农业基础，其社会组织形态也类似，农耕的同时兼营畜牧，或者不同分工的两个群体之间互通有无，形成共生关系。因此，贸易交换成为这个地区的一个特色，研究者认为后来文字发展也与贸易交换所需要的记录相关。相比而言，早期中国文明也存在若干个发展中心，至少可以包括长江下游地区（以崧泽-良渚文化为代表）、长江中游地区（以屈家岭-石家河文化为代表）、长江上游地区（以宝墩文化为代表）、辽河流域（以红山文化为代表）、陇东地区（以南佐遗址为代表）、北方地区（以石峁遗址为代表）、中原地区（以青台遗址、双槐树遗址、陶寺遗址为代表）、山东地区（以大汶口-龙山文化为代表）。如果进一步细分，还会发现一些分布相对局限但发展程度类似的文化，如安徽的凌家滩文化。这些文明起源中心都有自己的新石器时代文化发展序列，可以看出它们是如何一步一步走向复杂社会、走向文明起源的，而不是由其他地区传播而发展起来的。

　　跟西亚地区相比，中国不同文明起源中心之间的距离没有那么远。在西亚地区，人们需要跨越小亚细亚半岛、渡过爱琴海，才能到达希腊半岛，到埃及则需要穿过西奈半岛这样的荒漠，到印度河流域更是要穿过广袤的伊朗高原。如果沿海航行，交通还便利一点，但航海有较多的条件限制，文明起源阶段航海交流的考古证据很少。文明中心之间的距离影响到互动的频率、程度与方式，也影响到后来的结果。中国的不同文明起源中心在距今6 000年已经形成一个文化意义上的中国，此时虽然还没有在政治上统一，但是在文化上已经形成类似统一的认同。即便像十六国那样的分裂割据时期，没有统一的中央政权，这些小政权也都自认是中国的而非海外的。而在以西亚为中心的区域，这个时期进一步分化，形成了四个不同的文明体系：两河流域、古希腊、古埃及与古印度。在随后的1 500—2 000年里，史前中国诸文明中心完成了初步的融合，进入三代王朝时期，中国历史进入了一个新的阶段。

为什么中国历史上的统一远多于分裂，而在以西亚为中心的西方，情况却正相反？文明起源中心的距离是一个重要原因。距离近，关联度就高，矛盾也会更多，但以邻为壑终究不是办法，建立更高层次的中央政府来协调矛盾，对各方都有利，所以中国古人选择了统一。而西亚一带，不同文明中心之间有商业交流，但由于地理上的阻隔与运输技术的限制，各个中心只能独立发展，后来虽有相互征伐，一方偶尔也会占领对方的一片区域，但最终因为文化差异而很难长期维持。长期独立发展的文化更加强调自身的独特性，最后不得不选择具有超越性的宗教来促进统一，印度选择了佛教，欧洲选择了基督教，西亚选择了伊斯兰教。中国历史上一直没有类似的宗教，可能因为中国本来就是统一的文化体，不需要宗教的帮助，宗教更多停留在个人修养层面。

　　融合与分裂的影响是深远的，历史时期中国的 GDP 长期居世界首位，文化繁荣发展，这些都得益于融合。当代中国的崛起也受惠于此，全球最大的单一市场在全球的商业竞争中居于有利地位。曾有一种观点认为，中国在近现代的落后就是因为大一统，处于割据状态的欧洲各国相互竞争，反而促进了社会进步。这种观点是经不起推敲的，分裂割据的地区并非只有欧洲，为什么其他地区没有发展起来呢？中国历史上也并不总是统一的，也有分裂的时候，为什么没有实现近代化呢？近代欧洲崛起的原因众多，发展商业可能是其中最重要的一个。中国很早就形成了融合的大一统，中央政府为了管理方便，更倾向于采用行政手段而不是商业手段来弥合地区之间的发展差异，由此不知不觉形成了抑商的传统。

　　大一统不仅能够更好地消弭内部的矛盾，而且能够更有效地应对外部的挑战。青铜时代，草原部族开始兴起，凭借在骑射上的优势，频频对农耕社会进行劫掠。农耕社会形成大一统政权之后，就有足够的实力进行反击。匈奴被汉朝逼得不得不西迁，进入欧洲的匈奴成了"上帝之鞭"。唐朝时突厥也同样如此，到了蒙元时期，经过中原政权反复锤炼与补充的蒙古骑兵在向西征伐时几乎所向无敌。从另外一个角度来说，假如没有长期的大一统，中华文明五千年绵延不绝是很难实现的。

史前中国文明格局

在早期中国文明研究中，曾长期存在"中原中心论"的观点，研究者把重心完全放在中原地区，似乎只有中原才有文明。这也是考古学家苏秉琦先生所批评的中国文明起源的两个"怪圈"之一[①]，因为越来越多的考古发现显示，中国文明起源的模式更像是"满天星斗""群星璀璨"。过去二十多年来，有关中国文明起源的考古发现迎来了前所未有的高潮，良渚、陶寺、石峁、石家河古城及相关考古遗存，充分展现了早期中国文明丰富多样的发展模式。考古发现与研究显示，早期中国文明是一个存在密切联系的互动圈，是一个相对独立且完整的体系，但并不封闭。不过，中原中心论并没有完全消失，它的升级版就是"华夏-边缘"论：认为农耕区的中国文明才是华夏中心，其余都是边缘；同时把中国文明看作一种依赖农耕的内陆文明，似乎与海洋文化没有关系，并将其视为导致中国文化后来落后的根源。这种考察的视角失之偏颇，与真实的历史不符，我们应该从更大范围

---

① 参见苏秉琦：《中国文明起源新探》，生活·读书·新知三联书店，1999。

的互动中来考察中国文明的形成过程。20世纪末，苏秉琦先生在论及中国史前文明格局时提到，中国存在面向内陆与面向海洋两大板块。有关史前中国文明形成的研究，过去三四十年来，取得了很大的进展，但就中国文明形成的总体格局而言，既有研究多立足于考古发现，还缺少理论支持。在世界文明视野下，运用文化生态理论来考察史前中国文明的总体格局，有助于我们更好地认识中国文明的范畴。

世界文明视野下的中国文明

从源流的角度来看，世界史前文明的发展格局大体可分为两个层次。第一个层次是旧、新大陆的区分，即美洲大陆的文明与欧亚非大陆的文明各自发展，两者之间没有明显的联系。第二个层次是欧亚大陆东西侧的区分，西侧的中心是西亚文明，以两河流域为中心，古埃及文明、古印度文明、古希腊文明都受到它的显著影响；东侧的中心是中国文明，以之为中心，在周边发展起一系列文明。

之所以形成这样的格局，其根源在于农业起源。农业是文明的基础，没有农业，就不可能形成文明。农业能够支撑更多的人口，能够产生生产剩余，使部分人群脱离农业生产，转而从事手工业、行政管理、文化教育等有利于提高社会复杂化的活动。关于农业与文明的关系，一个经典例子就是澳大利亚与美洲，作为大洋洲主体的澳大利亚，早在距今四五万年就已经有人类了，比人类进入美洲的时间要早，但是这里没有发展出文明。在欧洲殖民者到达澳大利亚的时候，这里生活的还是狩猎采集人群。相较而言，新大陆地区在墨西哥高原与安第斯山地区发展出农业，尤其是在植物驯化方面对当代世界的贡献巨大，在此基础上形成了玛雅文明、阿兹特克文明、印加文明等。就欧亚大陆而言，在其西侧，西亚农业起源之后，逐渐扩散到尼罗河流域、印度河流域，并通过希腊半岛进入欧洲大陆，扩散的方式包括人群的迁徙与文化交流，古 DNA、语言学与考古学研究都支持这样的认识[①]。欧亚大陆东侧同样如此。

　　农业生产的发展水平会影响到文明的复杂程度。非洲大陆除尼罗河流域外，文明发展进程相对迟滞，农业发展受限是主要影响因素。美洲大陆因为缺乏可以驯化的大型哺乳动物，所以畜力不足，耕种与运输都受到较大的影响；同时，这里还缺乏有利于运输的河流。维系文明所需的物质交流更多停留在象征层次，社会整合的程度较低，在此基础上形成的文明在面对西方殖民侵略时显得非常脆弱。更进一步说，农业生产的形态还会影响文明发展的特点。西亚地区发展起来的农业模式是作物农业与畜牧业分化，两者存在显著的矛盾，采用不同生计方式的群体需要通过交换来实现互补。而在中国发展起来的古代农业，不论是北方的旱作农业，还是南方的稻

[①]　参见 D. R. Harris(ed.), *The Origins and Spread of Agriculture and Pastoralism in Eurasia* (Washington: Smithsonian Institution Press, 1996)。

作农业，都发展出了自给自足的农业生产方式，种植作物的同时，饲养少量不影响（甚至是有利于）作物种植的动物。两种农业生产形态深刻影响了后来东西方文明的特性。

欧亚大陆东西侧文明各自独立发展而来，没有充分的证据能证明欧亚大陆的文明是单中心起源的。一个直接的理由就是，这两个地区的农业是独立起源的。两个地区的文化区分甚至可以追溯到旧石器时代。整个旧石器时代，欧亚大陆东侧的石器技术传统都与西侧不同。即便到了旧石器时代晚期，全球出现石器的细小化现象，两个地区还是有所不同，西侧占主导地位的是细石器技术，东侧是细石叶技术，两者的工具加工习惯也有所不同[①]。当然，欧亚大陆东西侧之间并不像旧、新大陆那样存在着显著的隔绝，两者之间至少存在两条可以沟通的通道。一条是欧洲草原带，这是史前的"丝绸之路"，在马、牛驯化以及有轮车辆出现之前，东西侧的交流还比较困难，交流是断续进行的，其时间尺度是以千年、万年来计算的，解剖学意义上的现代人可能利用这条路线进行扩散。另一条是沿海的通道，这可能是"海上丝绸之路"的最初形态。现代人在走出非洲的过程中会穿过这条通道，四五万年前人类进入澳大利亚时必定要穿越一片开阔的海洋，没有舟楫的帮助是不可能的，因此，有理由相信人类早在这个时候就能在海上航行（人类也可能通过此种方

---

① 参见罗伯特·G.埃尔斯顿、史蒂文·L.库恩主编《小工具　大思考：全球细石器化的研究》，陈胜前译，上海古籍出版社，2019。

式进入美洲）。通过这两条通道，欧亚大陆东西侧在史前时代保持着一定的联系。

史前中国文明的四大文化生态板块

　　文明的经济基础是农业，而农业是一定区域内的自然环境条件与人类文化发展相互作用的结果，因此形成文化生态关系。自 20 世纪中叶人类学家朱利安·斯图尔德（Julian Steward）提出文化生态学以来，它已成为解释区域文化差异的重要理论基础。中国与西亚是世界上最早的两个农业起源中心，这两个地方都有适合驯化的动植物物种。考古发现与古 DNA 研究都表明狗的驯化早在旧石器时代晚期就已出现，这说明人类早就知道驯化是什么。更新世结束，旧石器时代人类所依赖的动植物群发生了重大改变，此前所采用的高流动性策略（中国北方以细石叶技术为代表，长江中下游以石片技术为代表）难以为继。人口、有驯化潜力的动植物、全新世更加稳定的气候等条件协同作用，推动了农业的起源。农业开启了人类利用环境的全新方式，它所能支持的人口密度远高于狩猎采集生计所能支持的。到了新石器时代中期，农业文化生态系统形成，驯化的动植物相互补充，狩猎采集在生计中退居次要地位，聚落形态、社会结构、意识形态等都发生了深刻改变。以这样的农业文化生态系统为基础，文明开始起源。同时，不同农业文化生态系统深刻影响了其所支持的文明形态。

立足于文化生态理论原理，我们可以把史前中国文明的发展分为四大板块：东南板块、西北板块、生态交错带板块、海洋板块（或称海陆交错板块）。不同板块的文化生态条件存在明显差异。东南板块适合农耕，能够支持较为稠密的人口；西北板块以草原荒漠为主，更适合游牧；生态交错带板块是指大致沿着黑腾线分布的农耕与游牧的交汇地带；海洋板块也是一个文化生态交错带，是陆地与海洋的交会地带，兼有陆地与海洋资源，滨海环境初级生产力高，是许多鱼类、鸟类及其他动物的栖居地，自然也是人类可以利用的生活区域。四大板块之间有密切的互动，从而构成史前中国文明的基本文化生态框架，也是中国文明发展的基本格局。从考古发现来看，史前中国文化的发展历程清晰地显示了中国文明多元一体、开放包容的基本特征。

农耕的东南板块

东南板块是指黑腾线生态交错带以东、以南的区域，这是农耕文明的核心区域。中国作为人类最早的两个农业起源中心之一，同时拥有华北的旱作农业中心与长江中下游的稻作农业中心两个起源区。事实上，距今1万年前后的旧新石器时代过渡时期，在华南地区还发展了一种依赖根茎种植与水生资源利用的园圃农业。根茎作物是无性繁殖，因此，即便已经驯化，也很难找到证据。东北地区距今6 000年前后才开始出现农业，但这里的土壤与水热条件适合农耕，后来也发展为农耕区域。东北地区在旧新石器时代过渡时期依赖水生资源，发展出一种定居的狩猎采集经济，又称为"渔猎新石器文化"[①]。以之为经济基础，形成了较为复杂的社会组织形态。尽管东南板块各个区域农业开始的时间并不相同，生业形态也存在差异，但是其新石器文化普遍具有较高的定居性，这成为东南板块显著的共性，农业最终成为这个板块主要的经济形式。

目前的考古发现和研究充分地展示了农业发展与文明起源之间的关系。东南板块的核心是黄河与长江中下游地区，这两个区域是农业起源的中心地带，也是文明起源的中心区域。考古证据显示，中国文明的起源中心不是一个，而是多个，尤为重要的是，每个文明起源中心都有其完整的新石器时代文化发展序列。辽西地区的红山文化进入文明阶段，在此之前有兴隆洼文化、赵宝沟文化，它们构成了辽西地区的新石器时代一脉相承的传统。长江下游地区的良渚文化以其规模宏大的城市、工程巨大的水利系统、等级清晰的墓葬制度等清晰地显示了 5 000 多年前中国文明的发展水平。而向前追溯，还有跨湖桥文化、河姆渡文化、马家浜文化、崧泽文化、上山文化，一直延伸至距今 1 万年前后，这些文化是一脉相承的，非常清楚地显示了文明是如何从萌芽到最终形成的，其他地区同样如此。20 世纪 80 年代初，苏秉琦先生提出"区系类型理论"，他所提

---

① 参见赵宾福：《嫩江流域新石器时代生业方式研究》，《考古》2007 年第 11 期。

的六大区系中的五个都各自形成了文明发展的脉络①。这些新石器时代的考古学文化都是以农业为基础的。不同地区具有不同的文化生态条件，史前农业的基础条件、发展速度、发展水平并不一致。如辽西地区是农业生产相对边缘的地带，因此红山文化的经济基础较为薄弱，在文明发展进程中更强调以祭祀的形式来达到社会整合的目的。长江下游的良渚文化与长江中游的石家河文化的发展都是以稻作农业为基础，经过一段时间的繁荣之后，其文化生态条件恶化（如人口扩张，进入洪水容易泛滥的区域），文明衰落，中原地区以其更有利的文化生态条件，成为文明发展的核心区域。

占半壁河山的西北板块

西北板块以草原、荒漠、高原等地形为主，受温度、降水条件等影响，这里的初级生产力较低，动物群的流动性高。与之相应，栖居在这一地带的早期人类的流动性也较高，有利于文化传播。早在旧石器时代晚期，这个地带就出现了明确的史前文化传播的证据，以勒瓦娄哇技术为特征的莫斯特石器工业出现在新疆吉木乃的通天洞、内蒙古东乌珠穆沁的金斯太、内蒙古赤峰的三龙洞、宁夏灵武的水洞沟遗址等中，从某种意义上说，这是旧石器时代的"丝绸之路"。距今 5 500 年前后，随着马的驯化，欧亚大陆的沟通条件大大改善，东西方的文化交流更加便利，大小麦、牛、羊等驯化物种先后传入

---

① 参见苏秉琦、殷玮璋：《关于考古学文化的区系类型问题》，《文物》1981 年第 5 期。

中国，促进了中国文明的发展。有了马、牛、羊等物种，人类稳定地利用草原地带成为可能，随后在这一地区青铜文化的基础上发展出游牧政权。由于游牧经济并不是自给自足的，所以游牧群体一方面需要与农耕群体进行贸易交换，另一方面又利用骑射优势形成了劫掠传统。交换和战争成了西北板块与东南板块互动的主要方式，而从文化生态学的角度来看，它们又构成了共生（symbiosis）的关系。需要强调的是，西北板块不是东南板块或者说华夏的边缘，而是与东南板块相互依存的文化体，是华夏文明的另一半。在中国文明形成过程中，它一直都有参与，而不是置身事外的。它参与构建了早期中国文明，也奠定了历史时期中国文明的基本旋律。

　　一个直接的考古证据就是石峁城址及其周边一系列城址的发现。石峁文化作为一个文明起源中心，并未被划入由苏秉琦先生提出的六大"区系类型"内。一个合理的解释可能是，它是东南板块与西北板块相交融的产物，否则很难回答为什么在这个农业生产的边缘地带会出现如此发达的文明，而且没有辽西那样完整的新石器时代文化发展序列。还有一个现象非常值得注意，民族志上没有草原地带的狩猎采集者，尽管有考古证据显示旧石器时代这个地区就有人类生存，但是草原的文化生态条件较为恶劣，如果没有农业（包括畜牧、游牧经济在内），人类很难稳定地利用这片广袤的区域[1]。换句话说，

---

　　① 参见 L. R Binford, *Constructing Frames of Reference: An Analytical Method for Archaeological Theory Building Using Ethnographic and Environmental Data Sets* (Berkeley: University of California Press, 2001)。

人类对草原地带的稳定利用是农业生产内部分化的产物，最早西亚地区从农业中分化出畜牧业，这样的发展同样见于中国北方与草原地带交界的地区，其中经历了从畜牧到游牧的发展过程。农业群体的影响还表现在青藏高原的拓殖上，目前在青藏高原发现了一些旧石器时代人类生存的证据，不否认在气候适宜时期食物丰富的季节人类可能利用青藏高原。但是从狩猎采集者的文化生态原理来看，这里的初级生产力相当于北极地区，而且高原缺氧的环境还会限制人类的行动能力，长年稳定利用是非常困难的。体质人类学、DNA研究、语言学等领域的证据都表明，在青藏高原长期居住的人更多来自农业群体，尤其是中国北方地区的农业群体[①]。从这个角度来说，西北板块的充分利用与东南板块的农业分化相关。

作为枢纽的生态交错带板块

需要注意的是，西北板块与东南板块的互动并不是直接发生的，而是通过从东北到西南的生态交错带实现的，这个地区堪称中国文明演进的"枢纽"。早在 20 世纪 80 年代，童恩正就注意到早期中国从东北到西南存在一个"半月形文化传播地带"。英国考古学家杰茜卡·罗森（Jessica Rawson）称之为"中国弧"，它是连通欧亚大陆东西侧文化的桥梁[②]。文化生态交错带同时具有两个生态区的资源，

---

① 参见陈胜前：《史前的现代化：从狩猎采集到农业起源》，生活·读书·新知三联书店，2020。

② 参见 J. Rawson "China and the Steppe: Reception and Resistance," *Antiquity* 91(2017): 375-388。

比单个生态区的资源种类更丰富，但是它处在两个生态区的交界地带，随着气候环境的变化，这个交界地带的位置会频繁变动，所以其资源供给具有不稳定性。生活在这个地带的史前人群，需要根据环境的变化不断调整其文化适应方式。调整不仅包括生计方式的改变，还包括人群的频繁流动。这一特征在辽西地区新石器时代考古材料中可以清楚看到，当时人们在狩猎采集与农业之间徘徊，相对于华北地区，其人群迁居的频率更高。

　　生态交错带是一个人类文化适应不稳定的区域，也正是这种不稳定性导致西北板块与东南板块之间产生更多的互动。正是在这个意义上，它成为文化交融的地带，成为中国文明演进的"枢纽"。早在旧石器时代晚期晚段，也就是距今 2.6 万年前后，细石叶技术就在这个地带起源。不过，当时正在进入末次盛冰期，气候寒冷，生态交错带位于如今的华北地区。细石叶技术融合了欧亚大陆西侧与华北本土的石器技术，是在两者基础上的创新发展。进入全新世，农业时代开启，在气候温暖湿润的时候，农耕文化入驻这个板块；在气候干冷的时候，西北板块的文化控制着这里。在历史时期，它又是西北与东南两个板块争夺的过渡区域。受气候的影响，这个弧形地带的范围是不确定的，正因为空间范围模糊，所以西北与东南两个板块的人群可以在这个地带频繁互动。这个地带作为史前中国文明发展的枢纽，把西北与东南两个板块紧密联系在一起。历史上的中国，疆域辽阔的朝代的都城大多靠近这个地带的边缘，如汉唐的长安、元明清的北京，由此加强了西北与东南两个板块的联系。

被忽视的海洋板块

与其他三个板块相比，海洋板块更少受到重视。原因之一是，在末次盛冰期，海平面下降了 100 多米，几乎全部的渤海、黄海，近一半的东海，1/3 的南海都变成了陆地。有研究表明，在末次盛冰期这个区域可以支持以渔猎为生的复杂狩猎采集社会。随着末次盛冰期的结束，以及海平面的上升，这些复杂的狩猎采集者向内陆地区迁徙[①]。一方面，这会导致人口密度提高，以华北地区为例，即便当时人口零增长，人口密度也会因此而翻番；另一方面，他们会把社会复杂性带到内陆地区，导致社会竞争加剧，农业起源会因此而加速。如果这个推断合理的话，那么就可以说，海洋板块曾经在史前中国农业起源过程中发挥了重要作用。这个推断可以解开"上山文化之谜"。上山文化作为发现于浙江地区的新石器时代文化，其年代较之其他发展水平相似的新石器时代文化（如彭头山文化、后李文化、兴隆洼文化等）要更早。上山文化的陶器组合类型丰富，器型硕大，部分器物如壶，制作精致，完全不像是最早阶段的新石器时代文化；此外，目前还发现了上山文化时期人类酿酒的迹象（如义乌桥头遗址）。这些特征可能与宴飨行为有密切的联系，代表当时

---

① 参见 Jade d'Alpoim Guedes, Jacqueline Austermann and Jerry X. Mitrovica, "Lost Foraging Opportunities for East Asian Hunter-Gatherers due to Rising Sea Level since the Last Glacial Maximum," *Geoarchaeology* 31(2016): 255-266。

的社会存在一定的复杂性，而这正是海岸狩猎采集者文化适应的重要特征。从这个角度来看，海洋板块开启了中国文明的进程。如今这个地带基本都被海洋淹没，未来中国的水下考古或许将之作为一个重要课题来研究。

　　长期以来，中国文明都被视作农耕文明，与海洋似乎没有什么关系。距今 6 000 年前后，史前中国农业的文化生态系统成熟，除了有驯化的动植物、相应的工具，更重要的是形成了相应的社会组织、耕作制度以及意识形态观念。史前中国农业的文化生态是以自给自足的农业为基础的，即作物种植的副产品可以用来饲养动物。我们从考古材料中可以看出，在这套系统成熟之后，农耕文化开始扩散。北方地区庙底沟文化的范围达到了前所未有的广度。南方地区发生了规模更宏大的文化扩散，稻作农业与家畜饲养经济先传播到台湾，然后经由菲律宾群岛扩散到整个大洋洲地区，向西至非洲的马达加斯加，向东至夏威夷、复活节岛，这也就是著名的南岛语族扩散事件。水稻如今是全球一半人口的主食，正是通过这次大规模的文化扩散事件，稻作传播到了东南亚、南亚、大洋洲的许多地区①。通过海洋，史前中国文化产生了深远影响。近现代以来，这个板块成为东西方文明的主要交会地带，是改革开放的前沿，深刻影

---

①　参见彼得·贝尔伍德：《最早的农人：农业社会的起源》，陈洪波、谢光茂等译，上海古籍出版社，2020。稻作传播到印度尼西亚东部地区之后，受到由湿热气候导致的诸多环境因素的影响，未能在太平洋地区扩散开来，但是南岛语系中保留了不少与稻作相关的词汇。

响了当代中国的发展。因此，我们没有理由认为早期中国文明是内陆文明，而必须认识到海洋板块是中国文明不可分割的一部分。

结　　语

当代中国处于百年未有之大变局，在一百多年前，中国文明曾被贴上各种标签，用以标识中国落后的形象。百年中国考古学，经过几代考古学家的努力，我们日益认清史前中国文明宏大的格局，其多元一体、开放包容并不只是有若干个文明起源中心，而是由四大板块构成的。这一文化发展格局更符合考古材料所呈现的特征，也更有利于我们撕掉过去被附加的种种标签——不是基于事实而是基于偏见的判断。在新时代背景下，我们有理由相信，历史悠久的中华文明将历久弥新，在更宏大的格局中取得更大的发展。

第 6 章

文明起源的模式

中华文明的起源是多模式的，不同地区的发展道路、形成过程并不完全相同，它们对后续中华文明发展的贡献也各有不同。这也意味着在中华文明探源过程中，我们不能用同一个模式去衡量所有的文明发展，更别说在全世界范围内采用同一个模式来衡量中华文明的起源。对于区域特色文明模式的探讨，也是我们进一步深入研究中华文明起源的必由之路。这里拟选择一些主要的文明模式进行探讨，纯粹是个人的理论思考，而非系统性的论证。理论思考是启发性的，希望对大家有所帮助。

良渚模式

魏特夫的水利社会

1957 年，卡尔·魏特夫出版了《东方专制主义：对于极权力量的比较研究》（*Oriental Despotism: A Comparative Study of Total Power*）一书，提出文明起源的水利理论[①]。我很怀疑他提出该理论的目的，他可能并不是想解释文明起源，而是要阐发他的政治意识形态。魏特夫提出文明只可能出现在干旱的大河流域的冲积平原地带，因为水资源在这里十分重要，水资源的管理与技术，包括灌溉设施的修建与维护，是农业与生存的必需。正因为水资源的控制至关重要，所以其政治组织很容易滑向无所不包的绝对权力。魏特夫的理论是自然环境决定论式的，极少有考古材料的支持。可能因为这个理论在西方很具有政治正确的意味，加之魏特夫本人是中国史研究专家（属于稀缺人才），所以这个理论成为通常会被引用的主要观点之一。

---

① 参见卡尔·A. 魏特夫：《东方专制主义：对于极权力量的比较研究》，徐式谷、奚瑞森、邹如山等译。

良渚以宏伟的水利设施而闻名，5 000 多年前就开始修建水坝系统，但是良渚所处的环境并不符合魏特夫所说的"干旱的大河流域"的特征。从世界范围来看，西亚地区貌似与魏特夫所说的情况较为一致。在两河流域的平原地区，水源并不难找，但是建立稳定的控制并不容易，洪水季节控制水源的工程可能会被冲毁。古埃及充分利用尼罗河定期泛滥的规律，更不需要控制水源的工程，印度河流域与之近似，古希腊根本就没有像样的河流。真正可以实现水源控制的地区是玛雅文明所在地，这里是石灰岩地形，不容易存住水，控制重要的水源就变得特别重要。印加文明诞生在高原，其农业靠天吃饭，南美洲流向太平洋一侧的河流流经干旱地带，这里的河谷曾孕育过一些早期文明，修建有灌溉设施。总体来看，世界主要古代文明中，的确有大修水利设施的情况，但并不都是如此。更关键的问题在于，没有充分的证据表明是修建水利设施导致了国家起源，因为许多水利设施是国家形成后才出现的。从良渚的情况来看，修建水利的主要目的并不是灌溉，控制宝贵的水源，而是控制洪水（见图 6-1）。中国古史传说中鲧、禹父子治水的故事说的也是如何应对洪水，而非如何应对干旱。

魏特夫的假说有没有一点学术意义呢？应该说还是有的。它帮助我们关注工程组织在国家形成过程中的作用，为国家起源理论提供了一种内在的机制。拓展来说，所有工程项目都有类似的效果，代表性的例子还有修建金字塔。这项以法老的名义组织的工程，可以起到资源再分配的作用，解决古埃及民众在青黄不接季节的食物短缺问题。修建金字塔还极大地促进了工程技术、劳动组织管理等方面的发展，文字成为必要。从这个角度来说，古埃及人表面上浪费了大量的人力、物力修建法老死后的陵墓，但实际上在这个过程中，不但化解了内部矛盾，还建设了整个埃及王国，包括创造了那个时代先进的技术、高效的社会组织管理以及统一的意识形态。这些都是宏大工程项目的遗产。不过，这样的工程通常出现在强有力的中央政府出现之后，而不是之前。

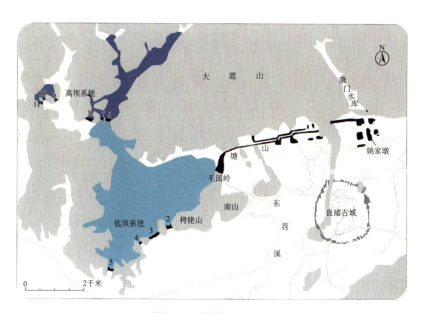

图 6-1 良渚的水坝系统

资料来源：浙江省文物考古研究所编著：《良渚古城综合研究报告》，文物出版社，2019，第 284 页。

谁要治水？

古代文明对水利工程，尤其是应对洪水的工程是有需要的。在原始农业较为成熟的阶段，靠近河流的农田可以就近进行灌溉，以家庭为单位就可以实施。若非有强力的政权的推动与组织，要想大规模地兴修水利设施是不可能的。但是，如果是应对洪水，无须强力的政府，就可能把受洪水威胁的民众组织起来。迫在眉睫的威胁无疑要比长远的利益更容易让人们团结起来，我们现在管理方面的日常用语中就充斥着众多军事术语，如打硬仗、背水一战、会战，等等，还可以看见激烈的冲突无所不在的影响。因此，就魏特夫的水利理论而言，其实更应该强调应对洪水而非灌溉与水源控制管理。

魏特夫是中国史专家，却把眼光放在西亚地区，那里才符合他所说的模式。中国的黄河与长江中下游地区都位于季风区，雨热同季，这非常有利于农作物的生长。在原始农业阶段，对大规模灌溉的需要并不是特别强烈，但是季风气候会带来集中的降水，如北京，7、8月的降水量能够超过全年降水总量的一半，而且常常是暴雨。长江中下游地区也差不多，只是雨期更长，降水量更大。黄河与长江两条大河都以容易泛滥成灾而闻名，尤其是黄河，其下游的河道在华北平原上来回摆动，加之含沙量巨大，河道淤积严重，治理难度极大，黄河泛滥的问题直到近二三十年才真正得到解决，在史前时代，这基本是个无解的难题。长江的情况要好不少，因为长江中下游有许多湖泊，可以容纳季风带来的洪水，倒是晚近时代，围湖造田，减少了湖泊，洪水的威胁反而更大了。长江的水量巨大，抵御洪水的难度也非常大，作为生活在长江边的湖北人，洪水的影响给我留下了极为深刻的印象。江汉平原一带极易遭受洪涝灾害，湖北天门市之所以成为全国闻名的侨乡，主要原因还是洪灾频繁，人们不得不外出谋生。

长江下游地区的情况有所不同，这里离海比较近，排水条件较好，江南一带很早就基本解决了洪涝频频的问题，江南由此成为全国经济条件最好的地区，"东南财赋地，江浙人文薮"，其基础就是稳定的农业生产，前提则是较好地解决了洪涝灾害。是否史前时代就是如此，我们不得而知，历史时期的情况至少说明了一种情况：在完全依赖人力的时代，长江下游地区更可能修建应对洪涝的工程，因为工程确实可以发挥作用，而在其他地区，有限人力完成的工程在大自然的力量面前完全不值一提。如果工程完全是无效的，想必古人也不会一而再再而三地去做无用功。如果工程确实有一定效果，那么这就会鼓励人们进一步扩大工程。相比而言，长江下游地区具备这种有利条件。如果大禹真的是治水能手的话，他应该是在长江下游地区治水。古史传说中的大禹治水更有可能发生在良渚所在的环太湖区域（良渚文化的分布地区包括长江下游与钱塘江流域）。也许是因为后来中原地区建立了长久的主导地位，这个故事就变成大禹凿龙门，变成发生在中原的事情了。权力形成过程中，嫁接神谱不是什么稀罕的事情。

　　为什么需要治水呢？洪水古已有之，比人类的历史还早。但在旧石器时代，人类几乎不会遇到洪水难题，因为那个时候人类迁居不定，更关键的原因是，人类根本就不会住在洪水泛滥区域。洪灾是农业发展到一定程度才出现的。最早的农业分布在山麓地带，华北与长江中下游旧新石器时代过渡时期的遗址基本都分布在山麓地带。随着农业的发展，比如在长江中游地区，从彭头山文化到大溪文化，我们可以清晰地看到一个从早到晚的聚落分布趋势，这个趋势就是人们不断向洞庭湖区挺进。这一方面是因为人口在不断增加，需要更多的田地；另一方面是因为滨湖平原地带的土地更肥沃，灌溉也更方便，还可以用船来运输。如此多的好处，就会吸引人类进入滨湖区域。但这里海拔低，自然会更常遇到洪水。所以，从某种意义上说，不是洪水找人，而是人找洪水。到了新石器时代晚期，社会分化，有了贫富之分，然后是贵贱之分，部分受到排斥或失去土地的人们就会进入农业耕作的边缘地带，也就是洪涝区。此时，如果有英雄人物带头，组织大家治理洪水，想必是会一呼百应的。做这件事，对于统治阶层来说也非常有好处，既可以避免百姓离散，也可以稳固自己的经济基础。至于说强化了权力，可能只是治水的副产品。

良渚的难题

在治水方面，良渚的有利之处就是离海近，便于排水；不利之处在于存在双重压力，除了河流带来的洪水之外，还有海潮、台风带来的洪水。那个时候还没有坚固的海塘，海潮可以轻易地侵入内地。涌起的海潮与河流洪水一旦叠加，就一定会引起洪灾。良渚古城位于如今杭州市区的西北面，古城南北有山，但是古城并不在山上，而是在平原地区。为什么不选择建在更加安全的山坡上呢？这样会更有利于防守。对于良渚先民而言，建设这样一座宏伟的城市，聚集数以万计的人口，就需要往城市里不断运送物资。要知道统治者、手工业者、士兵、神职人员等都是不事生产的人，要养活这些人，就需要相当的运输力量。良渚古城以河流为街道，几乎家家临水而居，采用船运，运量可以超过 1 吨（根据修建城墙所用的不同颜色的草包泥的数量计算出来的）（见图 6-2、图 6-3）。如果是人力搬运，数十人也解决不了问题，这还是在没有考虑到距离问题的情况下。良渚所处的时代还没有带轮的车子，船运是最合适的运输方式。为了生活便利，良渚先民选择在地势较低的区域建城。

良渚先民首先要考虑的是生存问题。良渚的生计方式是稻作农业，良渚先民已经能够犁耕（见图 6-4），兼营渔猎采集。稻作离不开水，考古工作已经揭示了良渚时期的稻田。与稻田一起，还发现了这个时期的聚落，有关聚落构建的考古证据显示，人们当时的生活

图 6-2 良渚出土的独木舟与竹筏

资料来源：浙江省文物考古研究所编著：《良渚古城综合研究报告》，第 290 页。

图 6-3 良渚的建筑材料草包泥（草裹泥）

资料来源：浙江省文物考古研究所编著：《良渚古城综合研究报告》，第 283 页。

图 6-4　良渚的石犁（浙江桐乡新地里遗址出土）

资料来源：浙江省文物考古研究所编著：《良渚古城综合研究报告》，第 11 页。

环境类似于湿地沼泽，为了兴建聚落，人们在沼泽上打桩，堆土成墩，并用木板围护，形成相对高一点的住处，这样有利于防水。当然，他们还可能采用干栏式建筑，底层悬空，类似于现在西南地区傣族人的竹楼。良渚先民临水而居是不得已的选择，他们的稻田就在水边，他们的运输要依赖水道。渔猎生活更离不开水，部分良渚先民可能会出海打鱼。简言之，良渚先民的生活就是以水为经脉的，换句话说，水的状况好坏决定了良渚先民的命运。

水的好处不言而喻，但其坏处也是一目了然。良渚先民要考虑如何应对它的坏处。良渚先民首先要考虑的是从哪里开始控制水患。良渚先民追根溯源，注意到山区洪流的影响。然而，这个区域在良渚古城百公里开外，如果这里不是良渚先民能够控制的区域，那么他们是不能在这里修建水坝系统的。也就是说，当良渚先民开始兴修水坝的时候，这个区域已经在他们的控制范围内了，他们已经能够组织大规模的人力了。这些都是兴修工程的必备条件，所以说水利工程导致国家起源的说法是不成立的，至少在良渚是不合适的。良渚先民接着要考虑的是运用什么材料来修建水坝。良渚先民在修建水坝时采用了堆草包泥的办法，考古工作者采用实验考古的手段重建了这一技术。生活在湿地沼泽环境，能够取到的土壤就是淤泥，这种材料堆到一定的高度就会滑塌，但如果把淤泥装进草包，就大大增强了淤泥的强度。一袋草包泥，就像是一块大砖。这个方法就地取材，简单方便，而且可以利用船运。由于不同地方的泥土颜色有差别，所以不同地方的草包泥在城墙上就呈现出不同的色块，研究者由此可以计算出一条船（竹筏）的运输能力，就是大约 1.2 吨。良渚先民最后要考虑的是自己的能力，能够在多大程度上解决问题。良渚先民是务实的，他们采用高坝、低坝相结合的方式，梯级拦洪，分级削峰；另外，低坝区有类似于"运河"的设施，可以把洪水引向另一个方向，至于说是否具备航运功能，那就不得而知了。

为什么是良渚?

考察中华文明的起源,良渚的重要贡献在于"实证中华文明五千年"。距今 5 000 多年,中国有多个地区都出现了发展程度不等的文明,但是就目前的发现而言,良渚有非常好的年代序列,更重要的是有系统的考古遗存,从等级显著分化的墓葬、水坝系统、专业化的手工业,到聚落体系,尤其是良渚古城的发现,充分体现了良渚作为一个文明(早期国家)的毋庸置疑的地位。相较而言,其他地区的考古发现或者不够系统,或者发展程度不够清晰,如长江中游距今 5 000 年前后,屈家岭文化也发现有城址与等级分化的大型墓地(湖北沙洋城河遗址),但还缺少如良渚古城这样规模宏大的中心城址。北方地区差不多同一时期的红山文化发现有牛河梁这种以祭祀为中心的遗址,包括祭坛、积石冢、金字塔式的巨型建筑遗址、"女神庙"等,墓葬也存在等级分化。红山文化玉器非常发达,显然已有专业化的生产,但是还没有发现城址,聚落也发现得少。不能肯定良渚就是中国最早的文明,但是现有的考古发现中,良渚无疑是最突出的。这就带来一个问题:为什么良渚会引领文明发展的潮流呢?

有个现象很值得关注,那就是良渚立足于一个本已较为复杂的社会基础之上。有学者研究,末次盛冰期时,海平面比现在低 100 多米,现在东海的大部分区域都是陆地,台湾岛与大陆直接相连。

那个时候的滨海地带并非没有人居住，而且这个地带的狩猎采集社会往往有更高的社会复杂性。究其原因，一方面是因为海岸资源充足，足以支持更高的人口密度；另一方面是因为海岸资源可以定点利用，这也就意味着，狩猎采集者不能随便迁居，否则他们的领地就可能被其他群体占据。由此，建立海岸适应的狩猎采集社会往往有更高的社会复杂性，这个判断可以得到全球民族志与考古材料的支持。民族志的经典案例是北美洲西北海岸的印第安人；考古发现更丰富，包括北欧中石器时代狩猎采集社会、日本绳纹时代的狩猎采集社会、南美洲太平洋沿岸的早期复杂社会等。随着末次盛冰期结束，海平面不断上升，滨海人群不得不随着海岸线的变化而迁移，所以，他们就很有可能把社会复杂性带到了内陆地区。

这个观点如果能够成立的话，那么就意味着长江下游地区早在旧新石器时代过渡时期就已有一定的社会复杂性，它可能在农业起源过程中发挥了重要作用。农业起源之理论解释中的"宴飨假说"提出，发展农业是"为了请客吃饭"，而非只是"为了吃饭"。从考古材料来看，年代接近万年前的上山文化以硕大的大口盆、精致的陶壶为典型特征。上山文化的陶器组合相当丰富，可以说是同时期中国新石器时代文化中最丰富的，其陶器已经分化为多样的类型，并有多样的装饰，如圈足、镂孔、陶衣等。上山文化的大口盆器型硕大，如果用来盛放食物的话，那个量显然不是供一个人食用的，更像是以分享为目的的。以义乌桥头遗址的发现为例，其陶壶的器型不大，但十分精致，表面磨光且有陶衣装饰。已有分析显示，上山文化时期人类可能已经开始酿酒，陶壶可以用作酒器（见图 6-5）。当时人们可能以祭祀为目的举行宴飨活动，为了来宾们吃好喝好，招待务求丰盛，必须准备足够的食物生产剩余，包括足以用来酿酒的食物（稻米既是主食，也是酿酒的原料）。为此，人们有了扩大生产的动机，而农业正好可以满足这一需求。

图 6-5 浙江义乌桥头遗址出土的上山文化红衣陶壶
资料来源：义乌桥头遗址宣传材料。

请客吃饭自然不只是为了面子，面子的背后其实是话语权，有的人为了树立自己的威望，这样他说话就有人听。与此同时，筹备宴飨的过程也是形成社会组织团体的过程，从民族志材料的介绍来看，宴飨需要一个团队共同努力才能完成，组织团队的目的是推出某位"头人"。一旦头人上位，整个团队无疑就会获得好处。宴飨的过程其实暗含着社会权力的生成。也就是说，上山文化时期可能已经有了一定的社会复杂性，可能不是我们通常想象的人人平等的原始共产主义社会，而是已经有了社会等级的初步区分，群体中出现了"头人"，他们有更高的威望，能够对群体内部事务有较大的发言权。文明是早期国家形态的社会复杂性，这样的社会复杂性有缓慢的发展过程。上山文化比良渚文化早 4 000 多年，它已经为文明起源埋下了种子。

上山文化之后经过跨湖桥文化、河姆渡文化、马家浜文化阶段，社会复杂性缓慢发展，到了崧泽文化阶段，社会复杂性开始显著提高，墓葬的等级化就是有力的证据。墓葬考古讲，生不同，死亦不同；反过来说，死不同，生亦不同。崧泽社会已经有了更加明确的社会等级，有了贫富之分，甚至有了贵贱之别（见图 6-6）。本来是大家共同祖先的神祇，不知怎么变成了某几个家族专有的，于是这几个家族的人就具有了天生高贵的血统。民族志上有这样的例子，在崧泽时代产生这样的分化也属正常，毕竟在一个神祇遍地的时代，富人用神性来解释自己财富来源的合法性是再合适不过的了。紧跟而来的良渚社会，按照张忠培先生的研究，就是一个神王社会①。权力的合法性取决于神圣性的制造。拥有众多能够沟通天地的

---

① 参见张忠培：《良渚文化墓地与其表述的文明社会》，《考古学报》2012 年第 4 期。

图 6-6　江苏张家港东山村遗址崧泽文化墓葬 M98 出土的磨制精致的石（玉）钺

资料来源：南京博物馆、张家港市文管办、张家港博物馆编著：《东山村：新石器时代遗址发掘报告》下册，文物出版社，2016，第 381 页。

玉琮及其他神物，就成了神王的标志（见图 6-7）。神王的地位并不像后来的帝王，他们缺少后代充分的暴力机器，如军队、监狱、金属兵器等，武力的象征性更强，其象征物就是石（玉）钺[①]（见图 6-8）。不是说那个时代没有暴力，而是说其暴力的表达还不像后世那样直白，还需要用德行来遮盖。按照古史传说的说法，"五帝时代"的帝王都以德行垂范后世，神王需要有崇高的威望来赢得部众的归顺；否则，在那个人烟稀少的时代，百姓很可能会逃到其他地方去。

———————————

① 古人对玉并没有严格的定义，美石为玉，随着使用频率的增加，玉的形态才逐渐被稳定下来，但与矿物岩石学所定义的概念仍有不同。

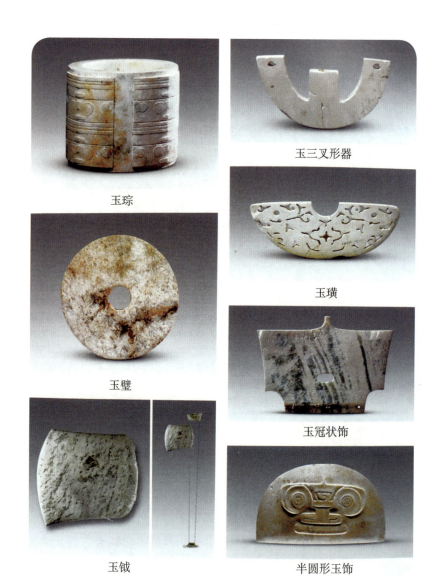

玉琮

玉三叉形器

玉璜

玉璧

玉冠状饰

玉钺

半圆形玉饰

图6-7 良渚的主要玉器类型

资料来源：浙江省文物考古研究所编著：《良渚古城综合研究报告》，第325页。

图 6-8 江苏金坛三星村出土的石（玉）钺

资料来源：南京师范大学、金坛市博物馆编《金坛三星村：出土文物精华》，南京出版社，2004，第 83 页。

简言之，良渚文明脱颖而出，印证了一句话，即"九层之台，起于累土"。良渚的前身就是一个社会复杂性较高的社会。当然，这一切的背后都有经济基础的支持，渔猎型的狩猎采集是典型的丰裕型社会，代表狩猎采集社会复杂性的巅峰。进入农业时代，良渚所在的区域相对容易解决水患，同时又拥有航运之利。有这个相对稳定的经济基础，良渚文明异军突起也就成为必然。

水利与文明

回到魏特夫的水利理论，将这个理论稍加调整，对于良渚来说还是有一定的契合度的，良渚的兴衰与水利可能有直接关系。在良渚，神王要获得威望不是难事，带领大家治水基本是最佳选择，一方面可以利国利民，另一方面还有利于提高自己的威望，维系权力的合法性。如果神王放弃了这件事，或者无法完成这件事，那么他的威望就可能受损，其神性就可能受到质疑。神王权力丧失，甚至社会秩序也会连带一起崩溃。

也许需要反过来思考一下：水利真的有那么重要吗？对于一个文明而言，真正重要的应该是经济基础，在良渚所处的时代，其经济基础就是农业。"农为邦本，本固邦宁"，这是对历史时期中国王朝兴衰的总结。如果说水利重要的话，那么这是因为它是农业发展的重要条件。在特定的时代，水利有可能成为决定性的因素，这么说，比较符合社会历史发展的一般情况。就好比当下石油、天然气之于现代社会经济的重要性一样，也许再过一些年，能源领域会取得重大突破，油气资源也就只是普通的工业原料了。也就是说，水利理论即便成立，也只能在特定地方、特定时代起到解释作用。从史前农业的扩展趋势来看，农业扩展是一直向平原地区挺进的，遭受洪水的威胁并不是从良渚时期开始的。当然，这里有个人口阈值的问题，即有多少人口（总量与比例）会遭受洪灾的影响。良渚时期，居住在平原上的人口大量增加，已经成了良渚先民的主体，在某个时间点，人们意识到需要治水了，而且也具备足够的能力（劳力、工具、知识、社会组织）去治水了。万事总有一个开头，这样的时间点是存在的，可能就在良渚时期。

正如前文已经说过的，如果我们说水利不大可能导致文明起源，如果我们说水利促进了文明的发展，就良渚来说，想必是不会有太多反对意见的。需要指出的是，文明或者早期国家的起源，其根本还是社会矛盾的产物，更多要从社会关系的内部演化来找线索。早期国家兴起之前，社会阶层已经分化，贫富贵贱人群之间不可能没有矛盾。如何协调矛盾，就是一个关键的问题。当时基本不存在军事入侵的问题，不是说当时不存在族群或地方之间的矛盾，而是说当时的硬件（后勤、武备等）与软件（组织程度、信息传递手段等）都不足以支持大规模的军事冲突，因此所需解决的主要矛盾还是群体内部的矛盾。通过抵抗洪水的水利工程的建设可以较为有效地协调社会矛盾，发挥精英阶层的领导作用，提高核心人物（神王）的地位，从逻辑上说是合理的。虽然当时不同地区所面临的社会矛盾都差不多，但是协调矛盾的手段却千差万别，这导致文明发展的模式存在较大的差异。在良渚文明的发展过程中，水利建设的确有可能发挥了重要作用。如果我们把大禹治水的故事安放在这里，可以说丝毫没有违和感。

良渚后来衰落了，目前的解释中较为合理的是，由于海平面上升与河道淤积，要维系良渚古城与其周边聚落变得越来越困难。良渚时期人口继续增加，人们居住的环境更加多样，烧荒农业与森林砍伐必然会导致水土流失加重。尽管在当时这个数量可能并不大，但假以时日，必定会导致河流中的沉积物增加。同时，良渚修建的水坝系统控制了洪水，但是也降低了洪水对河道的冲刷，导致河道里淤积不断叠加，上升的海平面更是加剧了这种状况。一系列因素的循环叠加最终积累成了良渚先民无法克服的困难。至于这个时期是否存在内部原因，目前还不得而知。尽管环境条件不理想，但至少是可以迁都的，不过良渚统治阶层显然没有这么做。为什么不做改变呢？是因为整个农业基础都遭到了破坏吗？原因究竟是什么，还有待进一步研究。

　　成也水利，败也水利！这或许可以作为对良渚文明发展的总结。

红山模式

初识红山

第一次去牛河梁遗址给我留下了十分深刻的印象，主要是旅途比较艰难。那是 1991 年 10 月，大学田野考古实习进入后期整理阶段，我们从内蒙古林西县的白音长汗遗址撤到宁城的铁匠营子，这里有内蒙古自治区文物考古研究所的东部工作站，比邻辽中京博物馆。去参观牛河梁遗址是一项学习安排，我们需要坐火车去。从工作站到宁城火车站有十多公里，我们半夜起床，租了村子里的拖拉机送我们去火车站。10 月下旬的夜晚，我们挤在拖拉机的车斗里，风很大，相当冷。几位同学轮流站在前面给大家挡风，我还记得自己穿了皮夹克，可以挡点风，所以站的时间更长一些。下车时，第一次体验到什么是冻僵，因为我几乎不能移动了。坐火车时，同学、老师与火车上的一个地痞起了纠纷，地痞没有想到我们有这么些人，而且是公干，只好作罢。从朝阳租的大巴去牛河梁遗址，同样不顺利，堵在半路上，差点又起了纠纷。这个旅途给我的印象全是困难，20 世纪 90 年代初的情况大抵如此，现在的人已经很难想象了。后来又去过几次牛河梁遗址，那里有了高速公路，交通很方便；再后来有了国家考古遗址公园，有了美轮美奂的博物馆；之后，更是有了高铁站，从北京过去，当天就可以往返。

第一次去牛河梁遗址的时候，祭坛还在发掘，整体格局已全面揭露（见图 6-9）。"女神庙"已经发掘完毕并且回填，只在库房中看到了出土物（见图 6-10、图 6-11）。在发掘现场，我看到围在祭坛边缘的筒形器。有人认为这种两端开口的陶器蒙上皮，可以用作鼓，也有观点认为这是贯通天地的仪式用器（见图 6-12）。我还看到祭坛一圈圈用方菱形石块砌成的边界，石块大小均匀，显然是经过精心挑选的。给人的第一印象是，这好像北京天坛的圜丘，虽然两者时间相距超过 5 000 年，但时间好像消失了。我还看到了积石冢，积石下面是随葬玉器的墓葬。

图 6-9　牛河梁红山文化积石冢与祭坛

资料来源：辽宁省文物考古研究所编著《牛河梁：红山文化遗址发掘报告（1983—2003 年度）》下册，文物出版社，2012，图版三八。

图 6-10 红山文化的"女神庙"遗迹

资料来源：辽宁省文物考古研究所编著：《牛河梁：红山文化遗址发掘报告（1983—2003 年度）》下册，图版六。

图 6-11 牛河梁红山文化女神头像出土状况

资料来源：辽宁省文物考古研究所编著：《牛河梁：红山文化遗址发掘报告（1983—2003 年度）》下册，图版九。

图 6-12 红山文化彩陶筒形器

资料来源：国家文物局、中华人民共和国科学技术部、辽宁省人民政府编《辽河寻根 文明溯源——中华文明起源展》，文物出版社，2011，第 94 页。

　　我没有意识到，我参观的这个遗址正在揭开中华文明探源的序幕。在此之前，虽然有二里头文化的发现，但就更早的中华文明一直缺乏关键的考古发现。原因当然是多方面的，改革开放之前，中国考古学将关注的重心放在社会发展史的构建上，中华文明探源并不是最重要的问题。改革开放带来了社会思潮的转变，考古学家的关注点也回到了中华文明本身，不论是夏鼐先生还是苏秉琦先生，都是如此。苏秉琦先生正是在红山文化与文明起源相关遗存发现的推动下，提出中国考古学的重大课题应该从考古学文化的区系类型研究扩展到研究中华国家、中华民族、中华文化的起源。他提出古文化-古城-古国的三部曲发展路径，后来进一步提出古国-方国-帝国三部曲，以及北方原生型-中原次生型-北方草原续生型的三模式。从此，中华文明探源成为中国考古学的最热门的课题，至今不衰。

吉林大学的赵宾福先生有个观点挺有意思，他注意到中国考古学的不少重要研究都是从东北地区开始的[①]，中华文明探源是其中最突出的一项。20 世纪 20 年代，红山文化就已为人知，但是它成为中华文明探源的先驱是从 20 世纪 80 年代开始的，除了红山文化的重要发现之外，在红山文化所在的辽西地区还先后发现了兴隆洼文化、赵宝沟文化、小河沿文化等，辽西地区史前文化发展的完整序列基本形成，距今八九千年以来的历史脉络逐渐清晰，红山文化的来龙去脉由此厘清。需要指出的是，考古学上的辽西更接近人们习惯上的认识，即它还包括部分赤峰地区（有段时间赤峰归辽宁管辖），范围比现在的行政区域大得多。

遗憾的是，进入 20 世纪 90 年代之后，红山文化的发现似乎被玉器墓垄断了，而其他发现比较少，没有发现如良渚文化、石家河文化中那样的古城，甚至连大型的聚落也没有发现。我第一次看到较为完整的红山文化聚落还是在赤峰的魏家窝铺，已经是 21 世纪了，但这个聚落也就是一般的生活遗址，并没有看出什么特殊之处。许多半地穴房址的居住面上没有多少像样的遗物，都是一些残

---

① 参见赵宾福：《从东北出发：百年中国考古学的起步与进步》，《江汉考古》2021 年第 6 期。

石断瓦（陶片），显然这个遗址是彻底废弃过程的产物，像我们现在搬家一样，人们已经把有用的东西都带走了。聚落中有两座房子可能是在火灾中被焚毁的，里面保存了不少完整的陶器，使我们得以看到当时较为正式的生活状况。实际上，1991年，我本科实习时，在白音长汗遗址就见到过红山文化的房址，我还记得有座房子部分分布在我负责的探方。白音长汗遗址以兴隆洼文化的房址为主，也有赵宝沟文化与红山文化的房址，甚至还有更晚的小河沿文化的灰坑（我发掘的第一处遗迹）。与兴隆洼文化、赵宝沟文化的房址相比较，红山文化的房址内部出土物最少，几乎没有完整器物，但火塘的红烧土要深得多，说明红山文化时期人们的定居性比前两个文化时期强得多。

宗教考古

谈到文明起源的红山模式，必然会涉及一个根本性的问题：宗教。对于考古学家而言，研究古人吃了什么相对容易，动物考古、植物考古、同位素考古、残留物分析等结合自然科学的方法，能够给出相当明确的回答。宗教考古要研究古人是怎么想的、古人相信什么，关于这个话题，谁都可以说上几句，但是很难得出明确且可靠的结论。因此，考古学家通常都对史前宗教问题敬而远之，将之视为史前文化系统的常量。加之相关的考古材料难以识别，史前宗教成为学科的边缘话题。不过，这种情况不适用于红山文化的研究，考古材料的发现已经充分表明，这些遗存就是史前原始宗教信仰的产物，而且我们可以推断，宗教在红山社会的运作中发挥了至关重要的作用。这有点像墨西哥的特奥蒂华坎古城，沿着城市中轴线布置的金字塔神庙无不体现出宗教的中心角色。

既有的考古发现可以肯定牛河梁遗址作为红山文化圣地的地位。牛河梁远不止有祭坛，它是一个遗址群，其中包括神庙，还可能包括该地区的景观。祭坛的远方是三座"山"字形并立的高山，很容易使人产生神圣的联想，就像古希腊的奥林匹斯山一样。红山文化的祭坛并非只有牛河梁遗址这一处，还有喀左东山嘴遗址，不过规模明显要小一些。这些祭祀遗址有专门的布局、特殊的建筑，还有专门化的器物，这些需要全社会的协作努力才可能实现。这也显示出祭祀过程是高度规范的，不是随心所欲就能举办的。人类学中通常把宗教分为萨满型与祭司型两类。有句话精确概括了这两者的区别：萨满是神与人沟通，祭司是人与神沟通。萨满型宗教中，巫师（萨满）服用药物或采用其他手段进入迷幻状态，仿佛有神附体，所以这种宗教是个体性的，形式极为多样。祭司型的宗教更注重形式与程序，因此更具有公共性。正因如此，通常认为萨满型宗教多见于狩猎采集社会，而祭司型宗教多见于农业社会。当然，随着材料的增加，学界已经发现这样的概括过于简单。但不管怎么说，这样的划分的确可被用来描述常见的情况。

红山社会的宗教无疑更接近祭司型，它有复杂的、专门的场所，自然也有专门的神职人员。从墓葬的差别来看，这些人之间还有等级的区别，尽管都处在权力中心，但有的人是辅佐人员，有的人则可能是首领（见图 6-13）。首领的权力主要是通过宗教系统获得的。这里有必要说一下究竟什么是宗教。一说到宗教，我们就会想到基督教、伊斯兰教或佛教，但如果以这样的方式来定义宗教，就会把许多类型的宗教排除在外，比如上面提到的萨满型与祭司型宗教。给史前宗教下一个准确的定义非常困难，不过我们还是知道其中应该包括一些共同的内容，比如说神话、崇拜、仪式等。对于这些没有文字的社会而言，神话通常是对既有体系的描述与肯定，比如古

图 6-13　牛河梁遗址第二地点 1 号冢 21 号墓的随葬玉器

资料来源：辽宁省文物考古研究所编著：《牛河梁：红山文化遗址发掘报告（1983—2003 年度）》下册，图版八一。

希腊神话，它就在反复肯定贵族社会的合法性。神话由此发挥着教化的作用，让人们在口口相传中接受既有的体系。仪式通常会反复演练神话的某些场景，强化神话体系。至于崇拜的对象，可能是某个神祇，可能与首领直接相关，也可能并不相关。可以想见，负责操持仪式的人一定会获得权力。特别值得注意的是，通过宗教形式获得的权力具有神秘色彩，在神秘色彩消失之前，其权力很少会受到质疑。宗教在消解平均社会对等级的厌恶方面起到了关键作用，人们不知不觉接受了等级分化，而且还觉得理所当然。

现实生活中，我们会注意到那些皈依宗教的人可能经历过重大的人生挫折，宗教于个体而言能起到缓解矛盾的作用，不论这种矛盾是人与人之间、人与社会之间的，抑或是人与自然之间的。不过，我们也不难发现，有的社会宗教氛围浓厚，有的则很淡。中国古代社会就没有如欧亚大陆西侧那样浓厚的宗教氛围，中国古人通过社会文化建设（如儒家）消解了那些需要宗教来抚慰的矛盾。不重宗教的传统可以追溯到史前的中原地区，而红山社会是个例外。我们是否可以猜测，红山社会面临着更大的困难或挫折呢？这样的社会需要发达的宗教文化建设来应对中原地区所没有的矛盾与挑战。这是个有趣的猜想，或许我们需要去辽西地区的自然条件中寻找答案。

文化生态条件

1991 年我在参与发掘白音长汗遗址的时候，对这里的生产方式感到很惊讶，当地人对此很自豪，说这里除了不种水稻，什么都种，除了不养水牛，什么都养。然而，当时这里还在吃返销粮，也就是说，粮食还不能自给自足。为什么当地人要这么做呢？为什么他们不尽可能多地种植产量高的作物呢？我难以理解，以为这是当地的习惯使然。多年以后，我认识到这个地区属于地理上的生态交错带，处在蒙古草原与华北森林地带之间。生态交错带的优势是兼有两个地带的物种，其弱势就是环境，尤其是降水不稳定，每隔几年就会出现干旱。人们每一种作物都种一点，不过是为了分散风险而已。那个时候，中国的市场经济还不发达，人们还没有养成通过市场来缓解风险的习惯。

生态交错带在中华文明的形成与发展史上意义重大。中国现代地理学的奠基人之一胡焕庸先生最早注意到它标识了中国东西部人口分布的差异，沿着大致从黑龙江黑河到云南腾冲的分界线，东南部分人口稠密，西北部分人口稀疏。这条分界线也是农业区与牧区的分界线。说它是一条线，其实不准确，而应该说一个条带，一条宽窄不一的条带。这里的年降水量在200毫米到400毫米之间，也就是说，这里是半湿润半干旱地带。这个条带的自然地理条件并不完全一致。我曾经坐火车从乌兰察布（集宁）到通辽，沿途可以清楚地看到树木逐渐增多，玉米秸秆的高度逐渐增加，辽西的条件显然要比乌兰察布-坝上地区好。整个生态交错带更像是一条丝带上系着几个串珠，第一个串珠是辽西，它的边缘是科尔沁沙地，第二个串珠是陕北，第三个串珠是陇东，它们的边缘是毛乌素沙地。之所以说是沙地，是因为这里曾经有过草原、湖沼，局部甚至有森林。当气候趋向湿润的时候，沙地区域就变为森林草原交错带，成为古人的栖息地；而在气候趋于干旱的时候，以及在人类不合理利用的情况下，这里就会变成沙地。近些年来，经过努力治理，毛乌素沙地的生态环境变化非常大，我去乌审旗的萨拉乌苏遗址考察时有切身的体会，沙地已经被治沙植物覆盖。全新世大暖期（或称全新世最适宜期，距今 8 000—5 000 年，不同地区有差别）时，这些沙地的环境应该更好。历史上的辽、元时期，按史书记载，这里是水草丰美的地方。

为什么会有红山文化的繁荣？为什么在陇东能发现南佐这样巨大的古城？为什么陕北会有石峁古城？如果没有自然地理条件的支持是不可能的。这些史前文化繁荣的时候，都是气候相对适宜、沙地变为森林草原交错带的时候，由此先民就拥有广阔的生活区域。辽西地区从兴隆洼文化时期到红山文化时期，正处在全新世大暖期，环境条件支撑了这里的发展。5 000 年后，气候总体趋于干旱，这样的变化限制了红山文化的进一步发展。

支撑红山文化繁荣的除了环境条件，还有其文化地理格局。辽西处在华北、东北与蒙古高原之间，自古为兵家必争之地。这个位置的有利之处在于它能广泛吸收周边的文化，华北是农业起源中心，东北是渔猎适应的社会，上万年以来的文化发展序列完整。有争议的地方是蒙古高原，这里是草原地带，初级生产力低，动物群分布稀疏，所以在狩猎采集时代人类利用难度大。即使要利用，人群的流动性也会非常高。人类真正有效利用草原地带是从青铜时代开始的，有了驯化的马，还有牛、羊，人们流动起来很方便。不是说在此之前草原地带没有人类生活，而是说这里没有被稳定地利用起来，可能只在夏秋之时人类才会进入这个地带。高流动性的生活带来了一个特殊的影响，那就是更有利于广大区域的文化交流。从中国东北到乌克兰的欧亚草原带是史前的"丝绸之路"。文化交流不同于生物学意义上的交流，这种交流没有大规模的迁徙也可以实现，能够像波浪一样一波一波地接力传递。史前人群在互动之中，为了建立、维系友好关系，需要不断交换礼物。这样，有些文化因素就传播开来。红山文化以及生态交错带的文化就享受着这样的便利，以史前的欧亚大陆桥为背景，把文化纽带延伸到了广阔的欧亚大陆腹地。

文明的兴衰

"九层之台，起于累土"，红山文化的社会复杂性不是突然冒出来的，而是经历了长期的发展过程。距今 8 500 年前后，辽西地区出现了以农业为基础的兴隆洼文化。兴隆洼文化以严整的聚落布局而闻名，我参与发掘的白音长汗遗址是其中的典型代表。整个遗址由两个带环壕的聚落构成，每个聚落中有三四排房子，每排房子中有一间面积较大；两个聚落中又各有一间最大的房子，面积有 150

平方米左右。为什么布局如此严整呢？现在当地的村落除了统一搬迁的，大多布局都很凌乱。严整的布局反映出社会关系的严密，是聚落层面社会组织结构的严密，即这个社会是有组织的。像这样一个社会是否需要相应的组织呢？伊恩·霍德（Lan Hodder）研究了差不多同一时期的恰塔胡由克（Çatalhöyük，或译为加泰土丘）遗址，他认为当时的人们按照习俗生活，可以不需要政府，日复一日的社会实践就能告诉人们应该怎么做[①]。但是，这种情况似乎不适用于兴隆洼文化，人们在一个遗址中居住的时间并不长，日常实践难以充分发挥作用。严整的聚落布局显示出良好的社会组织性，这不可能是自发形成的，必定需要有所规划与安排。

　　聚落布局规整并不仅见于白音长汗遗址，阜新查海遗址有铺砌龙形石堆的广场，其陶器上有蛇衔蟾蜍的堆塑（见图 6-14），兴隆洼、兴隆沟、南台子遗址等也有成排布局的房子。白音长汗遗址山顶的积石冢中发现有随葬玉器的墓葬。玉器加工费时费力，因此它不是人人都可以轻易拥有的物品。按照我们习惯的认识，兴隆洼社会应该属于没有什么社会分化的平均社会，或称母系社会。但从考古材料体现的特征来看，似乎更有理由认为兴隆洼社会是有组织者的，而且可能已经存在一定的社会分化，至少这些组织者是享有一定权力的。从石器工具组合来看，兴隆洼先民是这个地区的拓荒

---

① 参见 I. Hodder, "Daily Practice and Social Memory at Çatalhöyük," *American Antiquity* 69(2004): 17-40。

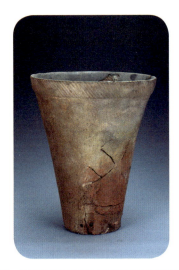

图 6-14　辽宁阜新查海遗址带蛇衔蟾蜍装饰的筒形罐

资料来源：国家文物局、中华人民共和国科学技术部、辽宁省人民政府编《辽河寻根　文明溯源——中华文明起源展》，第46页。

者，其石器适合砍伐灌木与挖掘荒草地，不同于更晚的赵宝沟文化与红山文化的石器。当他们进入这片很少被人利用的区域的时候，挑战恐怕更多来自野生动物，比如狼。当然，这些先民中也可能有狩猎采集者。面对挑战，良好的社会组织无疑有利于群体成员的生存，组织者自然也会享有相应的权力红利。

到赵宝沟文化阶段，从器物分布来看，此时可能出现了男性专属的公共空间，小山遗址的房址 F1 内部分布有数以千计的石片。赵宝沟文化的聚落材料不如兴隆洼文化丰富，但此时出现了尊形器，器身上的纹饰相当复杂，描绘了鹿、猪、鸟的形象，由此可以推断此时已有专门的仪式活动，开始生产专门的器物。相比于兴隆洼文化阶段，其社会复杂性有了实质性的提高。

红山文化阶段社会复杂性发展到了什么程度呢？这是一个很让人着迷的问题。考古发掘的聚落材料不多，但考古调查，包括大规模的区域调查工作，相当不少。调查结果显示，红山聚落有明显的大小之分，显示出等级规模的区别，聚落之间还有功能上的分化；不同的红山聚落还可以进一步按流域来划分，如大小凌河。考古学上通常按照聚落等级的层次来划分酋邦与国家，但是关于层次的设定具有一定的主观性，在具体操作中见仁见智。酋邦与国家的区分也不太好把握。当前学术界越来越倾向于认为社会复杂性具有高度的多样性，简单的酋邦与国家二分帮助不大，淹没了太多的中间形态。几乎每一项区分两者的标准都可以从两者的材料中找到例外或者交叉。红山社会已经进入了较为复杂的社会，但怎么来定义的确是件困难的事情。一定要说它是酋邦或国家，都可以找到一些理由，但却不能帮助我们认识红山社会的特殊性。

红山文化的社会复杂性之所以不好界定，还有一个原因，那就是它后来崩溃了。红山文化之后辽西地区出现了小河沿文化、哈民文化等。小河沿文化的考古材料中有墓地，如大南沟，但是缺少聚落。我学习田野考古时发掘的第一个遗迹现象就是一个小河沿文化的大灰坑，在灰坑中发现了鹿角，可能是古人的储料。小河沿先民的生活流动性可能比较高，所以没有建造半地穴式的房子，其居所可能与今天的蒙古包类似，在地表很难发现遗迹。如哈民（以通

辽哈民忙哈遗址命名）文化的分布深入到科尔沁沙地的腹地，这个
遗址以发现大量突然埋葬的人骨而闻名。我研究过该遗址的石器材
料，其石器工具不适合农业生产，但有适合挖掘根茎的石镐、多样
的食物加工工具（与多样的采集经济相关），结合其他方面的材料，
我认为居住在该遗址的先民当时遭遇了鼠疫。为什么哈民先民会遭
遇鼠疫呢？因为他们深入到科尔沁沙地的腹地，过着群居的生活，
但农业极不发达。没有充分发展的农业是很难支持定居的，在青黄
不接的时节，人们在挖掘根茎时可能会挖到穴居动物的洞穴，造成
感染。哈民先民的悲剧代表了红山文化崩溃后人们的选择。

为什么红山文化的发展不能更进一步呢？如中原地区一样，出
现夏商周这样的王朝呢？这恐怕要归因于其环境条件与经济基础。
红山文化所在的区域是生态交错带，气候本身就不那么稳定，而
稳定的气候是发展农业的首要条件。农业回报是延后的，春天播
种，秋天才能收获。如果没有确定无疑的回报，没有人会选择农
业。全新世大暖期的气候较为稳定，但是随着大暖期结束，气候趋
于干旱。史前农业难以为继，以之为基础的社会政权自然也会土崩
瓦解。下一个复杂社会阶段是相当于夏商时期的夏家店下层文化时
期，此时气候又趋于湿润，农业条件得到改善。从石器工具来看，
夏家店下层文化时期有了原始的精耕细作农业，人们在河谷地带耕
种，引水灌溉。相较而言，红山文化缺乏这样的工具，所以气候条
件不是唯一的因素，没有发展出相应的耕作技术是更重要的原因。

红山人口在增加，但不像华北地区有华北大平原来耕作，在辽西地区，低平的区域是科尔沁沙地，并不适合广泛的农耕。这些自然地理约束决定了红山文化不大可能发展为更大规模的复杂社会。

红山模式

红山社会是以农业为基础的，尽管其农业基础与同时代的华北和长江中下游地区相比要稍微薄弱一些。但这个社会已经出现了专业化的手工业，那就是玉器制作。在没有动力机械辅助的情况下，纯手工制作玉器是非常耗时的，玉器工匠不可能是业余制作者（见图 6-15、图 6-16）。红山的聚落体系也出现了等级分化，但是辽西地区没有古城，而同一时期的长江中下游地区、华北地区，甚至陇东地区却出现了规模宏大的古城。石峁古城的年代稍晚，除此之外，陕北发现了一系列古城。为什么辽西地区没有出现古城呢？苏秉琦先生的古文化-古城-古国三部曲发展路径就是在辽西地区有了红山文化的重要发现之后提出来的，偏偏红山文化没有古城，实在有点匪夷所思。古城是较为明显的考古遗迹现象，一般是不容易错过的，除非它被其他时期的文化遗存叠压着，比如说在辽西地区分布着极为广泛的夏家店下层文化。如果红山文化真的有城址，那么所有城址都被后期文化层叠压着，这个概率实在太小了。红山文化时期本身就没有城址的可能性似乎更大。之所以没有，最直接的原因应该是不需要。

图 6-15　红山文化的玉箍形器
（长 10.6 厘米，牛河梁遗址
第二地点 1 号冢 21 号墓出土）
资料来源：国家文物局、中华人民共和
国科学技术部、辽宁省人民政府编《辽河寻
根　文明溯源——中华文明起源展》,第 104 页。

图 6-16　红山文化的玉猪龙
资料来源：国家文物局、中华人民共和
国科学技术部、辽宁省人民政府编《辽河寻
根　文明溯源——中华文明起源展》,第 111 页。

　　红山文化为什么不需要城墙呢？难道这里不需要安全防卫？也
许红山社会还真不需要，它已经解决了安全问题。而解决这个问题
的唯一策略就是宗教，因为在红山文化发现了坛-庙-冢一体化的大
型祭祀中心。在整个牛河梁地区发现的一系列遗址，都与祭祀相
关，李新伟称之为"圣地"①。整个圣地成为辽西地区的社会政治中
心，是通过众多祭祀仪式实现的。如果这个地方人口分布并不密

————————

　　①　参见李新伟：《仪式圣地的兴衰：辽西史前社会的独特文明化进程》,上海古籍出版
社，2017。

集，农业也不是很发达，那么一般说来，是不大可能进入复杂社会的。距今 6 000 年前后，文化意义上的中国已经形成，不同区域之间建立了广泛的交流网络，尤其是在其社会上层之间。这也就意味着，参与这个交流网络的所有社会之间会有一种"拉平效应"，就像如今参与全球产业链分工的国家与地区之间一样，社会制度必定形成一定的共性。因此，这里我有一个推测，那就是红山文化因为参与到文化中国的互动中，其社会复杂性提前成熟了。为了维护社会认同，红山社会主要在宗教方面下功夫。

宗教在促进社会认同方面的作用是有目共睹的，历史与现实中都有不少成功的案例，尤其是在人口相对稀疏的区域。由此，这也就构成红山模式的独特性，即高度强调宗教的作用。所有无政府社会都面临着一个严峻的问题，那就是如何把一盘散沙的人群组织起来。良渚社会曾经成功过，因为水患的威胁足以让人们团结起来，后来失败了；屈家岭-石家河社会可能成功了一半，因为自然不可抗力太强；中原地区务本，紧抓农时，实现天人的协调，最终获得了成功。求神、求己，软硬两种手段都要用，没有哪个社会只靠一种手段就能获得长期的成功。越是早期的政权，越会利用神权的手段。原因非常简单，这种做法成本最低，而且有效。但是神权具有先天的脆弱性，最大的挑战来自神权所依赖的关系不能断裂。当年西班牙殖民者靠着欺骗的手段把印加帝王抓了起来，勒索赎金，收到赎金后又言而无信杀死了印加帝王。这对印加社会的打击极为沉重，民众笃信帝王的神权——无所不能的神权，顷刻之间彻底崩塌，印加社会走向了瓦解。无法应对水患的良渚神王想继续保留其"魔力"是不可能的。屈家岭-石家河社会似乎尝试了许多种神权联系，但最终也没有完成社会整合，倒是留下了极为丰富的且具有想象力的神权形象。中原地区气候相对稳定，神权最终落实在农时的准确制定上，代替上天建立了稳定的世界秩序，包括自然与人的社会。

相较而言，红山社会似乎坚定地选择了神权，这里有点像美国西南部，气候干旱且反复无常，印第安土著男性的一项重要任务就是求雨。红山神巫们的主要责任恐怕也是祈求风调雨顺，他们有能力与天地沟通，每天努力与上天打交道，供奉祭品，不断举办仪式。除此之外，他们似乎什么也做不了。兴修水库可以应对旱灾，但这在当时是不可能的，甚至连开垦河谷中便于灌溉的土地、进行精耕细作这样的工作也是直到夏家店下层文化阶段才得以实现。在气候适应期，这么大费周章实在没有必要，辽西土地资源丰富，除了农耕，还非常适合狩猎采集。上天是如此慷慨，或者说改造环境的成本实在太高（至今都没能完全实现），于是，红山社会不得不选择宗教。但是，随着气候条件的恶化，神权的基础垮台，统治的合法性丧失，整个社会只能分崩离析。值得强调的是，早期的复杂社会对神权的依赖程度各不相同，如印加社会，虽然号称帝国，但其权力的合法性仍然高度依赖神权。对于史前中国文明而言，不同文明中心所采取的策略有很大的区别，并不存在一个统一的模式（红山是一个极端，或者是一种实验），但都是为了实现社会整合的目的。完成这个任务即便对于当代人类社会而言，仍然是困难重重。

红山文化的遗产

历史上，辽西是中原政权与草原、东北游牧民族的战场，是契丹的龙兴之地，是整个欧亚草原农耕与游牧交错带的最东端。当我们回首红山文化的遗产时，需要将其放在整个中国历史进程中进行考察，需要考虑到红山文化所在的区域特征及文化发展史。早在兴隆洼文化阶段，辽西地区先民就已经开始在墓葬中随葬玉器，这种传统在红山文化阶段更是达到了顶峰，出现了"唯玉为葬"的现象，也就是墓葬中只随葬玉器。虽然红山文化也有制作精良的陶器与其他石器，但当时的人们似乎只看重玉器。中国历史上有稳固的玉文化传统，《周礼》中记载有六种玉礼器，都可以追溯到史前时代。王国维在考证甲骨文时认为"礼（禮）"字就是豆上盛放着两串玉。中国玉文化至今不衰，中国是世界上用玉最普遍，用玉历史最悠久的国家。近年来，黑龙江饶河小南山遗址发现了更早的玉器（见图 6-17），年代在距今万年前后，似乎表明东北地区的渔猎狩猎采集群体很早就表现出了一定的社会复杂性，由此开始利用玉石。其社会复杂性还表现在诸如人头骨的人工变形上。如果兴隆洼文化的玉石传统来自东北地区的话，那么也就更好地印证了辽西不仅是生态交错带，也是文化交错带。玉石可以传播，社会复杂性也会传播，而农业的发展更有利于社会复杂性的发展。关于玉石在中国文化中的重要性已有许多论述，《礼记·聘义》中记载了孔子答子贡的话，孔子把玉比为君子之德，从质地、光泽、结构、声响等几个角度做了经典的论述，这里就不赘述了。我将玉石看作中国文化精神的物化表现形式，玉石寓意着刚健、仁爱、中和、和平等。

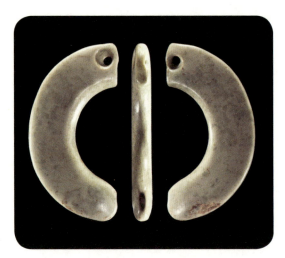

图 6-17　黑龙江饶河小南山遗址出土的玉坠
资料来源：李有骞提供。

对于我来说，有趣的不是玉石成为中国文化精神的象征，而是为什么会如此？长江中下游地区是否受到辽西地区的影响，我们不得而知。从考古材料中的确可以看到某些器物形制与纹饰的相似性，但不好解释的是，山东地区新石器时代玉器还很罕见，因此，除非古人通过海路交流，否则不足以解释文化交流是如何发生的。不论是否存在交流，都需要解释为什么史前中国先民如此偏爱玉石。在史前中国文明的起源阶段，社会权力的表现形式无疑更多是神权，神权的获得很多时候要与首领的威望联系在一起。塞维斯在《国家与文明的起源：文化演进的过程》(*Origins of the State and Civilization: The Process of Cultural Evolution*) 中认为，首领在分配剩余产品中获取了更大的权力。后来有研究者质疑这一点，在交通运输十分不便的史前时代，要实现资源的再分配，成本是难以承受的，从考古材料中看到的更多是威望物品的再分配（就这一点而言，古今似乎并没有什么区别，现在分配的是诸如货币这样的通货）。玉石的材质能够很好地体现神权的特征，它不像青铜那样具有炫耀性（刚铸造出来的青铜器金光灿烂）。玉石光泽温润，就像美德一样，符合早期文明社会神王的身份属性，如古史传说中的尧、舜，他们本身就是当时的道德典范。史前中国的农耕社会自给自足，圆满自在，契合玉石的属性。也许正是出于这些原因，中国古人选择了玉石，而红山文化正是这种文化的载体。

红山文化的遗产还有庙坛建筑，红山在这种后世普遍应用的仪式建筑上开了先河。前人相关的论述比较丰富，归纳起来说，就是红山的神庙已经初步具有宗庙的属性，与祭祖相关，祈求祖先保佑，风调雨顺，人寿年丰。祭坛运用方圆组合，是祭祀天地的地方。天文考古学者冯时提出牛河梁的三环石坛表示了太阳在分至日的周日视运动的轨迹[①]。我则特别在意牛河梁遗址建筑规则中对数目"三"的运用，我们曾经研究过白音长汗遗址出土的兴隆洼文化的陶器纹饰与聚落空间布局，也注意到数目"三"出现的频率非常高，如陶器纹饰的三段式、之字纹的三折、室外与室内空间的三分，如此等等[②]。老子《道德经》有言："道生一，一生二，二生三，三生万物"。思想史家庞朴先生提出中国传统的思维方式不同于西方的二元对立，而是三分的[③]。

祭坛是"绝通天地"的地方，几乎所有的文明中心都有类似的沟通天地的需求，只是方式各不相同，在历史的长河中大浪淘沙之后，红山文化的方式很大程度上得到了保留。如果我们要明确红山文化对后世中华文明的贡献的话，应该可以得到一个较为确实的结论，那就是意识形态方面的。为什么是这个方面的呢？因为红山社会在这个方面做了最大的努力。红山先民生活在一个资源条件不那么稳定的区域，隔几年就可能发生干旱，如果应对失策，人们就可能挨饿。而这个问题是很难在具体层面得到解决的，人们可能有更加多元的生计方式，选择在广阔区域内分散种植（耕地之间相隔很远），种植与驯养更多样的物种，发展更广泛的社会结盟，如此等

[①] 参见冯时：《红山文化三环石坛的天文学研究——兼论中国最早的圜丘与方丘》，《北方文物》1993 年第 1 期。

[②] 参见陈继玲、陈胜前：《兴隆洼文化筒形罐的纹饰艺术分析》，《边疆考古研究》2012 年第 1 期。

[③] 参见庞朴：《一分为三——中国传统思想考释》，海天出版社，1995。

等。民族志研究表明他们可以采用这些策略，但都无法改变资源条件——这是由自然环境（天地）决定的。于是乎，这里的先民就要与天地沟通，古人凭借朴素的天、地、人具有一体性的理念，通过大量的仪式求天问地，试图解决这个问题。这种原始宗教是天文学、哲学的前身。与此同时，大量仪式也极大地增进了群体的社会认同，消弭了社会矛盾。对于生活在生态交错带的人们来说，灾荒之时的相互协助对于生存来说是必不可少的，能够获得广泛认同的仪式活动无疑是有效手段。"国之大事，在祀与戎"，祭祀是排在军事前面的。一个职业的宗教阶层由此产生，不知不觉中整合了整个红山社会，形成了广大区域内的物质文化特征的统一性。这样的社会可能并不符合我们对国家的经典定义，但它属于复杂社会的范畴。

　　龙是中华文明的经典形象。辽西地区发现了中国最早的"龙"，红山文化有很多有关"龙"的遗存，在"女神庙"中发现了泥塑的龙，郭大顺先生认为是"熊龙"，玉器中有许多成为玉猪龙的器物，其中最经典的是在内蒙古自治区赤峰市翁牛特旗赛沁塔拉嘎查（或称三星塔拉）发现的那一件，龙头上有长长的鬣毛。玉猪龙是不是龙，研究者们的观点并不一致。林沄先生把它与早期文字"龙"的写法相对照，认为不是龙，至少翁牛特旗的那件应该叫作玉蟠[①]。《狼图腾》的作者姜戎在小说的最后附有一篇很长的论文，他以自己

---

① 　参见林沄：《所谓"玉猪龙"并不是龙》，载中国社会科学院考古研究所编《二十一世纪的中国考古学——庆祝佟柱臣先生八十五华诞学术文集》，文物出版社，2006。

在草原生活的体验为基础，提出玉龙表现的其实应该是狼，也可备一说。有中华民族图腾之称的龙实际是文化融合的产物，而红山文化阶段还是不同文明中心形成的时候，还没有开始全面的融合（见图 6-18）。因此，这个阶段龙的形象还只有雏形，即便是山西襄汾陶寺遗址出土的那件著名的龙纹陶盘所描绘的龙也不像后世所说的龙（见图 6-19）。我们知道的龙是文明大融合之后的产物，它由鹿角、牛耳、蛇身、鱼鳞、鹰爪等组成，集合了中国大江南北不同动物的特征。红山文化是龙形象传承的重要阶段，从某种意义上说，它提供了可识别形象的主体。

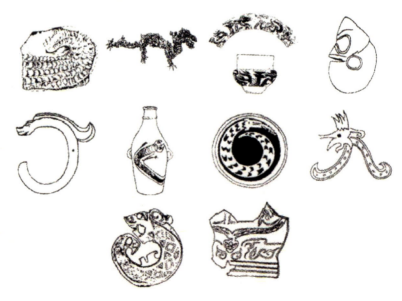

图 6-18　早期的中国龙形象

资料来源：国家文物局、中华人民共和国科学技术部、辽宁省人民政府编《辽河寻根　文明溯源——中华文明起源展》，第 45 页。

图 6-19　山西襄汾陶寺遗址出土的龙纹陶盘

资料来源：何驽编《陶寺物华：陶寺遗址出土文物类全概览》，科学出版社，2022，第 7 页。

石家河模式

现象学的方法

我去过石家河多次，并在大洪山南麓的京山、钟祥、屈家岭以及峡江的出口松滋一带做过调查，对当地的环境、风土、物质遗存有直观的了解。因此，我想从我的真实感受说起，让认识回到直接体验本身，这接近考古学上所说的现象学的方法。现象学的方法强调还原，回到人本身，而不是仅仅依赖所谓"科学客观的"语言。想要描述辣椒的辣度，再好的定量方法都不如亲自尝一尝。"纸上得来终觉浅，绝知此事要躬行"，中国古人深谙此理。如今，我们在考古报告与研究论著中绝少看到涉及直接体验的文字，因为这样不免显得太"主观"。实际上主客观之间是辩证相依的，简单地强调某一方面而否定另一方面无疑是失之偏颇的。近代化或现代化的进程把二元对立发挥到了极致，主客体完全分开，甚至失去了直接的联系。物极必反，这也正是现象学与后现代思想发生的背景。这样的思想也影响到了考古学，与之相应，后过程考古学中出现了现象学的方法。考古学研究直面物质遗存，以及物质遗存所在的景观，很适合运用这种方法。

初识石家河

如今中国已进入高铁时代，但要去石家河却不是很容易。首先你需要去天门，而高铁天门南站离天门市区还有三十多公里，离仙桃（原名沔阳）市区倒是很近，只有几公里。仙桃的高铁站离天门市区其实更近一点，但因为过河不便，所以还是要坐到天门南站。这里的出租车司机因为每天都要在天门市区与高铁站之间往返多次，所以对路况极熟，车子开得几乎要飞起来，让人心惊肉跳。从天门市区到石家河还有二三十公里，这段路上的行车并不多，但是路况不好。江汉平原上缺乏石料，要搞建设，都需要从外地拉石料过来。拉石料的重载卡车要穿过石家河镇，平原的路基不那么坚实，于是路上形成了许多大大小小的坑，驾驶小轿车需要格外小心，绕来绕去，有点像坐过山车，不知现在路修好了没有。所以，石家河古城要建设成国家考古遗址公园，交通问题是第一关。

如今的石家河是个小镇，有条小河穿过。在我第一次去之前，据说发过大水，然而我看到的小河沟已经没有多少水了，很难想象这里的水面会暴涨五六米。小镇既不临江，也没有滨湖，突如其来的大量降水，无法排泄，的确有可能形成洪水。古环境研究显示，遗址的南面曾经有湖泊分布。湖北素有"千湖之省"的称号，长江出了三峡之后，进入江汉平原，流速陡降，形成了九曲十八弯的荆江，沿江留下了许多湖泊，包括一度浩瀚无垠的古云梦泽。经过历史时期的反复开垦，古云梦泽早已变身良田，只留下若干小型的湖泊。处在季风气候区的长江中下游地区夏季降水集中，江汉平原上的湖泊是蓄洪的地方。在没有堤防的时代，洪水泛滥的范围是难以确定的。石家河所在的天门市是湖北省有名的侨乡，有不少人在海外发展，省内不少其他地方也有天门人。究其原因，是因为历史上天门洪水多发，遇到灾年，人口不得不外迁。

洪水的影响是巨大的，其中一个有趣的现象就是当地的建筑景观。天门人以精明而闻名，但就精致程度而言天门的民居明显比不上江汉平原西部的民居。我们从天门到松滋，一路上可以看到民居由较为粗放逐渐变得精致。如果不是连续观察，还真的很难发现这样的区别。可以理解，住在洪水泛滥区域的居民实在没必要在房屋建设上投入太多，一场洪水就可能把一切摧毁。越往西走，地势越高，越不易受洪水影响，居民在居所上投入有一定的保障，而且这些逐步改善的建筑也能被保存下来，于是我们看到这里的居所更精致。文化发展无疑需要稳定的自然环境，这是基本的条件。

长江中游地区的江汉平原是个盆地，洪水一旦来临，如果来不及向下游排泄，就不得不由盆地容纳。相较而言，长江下游地区离海洋近，排水条件更好，不那么容易受到洪水的侵害。历史时期，长江下游形成了富甲天下的江南，而长江中游则一直没有解决洪水泛滥的问题。随着人口的增加，农业人群需要更多的耕地，向湖区挺进是从距今 8 000 多年的彭头山文化就已经开始的趋势。修建防洪大堤需要巨大的人力、物力与复杂的技术，这个问题直到 20 世纪末才得以解决。历史上人们采用的策略是修建垸子（有的地方称作"圩"），就是在地势低洼的地带修建一圈堤防。垸子抵御一般的洪水是可以的，但遇上特大洪水就无能为力了。这样的自然条件一定程度上限制了当地文化的发展。

洪水无疑是影响长江中游文明化的关键因素。从城背溪文化、大溪文化、屈家岭文化，到石家河文化，乃至更晚期的楚文化，在湖北境内的主要分布区都偏向江汉平原的西部、北部，正好都是地势较高、长江与汉江洪水不易淹没的区域。当然，这不等于没有人群深入江汉平原地区，也不等于可以免受诸如百年一遇大洪水的影响。洪水始终是江汉地区史前人类社会需要考虑的主要问题。

石家河古城印象

第一次开车走在石家河古城内，老实说，完全没有感觉到这是一座古城。城内散布着若干普通得不能再普通的村落，村落外就是农田，阡陌纵横，很难想象脚下是一座距今 4 300 多年的古城。唯一引人注意的是若干高起的垄岗，而这也不难解释，因为石家河位于大洪山山麓的延伸地带。从大洪山往南，一路上可以看到山地、丘陵、垄岗再到平原的地形变化。垄岗地形本身就呈条状，有点像城墙的样子，只不过垄岗的走向是一致的。20 世纪 50 年代，通过考古发掘与调查发现这里有城墙。古人采用夯土筑墙的技术，夯土中还有年代更早的器物碎片，清晰地显示了城墙的存在。石家河古城面积达 120 万平方米[①]，北京故宫的占地面积约为 72 万平方米，这座古城比 1.5 个故宫还大，但不到两个故宫的大小。这个面积放到现在，感觉好像也不大，更何况城内并不都是建筑。在良渚、石峁、陶寺古城等发现之前，石家河古城曾是距今四五千年的史前中国最大的城址（见图 6-20、图 6-21）。与这些后来发现的大城相比，石家河古城又好像规模有限，档次不够。

需要注意的是，在石家河古城周边地区还发现了约 20 座古城，规模相对较小，而这是良渚无法比拟的。目前有种观点认为，石家河文化时期，江汉平原一带邦国林立，石家河只是规模最大的一处，对周边的邦国没有绝对的控制力，而不像良渚文化时期一开始就建立了中心化的统一的组织机构[②]。古城内目前还没有发现宫殿建筑与大型陵墓。我第一次去的时候，正好是印信台遗址发掘后，看到著名的套缸遗迹——类似排水管一样的相互套接的陶缸（见图 6-22），边上还有一些瓮棺葬，至少在一处瓮棺中发现了数件精美的玉器。现在的研究普遍认为，这是一处祭祀遗址，瓮棺也可能

---

① 据光明网 2023 年 3 月 9 日的报道，石家河古城考古取得新进展。最新考古发现确认石家河古城城址由内城、城壕（护城河）、外郭构成，总面积为 348.5 万平方米。

② 参见郭伟民：《一体化，还是多样性——长江中游新石器文化进程反思》，《江汉考古》2021 年第 6 期。

与祭祀相关。"印信台"这个名字描述了遗迹所在位置的地形，就像是印台一样的方形土堆，位于古城的西城墙外，地势较高，适合做祭祀场地。

对于早期国家或其他形式的复杂社会而言，强有力的、中心化的权力还没有有效建立起来，采用仪式的方式来强化权力与群体认同是较为现实的策略，正所谓"国之大事，在祀与戎"。石家河没有

图 6-20 石家河古城遥感地图

资料来源：湖北省文物考古研究所编《湖北史前城址》，科学出版社，2015，彩版二。

图 6-21　石家河古城的城垣与外壕

资料来源：湖北省文物考古研究所编《湖北史前城址》，科学出版社，2015，彩版三。

图 6-22　石家河遗址套缸出土场景

资料来源：湖北省文物考古研究所、北京大学考古学系、湖北省荆州博物馆编《邓家湾》，文物出版社，2007，彩版九。

发现明显的专门化的兵器，在较晚的阶段发现了各种样式的箭头，尤其是尖锐的菱形箭头，可以射穿一般的甲胄。暴力在这个时期应该是存在的，否则就不用修建城墙了。我们通过民族志研究可以知道，族群之间的冲突如果不断恶化，进入冤冤相报的恶性循环，最后就只能以一个族群吞并或赶走另一个族群而告终。当然，不排除另一种可能性，即鹬蚌相争，渔翁得利，第三方力量趁着恶斗双方两败俱伤之际，把双方都吞并了。石家河古城代表了什么样的社会发展阶段呢？仅凭目前还不够充分的考古发现，很难做出准确的判断，不过根据其基本的发展程度，还是可以确立一个大致的框架。石家河文化分布的范围将近 20 万平方公里，具有类似的器物组合特征，大致可以代表有基本文化认同的社会边界，即大家都可能认同自己属于某一个具有广泛意义的群体，尽管可能不在同一个政权管辖下。

石家河遗址中一直没有发现良渚文化中那样高等级的墓葬，有的墓葬规模稍大一些，但随葬品并不是很丰富。大概是在 2018 年前后，当时正在发掘一处墓地，其中有一处遗迹的开口比较大，很像是一处大墓。大家都很兴奋，以至于我们提前吃了一只羊来庆祝（当时是在春节前夕），后来听说这并不是一处大墓，而是一段沟。以后的考古工作有没有可能找到大墓呢？从既有考古迹象来看，可能性并不大。良渚在发现大墓之前，已经发现了大型的玉器，如玉琮。比良渚文化更早的崧泽文化阶段，就已经有随葬丰富玉器的大墓。在长江中游地区，比石家河文化更早的屈家岭文化阶段，就没有类似的发现。是不是说，没有大墓，就说明石家河文化的社会复杂化程度较低呢？不能这么绝对。还需要全面地看，墓葬只是其中的一个指标，不是每个地方都会同等程度地用墓葬来体现社会等级。同一时期的中原地区，墓葬的等级化现象也不如良渚突出。

长江中游地区拥有中国史前最早的城池，湖南澧县的城头山古城，年代早到距今 6 000 多年。虽有观点认为该城池与防洪有关，但从城墙的分布与结构来看，防洪显然不是首要目的。如果是为了居住，筑起高台就可以了；如果是为了保护耕地，修建的应该是圩堤，规模应该大得多，更何况当时长江的河床要比现在低一二十米，洪水的压力还不是很大。修建城墙的主要目的应该还是防卫。上古时代在早期国家诞生之前，人类处于无政府状态。一方面，民风淳朴，人们按照传统的规则行动，处理纠纷时没有法律，而会更注重矛盾双方的协商；另一方面，如果协商不成功，就可能陷入相互报复的仇杀中，而且会持续许多年。贾雷德·戴蒙德（Jared Diamond）在《昨日之前的世界：我们能从传统社会学到什么》（*The World Until Yesterday*: *What Can We Learn from Traditional Societies*）中讲述了他所了解到的新几内亚的状况，比较了无政府状态与现代国家的社会矛盾处理机制，从伦理的角度来看，各有优劣；单从管控效率的角度来看，无政府状态可能带来长期的冤冤相报，造成人口的损失比例比经历了两次世界大战的 20 世纪还要大得多①。澧县所在的湖南，自古就民风剽悍，为了防御敌对族群的偷袭，修建一座有利于监视与防守的城池，无疑是有好处的。城头山不会是当时唯一的城池，因为一旦有一个族群这么做了，其对手马上就会针锋相对，也这么做。

从城头山到石家河又经过了超过 1 500 年的发展历史，其间，不断有城池建设起来，屈家岭文化时期就有古城被发现，石家河文化时期可以说到了成熟与爆发的时期。考古发现的古城某种意义上近似于抽样，可窥见当时社会发展之"一斑"，我们要通过这"一斑"去窥见"全豹"。众多城池的修建至少可以说明当时的社会冲突众多，古人似乎还没有找到解决这个问题的好办法。石家河古城是其中最大的一座，与其他古城相比，还没有形成压倒性优势。石家河遗址的祭祀遗迹可观，是否可以说这是在试图通过意识形态领域的建设来解决问题呢？但其规模有限，似乎不足以处理不同部族或古国之间的矛盾。

石家河的器物

石家河遗址出土的日用陶器给人的感受是，这些就是普通的器物，没有什么高下之分，很难看到山东龙山文化中那样精致的、蛋壳一般轻薄的陶杯。但在石家河遗址的确发现了许多陶杯，如果加上残破的，数量惊人。这种陶杯的形状有点像喝伏特加的酒

---

① 参见贾雷德·戴蒙德：《昨日之前的世界：我们能从传统社会学到什么》，廖月娟译，中信出版集团，2022。

杯，就其功能而言，也很可能是酒杯（见图 6-23）。印信台遗址就有发现，先民们在举办仪式的时候会一起喝酒。即便如此，石家河遗址出土陶杯的数量委实太多，仅仅自己用，似乎有点用不过来。陶杯的形制与制作并不怎么精致，不像是只供精英阶层使用的，考虑到它的数量，有理由认为普通民众也是可以使用的，甚至这些陶杯可能是贸易的对象。

图 6-23　石家河遗址出土的斜腹杯

资料来源：湖北省荆州博物馆、湖北省文物考古研究所、石家河考古队、北京大学考古学系：《肖家屋脊》下册，文物出版社，1999，图版七九。

之所以这么说，有一个重要理由是，石家河发现过类似于砝码的器物。这是一套形似钱币的陶器，从小到大，有十多个。它是否用作砝码，尚不得而知，但其大小变化，很有利于计数，在贸易交换的过程中用得上。长江中游地区河湖纵横，便于运输，通过长江，还可以进行长距离的交换。长江中游一带发现过陶筹，说明贸易交换在这一带是确实存在的。沿江顺流而下，几天就可以到达数百公里开外的地方。不过，从文献来看，即便是历史时期，人们还是有点害怕在江上航行。用于湖上航行的小船的确难以应付江上的波涛。好在长江中游有许多湖泊，很适合往来交流。如果我们说石家河先民是注重贸易交换的，那么这是因为它有进行贸易的地理基础。石家河位于随枣走廊的东端，从陆路可以进入中原地区，向南沿着河湖系统，可以深入湖南。若是沿江而行，西可以入巴蜀，东可以下江南。如今武汉是"九省通衢"，基础是长江与铁路。在石家河文化时期，长江的重要性还相对有限，陆地、湖泊以及风浪较小的长江支流，发挥的作用更大。如果从这个角度来看，石家河就处于一个极为有利的位置，它是区域的交通中心。

　　说石家河是一个交流中心的最明显的证据是玉器。想起我第一次见到石家河遗址出土的玉器实物，还是有点惊讶的（见图 6-24）。在见到实物之前，我在石家河工作站展示大厅的墙壁上已经看到一些照片，故而当同仁带我到库房参观实物的时候，我自然是充满了期待。我们经过层层铁门，走进一间大库房，空荡荡房间的角落处有个保险箱。工作人员打开保险箱，拿出一个锦盒，打开包裹，我看到了玉器。与墙上硕大的照片不同的是，石家河的玉器都很小，长度几乎没有超过 10 厘米的。与之前我见过的红山、良渚、凌家滩的玉器相比，完全不像是一个文明中心所应该拥有的规模。但

图 6-24　石家河遗址出土的玉器

资料来源：湖北省文物考古研究所、北京大学考古文博学院、天门市博物馆编著：《石家河遗珍：谭家岭出土玉器精粹》，科学出版社，2019，第 53 页。

是，同样让人震惊的是，石家河的玉器加工十分精致，专业化的水准与其他文明相比有过之而无不及。在肖家屋脊遗址发现过数量较多的玉器，包括一些边角料，这里可能是加工玉器的作坊区。石家河有专业的工匠，可能因为玉料来源受限，所以玉器的尺寸都比较小。

有一点尤其值得关注，那就是玉器上的纹饰，这些纹饰上承高庙文化的白陶，下接商周时期的青铜器。我们都知道商周青铜器上流行饕餮纹，但饕餮纹是怎么来的？其源头恐怕要追溯到湘南的高庙文化（见图 6-25）。在史前文化中，早到距今 8 000 年的高庙文化是个神奇的存在，当同时代其他地区（特别是中原地区）陶器的样貌还比较朴素的时候，它的陶器装饰已经非常成熟，陶器表面与底部常常有繁缛的纹饰，这些变形的动物纹样与后来商周青铜器上的饕餮纹几乎如出一辙。不过，从高庙文化时期到商周时期，不仅时间相差好几千年，而且空间上也相距上千公里。石家河的玉器纹饰填补了两者之间的空白，也解释了为什么南方一隅的陶器纹饰会成为中原青铜器纹饰的主题。石家河作为一个交流中心，把这种纹饰传到了中原。中原为何要用湘南的纹饰呢？不仅仅因为纹饰的装饰技术非常新颖、成熟，更因为它提供了一种中原地区没有的威慑力。类似的例子如墨西哥高原上的文明采用南部热带雨林地区的动物纹饰，热带雨林神秘、危险，能起到很好的威吓效果，这是高原地区的动物所不具备的。中原地区汇入了来自南方的神秘文化，以增强自身的权力。在夏商周文明集大成的过程中，石家河发挥了桥梁作用。

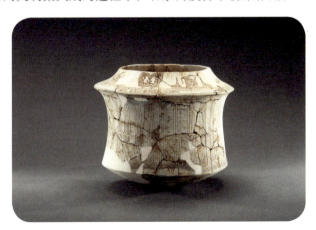

图 6-25　湖南桂阳千家坪遗址出土的高庙文化陶器

资料来源：尹检顺提供。

石家河与荆楚文明

去过湖北省博物馆的人都会注意到这里有关楚文化的陈列令人震撼，陈列的器物精致瑰丽、气象宏大，无论是青铜器、漆器、织物，还是蜚声中外的编钟。"楚虽三户，亡秦必楚"，楚文化的器物显示出充沛的生命力，让人不禁感叹：后来能推翻秦政权的果真还是楚地的人。八百年的楚文化是江汉文明的高峰，它的直接源头就是石家河文化。石家河还处在汉江之滨（离现在的汉江还有几十公里，石家河古城时代可能还是湖区），到了楚文化阶段，中心南移到长江之滨的荆州。这也反映了古人在航运方面的进步，他们能更好地利用长江。从地理位置来看，荆州向西可以深入巴蜀，向南经洞庭湖可以进入三湘，向东沿江而下可达下游区域，向北经随枣走廊可以问鼎中原，其重要性直到最近几百年才被武汉超过。

按照古史传说，荆楚一带是三苗之地，相传尧、舜、禹都征讨过三苗，到大禹时才获得胜利。从考古材料来看，在石家河文化时期，这个地区可能还没有形成如良渚那样统一的政权，而是有若干较为强大的地方政权，如石家河，以及更多较小的政权，它们之间相互结盟，形成了广义的"三苗"。石家河为什么没有统一长江中游呢？前面已经讲过，长江在江汉平原地带的不定期洪水泛滥使得要形成稳定的政权较为困难。地理条件不是决定因素，但对于早期文明而言，其影响还是显著的。如果政权本身建立起来的范围一夜之间就可能被洪水分割，百姓被驱散，那么建立统一的政权就非常不现实。还有一个问题就是，长江中游地区的疾病压力相当大，农业产生的静水环境会滋生蚊虫，也有利于血吸虫的宿主钉螺的生长，并且农业带来的定居生活也有利于传染病的扩散。疟疾、血吸虫病、痢疾等疾病严重影响了当地人的健康。我是在长江边长大的人，祖辈是医生，知道这个地区的医疗系统都设有血吸虫病防治站。因为缺乏清洁饮水，以前来医院看病的大多是胃肠道感染。疾病压力大，人的寿命就短，劳动力就少，对文化发展肯定是不利的。社会分化一定程度上减少了社会上层的疾病压力，但总的来说，长江中游的自然条件比长江下游和华北地区更恶劣。

自然条件虽然很有挑战性，但长江中游毕竟还不是热带地区，这里有河湖之利，土壤肥沃，资源丰富。长江中游是稻作起源的主要区域，湖南道县的玉蟾岩、江西万年的仙人洞与吊桶环发现了早于万年前的稻作遗存。8 000 多年前，这个区域形成了两支成熟的新石器时代文化，北部的城背溪文化与南部的彭头山文化，湖北与湖南的文化分野在这个时候已经出现，其后分分合合，共同构成了荆楚文明的文化发展脉络。长江中游是中国文化传统中浪漫主义的发源地，这一点非常引人注目。考察中国史前时代的艺术发展，距今 8 000 年的高庙文化就出现了极具想象力的陶器装饰，一直影响到商周青铜器的纹饰。后来的大溪文化阶段，彩陶装饰同样如此，充满灵气，跟中原地区的规整、庄重有所不同。如果说中国北方产生了强调务实与礼仪的儒家文化传统，那么长江中游则产生了强调浪漫与超越的道家文化传统。儒道互补，这是中国文化传统的一根轴线，其渊源可以追溯到新石器时代，石家河是中华文明这条发展脉络上的一个里程碑。

中原模式

　　我们现在习惯上说的中原一般是指河南省及其毗邻地区，如山西南部、河北南部、山东西部。这个概念暗含着位处天下之中的意思，而今天中国的地理中心在陕西，离这里倒也不远。这是不是说中国古人对自身版图的认识和现在差不多？习惯上，我们把中原看作华夏文明的中心区域，甚至发祥地与摇篮。这个认识有多可靠呢？我们知道，从南宋时期开始，中国的文化中心已经南移，江西、福建等地印制的书籍精美无比，心学、理学的宗师也是南方人。近现代，中国的文化中心转移到沿海地带，那里有发展工商业的有利条件，如今北、上、广、深四个超一线城市都在沿海地带（北京离海稍远一点）。之所以先从已知的历史说起，是想说明一件事，即文明的中心区域是变化的，它也是历史发展的产物。中原作为中华文明中心区域的时间是从夏商周到北宋结束。我曾注意到这个阶段的都城东不过开封，西不越咸阳，两者之间的中点基本就是洛阳，所以这附近有世界文化遗产"天地之中"历史建筑群（如今归郑州市管辖）。这个规律是否适合更古老的中国文明史呢？显然不适合。这里就想说一说夏朝之前的中原。

中原中心论

从夏商周到汉唐，没有人敢说中原不是中国文明的中心区域，这是需要尊重的历史事实。中国考古学史上通常把 1921 年视为中国现代考古学的元年，因为这一年发现了河南渑池仰韶遗址。1926 年，李济先生发掘了山西夏县西阴村遗址，这是第一次由中国考古学家自己主持的发掘。之后开启的河南安阳殷墟的长期发掘，培养了中国第一代考古学家。这三项具有重要学术意义的考古工作都发生在中原地区。中国考古学诞生之始似乎就是以中华文明探源为目的的，而研究者的工作区域都是中原，所以在考古学上，中原中心论或明或暗地长期居于主导地位也就不足为奇了。徐旭生先生仔细研究了中国古史文献，写成《中国古史的传说时代》一书，他提出夏的中心应该在晋南、豫西一带[①]。20 世纪 50 年代，他带队到这一带调查，发现了著名的二里头遗址。学术史上关于二里头遗址的文化性质的争论特别多，不过总体趋势是，越来越多的人承认，二里头遗址是夏朝的都城，只不过是夏晚期的都城。其年代经过反复碳 -14 测年之后，从公元前 1900 年退到了公元前 1850 年，没有原来认为的那么早。即便如此，这个年代范围也超过商代的纪年范围。

---

① 参见徐旭生：《中国古史的传说时代》，广西师范大学出版社，2003。

　　当然，二里头与夏的关系是另一个问题。它之所以与中原中心论牵扯到一起，是因为中原中心论存在一个前提，即二里头就是"最早的中国"，或者说夏朝就是中国文明之始。夏是中国文明发展的一个重要阶段、一个里程碑，但不是中国文明的起源阶段。20 世纪 80 年代，辽西地区发现红山文化的坛-庙-冢遗存以及丰富的玉器，苏秉琦先生基于他的六大考古学文化的"区系类型"，进一步提出"满天星斗"说，认为中国文明的起源是从不同地区开始的，明确反对中原中心论。当时，并不是所有学者都同意他的观点，有人认为他可能有点言过其实。这些反对意见也是有事实依据的，从当时的考古发现来看，中原周边地区的新石器时代文化面貌实际上都不如中原，仰韶时代的庙底沟文化阶段，中原所呈现出来的实力远达内蒙古河套地区。"满天星斗"只是一个假说，而中原中心论更像是一个事实性的描述。读 20 世纪 90 年代考古学研究文献，我们会发现，研究者大多是承认中原的中心地位的。

　　二十多年过去，越来越多的考古发现表明，中原中心论的成立是有时间范围的，即从夏商周到汉唐，更晚期不是，更早期也不是。这种认识上的变化反过来说明了一个问题，即考古事实的存在是可能改变我们的既有认识的，考古学是一门能够提供新事实的学科。也许你不喜欢这样的认识，但是事实摆在面前，一处、两处、许多处，如果还继续拒绝承认，那么争论双方也就无法讨论交流了，事实应该是大家进行讨论的立足点。这里并不是全盘否定中原中心论，而是说它的合理性存在时间范围。把中原中心论推向史前阶段是一种认识上的惯性、一种想当然，是没有经过考古事实检验的。

文明起源之前的中原

即使是最偏执的中原中心论者，也不会认为旧石器时代与新石器时代早期中原就是中心。中国旧石器时代的文化格局非常明显，北方是以石片为中心的小型石器工业，南方是以砾石砍砸器与其他砾石工具为代表的较大型石器工业。到了旧石器时代晚期，也许还可以加上更北方（长城以北）带有欧亚大陆西侧传统的石器工业（如勒瓦娄哇技术）。三大文化带的划分与历史时期的文化格局几乎如出一辙，让人不得不感叹环境因素影响的强大。旧新石器时代过渡时期，华北太行山以东的山麓地带以及邻近的小盆地率先开启了文化适应的变迁，一个显著的标志就是这个地带的狩猎采集者不再像从前那样频繁地搬家了，我们称之为流动性下降。这就必然要求人们在更有限的范围内获得跟以前一样多的资源，除了广谱利用，就是要强化某些资源（如通过培育让野生的狗尾巴草有更多的种子）。广谱是实验探索，找到有潜力的物种，强化是进一步增加这些物种的利用价值。两者结合起来就是走向农业起源的前奏。在走向农业起源的道路上，山麓地带发挥了先锋作用。随着农业的逐步成熟，就需要更加平坦的土地，那里更肥沃，更容易灌溉，所以，我们可以从考古材料中看到从山麓走向平原的发展趋势。

华北地区如此，长江中下游地区也是如此。华北地区发展出来旱作农业，长江中下游地区是稻作农业，而且两者几乎是同步发生的。北方草原地带也形成一个独立文化带，就是以游牧为中心的文化适应方式，但年代要晚得多，可能是青铜时代的产物。其存在的前提是要有马、牛、羊，甚至是带轮子的车辆。也许将来的考古发现会把年代提前一点，但不可能超过距今 5 500 年。这是由文化发展的总体格局决定的，那时马才刚刚被驯化，发展出马车还需要时间，文化传播也是如此。之所以讨论这个问题，其意义在于，远在欧亚大陆东西侧建立交流通道之前，中国就已经有了充分发展的新石器时代文化。

文明的根源是农业，没有发达的农业基础，要想形成发达的文明无疑是沙上建塔。而中国拥有比西亚更丰富的农业基础：南方有稻作，北方有旱作，而且中国的作物农业与家畜饲养是相互补充的。当然，必须承认，牛、羊的确是好东西，尤其是牛，它可以代替人力；马就更好了，但其驯化更晚。小麦的好处没有大家想象的那么好，因为在周代，它还是底层百姓的食物。西亚驯化物种引入中国，丰富了中国的农业结构，但其作用是补充性的，而不是替代性的。过度扩大外来文化的影响会遮蔽真实的历史，某种意义上更像是把近现代的现实倒映在史前时代。

距今 8 500 年前后（这个时间很可能会提前），一个考古学现象非常值得注意，那就是新石器时代文化的涌现，辽西的兴隆洼文化、山东的后李文化、河北的磁山文化、甘肃的大地湾文化、长江下游的上山文化、长江中游的彭头山文化，等等，这些文化成为后来诸文化区系的引领者，中原地区是裴李岗文化。从农业工具的角度来看，裴李岗文化还是相当优秀的，加工精致的石镰可以作为该文化的标志。若没有相当规模的谷物种植，显然是不需要在收割工具上投入这么多的。相比而言，其他地区的收割工具少有如此精致的。裴李岗文化的贾湖类型在那个时代一枝独秀，因为贾湖所显示出来的发达程度超出了我们对那个时代的想象。贾湖先民已经开始酿酒，用稻米与水果，也许还用到了蜂蜜。还有一种说法，之所以检测中发现有蜜蜂产品，可能是因为贾湖先民用蜂蜡来密封酿酒的容器。不过古人既然能够用蜂蜡，使用蜂蜜就更不在话下了。贾湖先民能够制作骨笛（实际是一种斜着吹的乐器，大家习惯称之为笛）。另外，在贾湖遗址发现了里面放着石子的龟甲；在其土壤中发现了蚕丝蛋白，目前还不能肯定是家养的蚕；还发现了管理淡水鱼类的迹象，可能是一次捕获太多，吃不了，先养起来，以后再吃。这些发现不得不让我们对距今八九千年中原先民的生活刮目相看。那个时候资源压力还不大，至少不会比历史时期大，人们的生活是相对富足的。与其他新石器时代文化相比，其农业发展水平应该是领先的。

但是那个时候还没有文化中心的说法，每个地区都在按自己的节奏发展，形成了自己的文化历史序列，比如长江下游区域，上山文化、跨湖桥文化、河姆渡文化、马家浜文化、崧泽文化等，一脉相承，序列完整，完全看不出中原地区的影响。我们反倒是从贾湖类型上看到不少南方的影响，比如稻作农业，这是起源于长江流域的农作方式；再比如这里"饭稻羹鱼"的生活方式，更像是南方，而不大像北方。这可能是因为当时的气候进入了全新世大暖期，比现在更加温暖湿润，适合采用司马迁所说的南方的生活方式。换句话说，中原地区此时还不是史前中国的文化中心，而只能说是文化中心之一。与南方的稻作农业文化相比，它甚至还略显劣势。毕竟，那个时候的南方有舟楫航运之利，可以在很大程度上节约劳动力，尤其是在运输大宗物品如粮食的时候。

中原的文明曙光

中原地区的高光时刻是从仰韶文化的中晚期，也就是庙底沟文化开始的（距今 6 000—5 300 年）。如果说贾湖类型有那么一点点出类拔萃的话，那么庙底沟文化则呈现出气势逼人的强大影响力。庙底沟文化的影响东到大海，西至甘青，北越长城，南过长江。我们许多人都可能在博物馆里看到过庙底沟文化的陶器，庙底沟文化以器型典雅、装饰精美的彩陶而闻名。我们观赏一个时代的器物，即使是走马观花地看，也能够感受到那个时代的气息。比如你看清朝的家具与器物，那种繁文缛节，那种不越雷池一步的保守，那种僵化的设计，很容易看出来，这是一个保守僵化的时代，代表一种走向没落的文化。相比而言，你看明朝的家具与器物，你能够看到新的风尚，尤其是江南制作的非宫廷使用的物件，表面素朴，内在精致至极。如果继续发展的话，很有可能出现一个新兴的与皇权平衡的阶级。简言之，我们在观物的过程中是可以感受到一个时代的气息的。庙底沟文化是一个鼎盛的时代，器物厚重端庄，线条夸张适度，气质含蓄内敛，很有些后世中国文化的典型风范（见图6-26）。我们经常讲汉唐气象，典型的汉唐器物是不会偷工减料、装模作样的，那种朴实厚重，让你不得不相信那就是个"一诺千金"的时代，就是一个"宁为百夫长，胜作一书生"的时代。我们从庙底沟文化的陶器上能够看到类似的气质——一个蒸蒸日上的时代所具有的气势。

图 6-26　陕西渭南泉护村遗址出土的庙底沟文化彩陶盆

资料来源：王炜林主编《彩陶·中华：中国五千年前的融合与统一》，陕西师范大学出版社，2020，第53页。

直觉的东西可能比较主观，我们再来看看客观的材料。这个时期中原地区代表性的考古发现是灵宝西坡遗址，它位于铸鼎原上，相传黄帝在此铸鼎，其周边地区有丰富的与黄帝相关的传说。西坡遗址中还真出土了一块铜矿石，材料有点少，还不知道这个时期是否已有铸铜的知识。含铜的矿石一般颜色鲜艳，孔雀石、绿松石等都是如此，因此，不能排除古人只是为了好看而采集的可能。西坡遗址之所以重要，是因为发现了大房子与大墓，大房子面积超过200平方米，规模惊人，有点像宫殿了。更有说服力的是大墓，有点遗憾的是随葬品比较少，中原地区的墓葬多是如此。中原先民仿佛知道在死后的世界用不着活人的东西似的，不随葬昂贵的物品，他们甚至发明了明器，用一堆烧制水平较低的物品应付鬼神。不管怎么说，礼制上的规格算是达到了。西坡遗址的发现表明此时中原地区已经开始出现社会等级的分化，同时，社会组织出现中心化的趋势。

　　中原地区最了不起的不是这些大房子与大墓，其他地区的相关发现较之中原，往往是有过之而无不及的，但是中原地区有一样东西是其他地区难以比拟的，那就是天文观象设施。2019 年我参观过巩义的双槐树遗址与荥阳的青台遗址，两个遗址中都发现了"北斗九星"天文遗迹，其中青台遗址的遗迹保存得相当完整（见图 6-27、图 6-28、图 6-29、图 6-30）。按照发掘者的说法，古人在建设之初，可能在地表打了天文方格，他们按照北斗九星的位置布置倒扣的陶罐，罐的大小与星星的亮度成正比。我们现在只知道北斗七星，通常也只能观察到北斗七星，这是因为经过 5 000 多年，星星的位置已经发生改变，有两颗星已经位于地平线之下，加之亮度较低，所以观察不到。研究者根据星星的位置，推断"北斗九星"天文遗迹展示的是距今 5 000 年的星象。天文考古具有很强的古今一致性，如果位置判断确实的话，那么推断就应该是很准确的。当然，天文观象设施不只中原有，良渚也有两处观测太阳位置的遗迹，可以帮助先民确定一年四季的区分。在天象观测中，太阳的观测无疑

图 6-27　河南巩义双槐树遗址"北斗九星"天文遗迹的残留
资料来源：本书作者拍摄。

图 6-28　河南荥阳青台遗址的"北斗九星"天文遗迹

注：该遗迹位于荥阳青台遗址中东部，内环壕外侧，地面人为铺垫，该区域按北斗九星的位置摆放有九个陶罐，斗柄向北，东部有黄土圜丘，西部与南部有环绕九星和圜丘分布的四个瓮棺，葬具为小口尖底瓶或大口缸，南部有一个圆形的祭祀坑，内置非正常死亡的骨架，无手无足，并有一口倒置的大缸。祭祀区域的东西近边缘处分布有头向相对的墓葬，整个祭祀区的南、北、东三面边缘有较多地臼的遗存。

资料来源：本书作者拍摄。

图 6-29　河南荥阳青台遗址的祭祀坑 H87

资料来源：本书作者拍摄。

图 6-30　河南荥阳青台遗址中与"北斗九星"天文遗迹相邻的圜丘遗迹

资料来源：本书作者拍摄。

相对简单，尤其只是确定四季的时间。相比而言，观察星象要难得多，相对干燥的中原比经常雾气蒙蒙的南方更适合做这件事。对于中国古人而言，星象还与人事吉凶联系在一起，实现天人合一的目的。

　　史前中原地区星象观察的巅峰应该是山西襄汾陶寺遗址古天文台（见图 6-31），它不仅可以用于观察太阳，可能还可以用于观察星象。试想一下，中原先民如果能够把握农时，能够把命运握在自己手中，还有必要花费大量资源去求神拜鬼吗？我们当代社会因为科技发达，人们在很大程度上能够掌控自己的生命，因此无神论占主流，宗教日渐没落。史前时代也一样，尽管那个时代生活的不确定性要比现在大，但相较而言，中原地区可能拥有那个时代确定性最大的生活。在农业时代，还有什么比掌握农时更重要呢？掌握了农时，宛如掌握了农业生产的密码。农业虽然还有一个名称叫作"食物生产"，但它其实并不生产食物，而是人类让动植物生产。土地就在人们的脚下，是天天可以看到的，但是何时应该播种，是需要准确定位的。对于当今这个有文字积累与仪器观测的时代来说这不值一提，但是对于一个既

图 6-31　山西襄汾陶寺遗址古天文台

资料来源：何驽提供。

没有文字也没有精密仪器的时代来说，让每一年都保持一致，并不容易。农时的天文观测就是那个时代的高科技。毫无疑问，在这个方面，中原地区走在了各个文明区的前列。

中原的崛起

二十多年前研究中原地区文明起源的考古学家不免有些失落，因为中原地区没有可以与其他地区匹敌的古城。虽然有"禹都阳城"的传说，但不论是王城岗遗址，还是平粮台古城遗址，规模都太小，小到不适合作为都城。虽然后来又发现了 30 万平方米的大城，但这个规模与更早的石家河古城（面积为 120 万平方米）相比就相形见绌了，更无法与后来发现的良渚古城与石峁古城的规模相比。这个尴尬的局面直到 20 世纪末陶寺古城的发现才得以改变。陶寺遗址位于晋南，理论上不是中原的中心地带——洛阳盆地。按照徐旭生先生的研究，夏的中心地带就在晋南、豫西，因此也应算是考古学上的中原地区。陶寺中期的古城面积达到 280 万余平方米，早期的古城也有 56 万平方米。陶寺遗址有同一时代最大的古墓；有最丰富的乐器，包括鼍鼓（见图 6-32）、石

图 6-32　山西襄汾陶寺遗址出土的鼍鼓

资料来源：何驽编《陶寺物华：陶寺遗址出土文物类全概览》，第 59 页。

磬（见图 6-33），以及最早的金属乐器铜铃；还有最系统的天文观测设施与工具，等等。陶寺古城的年代处在公元前 2300—公元前 1900 年，其鼎盛时期的年代与夏代纪年开始的时间大体相当。

图 6-33 山西襄汾陶寺遗址出土的石磬

资料来源：何驽编《陶寺物华：陶寺遗址出土文物类全概览》，第 83 页。

现在学界的一个较为普遍的观点是陶寺很可能就是尧都平阳，甚至有观点认为陶寺可能就是夏朝的早期都城，时间、地望、规格都没有问题，唯一的障碍是考古学文化的面貌，陶寺文化与二里头文化有些区别。这些区别是否超越了族属认定的范围呢？二里头文化自有其脉络，其祖先不可能是陶寺文化，即便其统治集团也不是来自陶寺文化。把考古学文化与族属对应起来限制了对陶寺古城性质的认识。把这个有争议的问题暂时放在一边，就陶寺的发展程度而言，学界已达成共识，那就是陶寺已达到早期国家的水平。礼仪制度、天文历法、器物生产、宫殿建筑等方面都体现出陶寺已经形成了中心化的、制度化的权力机构。尽管从考古学文化来看，它统辖的范围可能还不太大，但其社会组织的复杂程度已达到早期国家的程度。我们如果不考虑古史传说，只从中国文化史的角度来看陶寺，就会发现它在天文、礼乐、器用、文字等方面与后世的中国文化一脉相承，所以王巍、何驽等学者都主张陶寺才是最初的中国，而不是二里头。文化史的连续性是直接历史法的基础，从这个角度进行推理较之古史传说要可靠许多。

就古史记载而言，从《史记·五帝本纪》中能看出显著的神话色彩，尧、舜、禹居然都是黄帝的直接后裔，想想也不靠谱，但是如西方学者所认为的《史记·夏本纪》也是神话，逻辑上是说不通的。《史记·五帝本纪》与《史记·夏本纪》的写作方式完全不一样，《史记·夏本纪》更接近已经获得证实的《史记·殷本纪》。夏朝若是周人编造出来的，那么周人也太不可思议了，他们居然知道商朝之前还有那么几百年，还存在如陶寺、二里头这样的古城，还有大墓，他们编造的历史居然能够在一定程度上得到实物遗存的支持？我不会因为中国文明多几百年，就自豪感爆棚，这样的虚荣对于中国人来说是廉价的。但是罔顾事实，非要把 5 000 年的中国文明说成 3 700 年，这不是客观的，是对考古学的蔑视，是对过去几十年考古工作的无视。

为什么是中原？

要回答这个问题，也许我们可以先回答一下为什么美国会成为20 世纪的强权。因为背景很清楚，我们应该都可以回答这个问题，比如说美国趁一战、二战的机会吸纳了欧洲的许多人才，后来又凭借经济优势吸收全世界的人才；美国发展超强的军力，建立了美军-美元-美国霸权循环；美国利用全世界的人才打造了科技优势，新科技的开发又创造出新的财富；美国不像老欧洲国家有那么多的掣肘，所以在制度创新上走在前面；如此等等。这些答案其实很有普遍性，甚至可以用到对史前时代的理解上。中原地区的兴起首先就是占领了农业时代的高科技制高点——利用天文观测确定农时。农业属于延时回报的产业，春天播种，秋天才能收获。可靠的收获在很大程度上取决于适时播种与对气候的把握。所以，我猜想中原的天文观测对象应该不限于四时，很可能还包括气候。农业发展得好意味着能够生产更多的粮食，由此就可以生育更多的人口，可以支持一些人脱离农业生产去从事专门化的手工业生产，还有一些人可能成为专门的神职人员，比如巫师。巫师是史前时代的知识分子，包括巫史、巫医，他们负责那个时代最高深的知识，积累知识，发展知识。没有农业基础，这些都是不可能实现的，农业与这些专业人员之间形成良性的循环。农业是文明的基础，在史前时代拥有发达的农业就像当代社会拥有发达的工商业一样，能够吸纳更多的人，带来更丰富多样的知识。

中原地区之所以能够吸纳更多的人，不仅因为这里有更发达的农业，还因为这里特殊的地理条件。从军事的角度来说，中原并不理想，四战之地，无险可守。但是从文化交流的角度来说，这里就是哲学家赵汀阳所说的"旋涡"，能够吸引人们加入其中[1]。我的观点与赵汀阳先生的观点有所不同，我认为成为旋涡与成为战场并不矛盾。四战之地本身就是吸引战争的地方，逐鹿中原、问鼎中原是中国历史上的普遍规律。占领中原就意味着能够以最小的交通半径控制最广阔的疆土。我注意到中国历史在都城分布上存在三个时期：第一个时期是以中原为中心的时期，矛盾集中在农业区域，这个时期到北宋结束时终止；第二个时期是以北京为中心的时期，主要解决农业的东南半壁区与游牧的西北半壁区之间的矛盾；第三个时期是海陆矛盾时期，敌人主要从海上过来。在文明起源阶段，草原地带还没有形成复杂的政权，对中原的威胁较为有限。威胁中原的是周边已进入文明阶段的社会。古史传说中炎黄、东夷、苗蛮三大集团，实际数量只会更多。从考古材料的特征来看，不少研究者认为中原务实、世俗，换句话说，就是更认实力。同一时期，中原地区有更多的暴力证据。人聚必有争，物聚必有夺。中原是当时人口集中的区域，也是四方物产交会之地，争夺在所难免。那是不是中原土著赢了呢？我看未必，考古证据似乎更支持来自西部的群体获得了胜利，也就是石峁人，他们灭了陶寺，这是一个社会整合程度更高的群体，在农业与狩猎采集交错地带训练出了更强的战斗力，获得胜利也在情理之中。

---

① 参见赵汀阳：《惠此中国：作为一个神性概念的中国》，中信出版社，2016。按赵文原意，"旋涡"模式适用于商周至明清的中国历史，但实际上在史前阶段，也能看到这样的文明发展过程。

　　为什么是中原？历史的重心落到中原是在距今 6 000 年前后，而且从这个时候开始，天下向中原辐聚成为主流的趋势，由此形成了长盛不衰的"中华大一统"观念。从旧石器时代晚期到距今 6 000 年前后，中国史前史的主流趋势其实是分化，在距今 10 000 年到距今 8 500 年之间涌现出了一系列新石器时代文化，其中一些文化形成了完整的发展序列，形成了苏秉琦先生所说的"区系类型"，也成为后来的文明中心。但是在距今 6 000 年前后，一个拥有较广泛认同的文化意义上的中国形成，这是融合趋势占据主流的标志。尽管分隔各地，但这些文明中心表现出了象征文化认同的共同特征，这其中，中原的庙底沟文化占有特别强势的地位。为什么是距今 6 000 年前后，而不是更早呢？我认为其中一个特别重要的原因是农业文化生态系统的形成，无论是在长江中下游地区，还是在华北地区，原始农业都进入了一个较为完善的阶段，作物农业与家畜饲养，以及其他的经济活动，能够形成自给自足的组织，能够与当地的环境形成较为和谐的关系。好像很完美的样子，但完美从来都是短暂的，人口的持续增加不知不觉就打破了平衡，群体之间的纷争、群体内部的竞争随之加剧。为了获得威望，同时也为了自身的安全，击败对手、控制中原就成为必由之路。

　　控制中原的好处绝不仅仅是获得威望，按照刘莉、陈星灿、戴向明等学者的研究，当时的中原，尤其是中条山一带，有盐池、铜矿等重要的战略资源。盐在史前乃至历史时期，价值堪比黄金。铜本身就被古人称为"金"，它是祭祀用器与兵器的原料。随着青铜时代的到来，中原的地位愈加重要。青铜制作的箭镞、戈矛杀伤力更强，制作的礼器金光灿烂，更具有炫耀性，而且还可以在器物表面铸上更夸张的纹饰（见图 6-34）。青铜时代的到来，象征着社会权力中军事权力所占比重显著增长。从前那种依赖威望、依赖神权的时代为更系统的政治、军事权力所取代。我们读古史文献，可以读到尧、舜、禹及更早先人的优秀品德，而读到夏、商的君王时会发现，他们不昏庸残暴就已经很不错了。历史人物的性格怎么突然就改变了呢？其实是时代精神改变了。相比尧舜禹时代不明确的权力传递关系，夏王朝采用世袭制，权力秩序更稳定，这也意味着社会

图 6-34　河南偃师二里头遗址出土的网格纹铜鼎

资料来源：上海博物馆：《宅兹中国：河南夏商周三代文明》，上海书画出版社，2022，第 56 页。

秩序更稳定。有学者认为"王"就是社会秩序的象征①。《古本竹书纪年》中记载了另一个版本的尧、舜、禹的历史，这些领袖遭到了继任者的流放。历史真相难以捉摸，但政治制度设计的结果是不难分析出来的，凭借威望而不是明确的制度（血缘是一种极为明确的制度）来获取权力，权力的争夺就在所难免。

中原的夏王朝在统治策略上先行了一步，凭借更有效率、更稳定的社会组织，持续了四百多年。但这种政治开始时是不稳定的，其中经历了太康失国、后羿代夏的挫折。也正因为有这样的古史记载，夏王朝的存在才更加可信，这符合时代转型的逻辑。中原从此开启了属于自己的三千年高光时刻。

---

① 参见中国文明起源和早期国家形态研讨会秘书组：《中国文明起源和早期国家形态研讨会发言摘要》，《考古》2001 年第 2 期。见邵望平发言。

南佐模式

南佐的环境格局

2022 年 7 月，我曾去南佐遗址实地参观，同事韩建业教授在那里主持发掘，比较方便。其实 2021 年就想去看，但因为新型冠状病毒感染而没有去成。这一次也险些没有成行，本来买了火车票拟从西安转车前去，顺便看看西安新近建成的考古博物馆，连参观的时间都预约好了。不料西安突然出现感染病例，只好坐飞机从北京直飞庆阳。南佐遗址就在庆阳市的西郊，离高铁站车程不到 5 分钟。坐飞机有个好处，就是可以鸟瞰这里的景观。南佐遗址位于董志塬上，《诗经》中称之为"大原"，这是黄土高原上面积最大的一块原面，面积达到 910 平方公里。如今要在沟壑纵横的黄土高原上找一块这么大且平整的地方，可是不容易。从飞机上往下看，可以看到一些耕地紧邻着黄土深沟，西峰机场到庆阳市区这一路宛如华北大平原，只是海拔达到了 1 400 米。从炎热的北京来到这里，马上就感到了清凉。如果没有这么多的沟壑，单就气候而言，这里是非常宜居的。这里常年的降水量跟北京相比，相差无几，都是 550 毫米左右，所以也说不上十分干燥，是在 400 毫米降水量东西分界线以东。当然，如果有较大的气候波动，降水量也可能落到 400 毫米以下，也就是说，这个区域带有一点点自然地理过渡带的色彩。

大家一想到甘肃，就会想到干旱与贫瘠。庆阳位于陇东地区，位于黄土高原的中心区域，与八百里秦川相邻。庆阳到西安，高铁车程只有一个小时多一点。所以，在理解南佐遗址的自然地理条件时，首先，我们需要将其放在黄土高原这个大框架中来考虑。黄土高原面积广大，包括甘肃东部、陕西大部、山西几乎全部，以及内蒙古、河南、河北部分区域。黄土土质疏松，也比较肥沃，便于耕种；其垂直性很好，挖洞、挖坑都比较合适，古人在这里生活，常常会建半地穴式甚至是窑洞式的房屋。作为巨大的自然地理单元，它也深刻影响着人们的生活，由此形成一种类似的生活方式，甚至形成一种相对独立的文化生态系统。

其次，我们需要将其放在中国从东北到西南的自然地理过渡带中来考虑。这个自然地理过渡带同时也是文化交错与交流带，沿着这个条带的文化具有较高的相似性。20 世纪 80 年代，童恩正先生就注意到这种文化类同的现象[1]，不过他分析的材料主要是青铜时代到历史时期的，史前阶段还考虑得不多。有史记载的时候，这一带

---

① 参见童恩正：《试论我国从东北至西南的边地半月形文化传播带》，载文物出版社编辑部编《文物与考古论集》，文物出版社，1986。

为豳地，与戎狄比邻，甚至混合。

再次，我们需要理解的是，这里距离关中其实不远，也没有什么显著的地理阻碍，要进入中原地区，至少不比其他地区更困难。在古代天下九州之中，这里是雍州的一部分，战国时，秦人正是"据崤函之固，拥雍州之地"，最后统一天下的。这个地方的强盛是有历史的。为什么统一六国的是秦？有许多政治上的解释，但环境原因不能不考虑。黄土地区农作的便利，与边地文化的交融，都是秦人崛起的重要基础。

最后，我们需要从时间进程角度来理解这里的环境，现在这里的确是沟壑纵横，董志塬是硕果仅存的大塬，但距今 5 000 年也是这样吗？距今 8 000 年呢？黄土高原如果水土流失一直都很严重的话，恐怕早就不是现在的样子了。一场大雨之后，沟壑边缘就会出现垮塌，而且这个速度是不断加快的，因为沟壑越来越大、越来越深，可以侵蚀的地方自然也就越来越多。反过来说，早期的侵蚀规模要小得多，甚至可以忽略不计。有研究认为黄土高原出现较大规模的侵蚀是在春秋战国之后，此时大规模砍伐烧荒、开垦田地，打破了生态平衡，进入了恶性循环，冲沟越来越大，根本无法阻止。简言之，在南佐先民生活的距今 5 000 年前后，这个地方的环境应该还是不错的。距今 8 000 年前后，全新世大暖期时，情况应该会更好。

庆阳是中国旧石器考古开始的地方，100 年前，法国传教士桑志华（E.Licent）首先在这里发现了旧石器。庆阳往北是鄂尔多斯沙地，条件更恶劣，但在距今 3 万年前后，这里曾水草丰美，元朝兴起时，成吉思汗路过这里，也盛赞过此地的环境。北面尚且如此，更何况南面的庆阳。这个地方是适合农业发展的。要理解南佐先民的生活方式，需要先澄清一个问题，那就是游牧经济是如何形成的。从考古证据来看，真正的游牧经济是在春秋战国时期才开始的，之前在农业的边缘地带流行的是混合着畜牧的农业经济。游牧与畜牧是存在重要区别的，游牧意味着人们完全依赖驯化动物，逐水草而居，其前提是要有马、牛、羊，以及适合迁居的马车，而这些东西直到春秋战国时期才在中国北方的草原地带扎根。之前从考古证据中看到的基本都是混合着畜牧的农耕经济，如朱开沟文化。人们的居住方式基本是定居的，可能群体中的青壮年个体有较高的流动性，因为常常发现遗址中有细石叶技术制品，这部分人平时可能会外出打猎。这也就意味着射猎是这一带人们的强项，在战争中就意味着更强的战斗力。我们可以推断，距今 5 000 年前后的南佐先民过着农耕生活，他们周围的群体也基本都是农耕群体，部分兼营畜牧，并没有什么来自草原的游牧群体。即便是兼营畜牧的群体，也多是由南面或东面的农耕群体扩散而来，都是华北人群，并没有什么来自北亚的群体，跟游牧经济时期存在明显的区别。

南佐的考古发现意味着什么？

到南佐村后，我找到住处放下行李，直奔考古工地。不过，和

我见过的一般新石器时代遗址很不一样，这里没有一个个半地穴式
的房址、灰坑与墓葬，而且我被一条条标志线给弄糊涂了。我在来
之前看了一点以前的发掘资料，对这个遗址有些了解，之前的发掘
揭露了一处室内面积为 630 平方米的殿堂遗址，仅中部圆形火坛的
直径就超过 3 米。别的地方一般称火塘，这里需要称火坛，因为这
是一处带有浓厚祭祀色彩的遗址。火坛呈浅碟状，边缘高起，抹细
泥处理，已烧成青灰色，没有看到灰烬，不像日常使用的火塘。殿
堂早在 20 世纪 80 年代就已被发现了，此次发掘，又把南半部分揭
露出来了。听韩建业教授介绍说，其实还真不是有意为之，只是
碰巧而已，正好把前后的发掘工作联系起来了。我来到遗址的时
候，由于刚下过雨，殿堂部分被塑料布盖着。在一个看不到遗迹
又遍是标志线的地方，我突然觉得自己像完全不懂考古似的。不懂
就只好问，听了韩教授与几位同行的解释，我才逐渐明白，这处遗
址是古人精心处理过的。殿堂废弃之后，人们把这里连同其周围的
地方全部用一条条的夯土填充，形成一个新的台基，又在上面盖了
房子。所以，在这个遗址里，我满眼看到的都是夯土。为了揭露殿
堂，不得不把里面填充的部分夯土挖掉（见图 6-35）。

　　天公作美，预报的雨没有下到南佐，工人们揭开了塑料布，我看
到了揭露出来的部分大殿。地面平整，上面涂抹一层石灰面。这是当
地普遍的家装方式，后来在周边踏查时，在多处剖面上都看到白灰
面，有的还不止一层。如果对白灰面进行微形态观察的话，很可能会

图6-35　甘肃庆阳南佐遗址F1局部

资料来源：本书作者拍摄。

发现，我们肉眼看到的白灰面可能是由许多层组成的，当时的人们每隔一段时间就可能把地面再涂抹一遍，类似的现象在土耳其的加泰土丘遗址发现过。就像老式房子的四白落地，让家里亮堂一点。这也说明当时的人们开始讲究室内生活了，在此之前，人们白天基本都在户外活动，室内空间是否讲究并不重要。南佐大殿让人震撼的不仅仅是面积，更直观的震撼来自那些直径1米左右的柱础，要知道这是距今5 000年的建筑，这么大的柱础，意味着立柱也不会太小。人们需要砍伐大树，而当时人们只有石器工具，工作量是惊人的。包括前面说到的夯土，夯窝都很小，密实的夯筑同样需要大量的人力。在原始条件下，一些我们现在看来很平常的事情，都需要大量的人力才能完成。即便只是建造这么一座大殿，在当时，也至少需要数千人力。如果再考虑到其他规模宏大的建筑遗迹——九个大土墩，没有数以万计的人力是不可能完成的。按照人类学的研究，数千人口到几万人口就是酋邦，如果人口更多的话，就需要国家来管理了。其实人类社会的组织状态的复杂程度是灰色的，不是非黑即白的，存在非常多样的发展阶段与形态，仅以酋邦和国家来区分，有些过于简单化了。

在大殿东侧的一处夯土填充墙下发现了众多的水稻遗存，主要是稻米，也许还有茎叶，经火烧过，已经碳化（见图 6-36）。为什么这里会有这么多水稻？如今庆阳当地也并非完全不能种水稻，但依旧非常罕见。水稻是南方作物，怎么会到了南佐呢？人们又为什么会在这里焚烧它呢？让人百思不得其解。通过文化交流获得水稻，是可以理解的事情，这也说明南佐先民与长江流域的人是有交往的，而且交往的规模与层次可观。除了水稻之外，按韩建业教授的研究，其中的部分陶器可能有江汉地区屈家岭文化的元素。目前兰州大学的一个植物考古团队正在这里研究水稻，大家都很想知道这里的水稻是本地种植的，还是外面交换来的。不过，我们还是需要弄清楚南佐先民为什么要这么做。在与夫人陈继玲女士的讨论中，她提了一个在我看来更加合理的文化解释。焚烧水稻可能与祭祀相关，焚烧的位置在殿堂的东南方向，指示的是地理方位。在南佐遗址还发现了白陶［包括一件极为精致的蛋壳陶的陶簋，以及大量带有白泥附加堆的小陶罐（杯）］、黑陶（至少有一件，也是相当精致）、绿松石饰品（两件，正好是青色的代表）、涂朱（朱砂）的箭头以及本地无所不在的黄土，正好构成白、黑、青、红、黄这中国古代所谓的五色。五色与五行对应，也跟方位有联系（南朱雀为红，北玄武为黑，左青龙为青，右白虎为白，中间为黄）[①]。南佐先民祭祀天地，有可能考虑到了不同的方位。如果这个解释是合理的，那么也说明，中华文化传统中的五色观点、地理方位观乃至五行的观念此时可能已经起源了。

图 6-36　甘肃庆阳南佐遗址夯土下的稻谷遗存

资料来源：本书作者拍摄。

如今南佐遗址的发掘区完全是一处祭祀遗存，在大殿东侧的另一间房屋 F2 中发现了较为丰富的器物，包括数个带有扣塞的陶瓶，是小口尖底瓶的形制，不过是小平底。这类器物很可能是用来存放酒的（见图 6-37）。前文所说的涂有朱砂的箭头就是在这里被发掘出来的，按发掘者的认识，这可能是《周礼》所说的彤矢，也是与祭祀相关

---

① 参见冯时：《自然之色与哲学之色——中国传统方色理论起源研究》，《考古学报》2016 年第 4 期。

的。F2 的墙壁上有壁画，可惜目前保存得不太好，图案看不清楚了。特别值得注意的是，在 F2 与殿堂之间有一处遗迹，类似九曲黄河的模型，在我看来倒是更像曲水流觞。这处遗迹是去年发现的，发掘者为了防冻，在这里堆上了草垛，所以我没有看到。从照片来看，是一处连续弯曲类似河流的遗迹，显然也是与祭祀相关的东西。灌上水，利用倒影，可以观测天象。当然，这只是一种推测，但比曲水流觞、饮酒作乐这样的解释可能更合理一点。我倒是很好奇曲水流觞文化的起源：为什么后人会有曲水流觞这样的雅事？它最初是不是与祭祀相关呢？

图 6-37　甘肃庆阳南佐遗址 F2 出土的彩陶瓶

资料来源：韩建业提供。

作为一名石器研究者，我很想看看这里出土的石器材料，但很遗憾，这里几乎没有什么石器出土。黄土高原地区，石料并不那么好找，又是一处祭祀遗存，没有石器，也很正常。我倒是注意到有不少骨质箭镞，我尤为关注箭镞的形制，因为形制与杀伤力密切相关。其中有叶片状的、圆锥形的，更多是三棱锥形的，这是最有杀伤力的一种形制。古人射猎，有时是为了吃肉，有时是为了羽毛或皮毛，所以并不是杀伤力越大越好。相较而言，石质箭头的杀伤力最大，骨质次之，但是骨镞容易加工，更轻便、坚韧，尤其适合冬天使用。弓箭是非常有杀伤力的武器，它的出现本身就是一场史前狩猎工具上的革命，使远距离的精准射杀成为可能。弓箭可用于射猎动物，自然也适用于战争。从面对面的搏杀到几十米甚至百米开外的射杀，战士的心理负担显著减轻。面对面杀掉自己的同类，看到其痛苦的表情，杀人者是需要承受很大的心理压力的。用弓箭射杀，心理压力自然就小了很多。古国时代，战争并不稀罕，从南佐出土的种种箭镞可以推测战争的形态与规模，对于缺乏防护的人体来说，这样的箭镞还是很有杀伤力的，尤其是伤口容易感染，造成二次伤害的可能性更大。简言之，南佐社会是有参与战争的，而且是有利器的。

战争不仅需要武器，而且需要社会组织能力。在南佐遗址发掘出的祭祀建筑只是整个大型祭祀区的一部分。在殿堂周围还有九座大型夯土台，它们围合起来的面积超过 30 平方米，几乎和王城岗遗址的大城（禹都阳城）面积相当。我看了其中的几处，目前的残高还有三五米，长边有四五十米。有趣的是，当地的居民还在利用这些夯土台，他们直接把窑洞挖在夯土台中，考古队租住的那户人家的窑洞就是依台而建的。当地人给这几座夯土台起了个好听的名字——"九女万花台"，想必其中有民间故事（见图 6-38）。修建九座大型夯土台不是一个小工程，每座台都有过万立方米的土方量，加上搬运、夯打，数人恐怕一天也只能完成一立方米的夯土。这么大的工程（加上殿堂的建设），恐怕需要数千劳力。考虑到还需要维持正常的社会运作，不可能让所有劳力都参与建设，维系数千劳力的后勤支持，也需要更多的人，就像现代军队一样，后勤越原始，需要的人就越多，这就意味着南佐社会至少有数万人。如果按照每百平方公里 10 人到 200 人来计算，4 万人最多需要 40 万平方公里，最少需要 2 000 平方公里①。在殿堂南侧数十米外的一处地坑院中，可以看到黄土崖壁上悬挂着两处大型袋状灰坑，显然，这只是储藏设施的一部分，没有足够的生产剩余、充分的物资储备，是不可能完成这么大的工程的。而要把所有这些资源集中到南佐来，也不是

图 6-38　甘肃庆阳南佐遗址正在解剖发掘的夯土台
资料来源：本书作者拍摄。

---

①　按照路易斯·宾福德（Lewis Binford）的计算，内陆狩猎采集的最大人口密度是每百平方公里 9.098 人（这是混合狩猎与采集，如果只是狩猎，则要低得多；如果依赖水生资源，则可能高于这个数值），10 人已经超过了这个极限。一般来说，原始农业支持的人口密度能够达到依赖狩猎采集的 20 倍。按照这样一个范围来计算，南佐社会所占地理范围最少 2 000 平方公里，最多则为 40 万平方公里。这两个数值都是极值，南佐社会的范围大概率是处在两者之间的。

一件简单的事。因此，我们将南佐看作一个古国，是有足够的底气的。

看不出这九座夯土台的实际用途，它们更像是整个祭祀遗存的组成部分。这是我们已知的，还有多少相关的祭祀设施，需要进一步调查与发掘。即便只有这些，也是相当惊人的。祭祀天地，在我们现代人看来，是非常虚幻的，就像有些人求神拜佛一样，只是图个心安。这是我们现在的理解，但是在文明起源阶段，如何建立合法的中心化的社会权力，对于每个社会来说都是一个难题。对于一个非常小的社会来说，比如一个村庄，通过武力就可以解决问题，打败所有的挑战者就可以成为首领，动物群就是这么解决首领选择问题的。但是，如果社会规模扩大到数十个村子，难道每天都要摆擂台开打？这显然是不可能的，而且史前社会都是以血缘组织起来的，兄弟几个一起动手怎么办？这个时候结盟就特别重要，因为威望而受到推举与尊重。但是，如何才能获得威望呢？民族志中有宴飨的方式，请客吃饭当然是个好办法，这也是拉帮结伙建立同盟的好机会。如果首领只是孤家寡人，那么他的威望不会持续太久，他需要有死心塌地的追随者，他必须能够给这些追随者分配利益。追随者想获得的不仅是直接利益，还包括社会地位。随着文明化进程的推进，社会分化出现了，社会结构日益金字塔化，少数人获得了更高的地位。即便如此，仍然不能让塔顶的首领长期维系自己的权力。但是，如果这个人能够通神，具有神的血统，天赋异禀，他的家族世系与众不同，那他掌握权力自然就是理所应当的了。怎么来证明神权呢？建筑大型祭祀设施就是一个很好的办法（另一条隐秘的暴力路线就不用多说了）。祭祀可以塑造权力的合法性，还有什么比这更重要呢？这也是南佐社会不遗余力大兴土木的重要原因。

谁是南佐先民？

在前文中我一直强调要理解考古遗存，要从文化意义上去理解，而不要止步于解释。中国考古学有三大目标，即重建过去，解释过去，理解（阐释）过去，这三个目标是不断深入的。套用苏秉琦先生的一句话，就是要研究中华国家、中华民族（中国人）、中华文化的起源。从文化意义上理解就是侧重于探讨中华文化的起源。物质遗存是我们祖先生活的遗留，可以帮助我们重建祖先的生活，还可以帮助我们探索社会与文化的运作机制和演化规律，更进一步，它承载了千百年来的中华文化。中华文化数千年绵延不绝，这就为我们理解物质遗存的文化意义提供了非常好的条件，比如根据"禹会诸侯于涂山"的记载找到了禹会村祭祀遗址（参见后文），更了不得的是，数千年过去了，这个地方仍然叫禹会村！在文化发展没有中断的中国，包括文献记载在内的传统就是考古的重要线索。这一点在世界其他古老文明的考古中是很难实现的。中国不一样，我们与祖先生活在同一片土地上，生活习惯、文字、意识形态等都有很好的连续性。

　　我们在这样的背景条件下再来看南佐，走在庆阳的大街上，看到街道的命名，有岐黄大道、周祖广场。看一下百度百科的介绍，庆阳是华夏始祖轩辕黄帝部落的发祥地，中医药文化的发祥地，中医始祖岐伯的出生地，也是周人先祖曾经生活过的地方。这些铭记地方自豪感的认同是历史记忆的积淀，现在看来这些好像是无法证实的东西，但是对于考古学研究而言，就是重要的线索。为什么这里会成为黄帝部族的发祥地呢？这个传说由来已久，远在南佐遗址发现之前。南佐遗址的宏大规模、古老历史，说明这里的确是中华文明的发祥地之一，这一点是毋庸置疑的。至于说它是否属于黄帝部族，则需要继续考证。

　　发现石峁遗址的时候，沈长云先生考证，那里可能就是黄帝部族的居邑[①]。按他的说法，黄帝的陵墓就在子长县，而不是在黄陵县。黄帝是姬姓，周人与黄帝同姓，这也是后来周人大力推崇黄帝的主要原因。的确，古史传说记载的黄帝部族活动的区域就是在黄土高原的西北部，目前这一带仍然保留有最多相关的地名与故事，庆阳还有黄帝父亲的陵墓。把古史传说与考古材料对应，一个根本的前提条件就是，古史传说必须是可靠的。如果古史传说本身子虚乌有，那么对应就无从谈起。有关黄帝的古史传说是否可靠呢？中国人说自己是炎黄子孙，这个认识已经持续了几千年。说到历史细节，比如陵墓所在的位置，甚至先民活动的区域，存在误差是完全

---

　　① 参见沈长云：《石峁是华夏族祖先黄帝的居邑》，《华夏文化》2016 年第 2 期。

可能的，夸张的事迹就更不用说了；但是，如果说黄帝部族这个名称是后人编造出来的，这个可能性就太小了。上古史上曾经有过黄帝部族、炎帝部族、东夷部族、三苗部族，这些概略的描述应该说具有很高的可信度。东夷部族、三苗部族都有较为明确的地理范围，炎黄部族是与之对应的，三者共同组成中华文明形成期的核心区域。从相对地理方位来看，炎黄部族主要位于西部，也就是黄土高原与盆地区域，这也是他们唯一可以选择的区域。

如果古史传说的基本事实没有问题，与考古材料对应的下一个问题就是时空关系要吻合，这就涉及双方的精度。目前两者的精度都不太高，因此，过于精确的对应反而不准确，更切实的做法是选择大致上的对应。从古史传说来看，黄帝时期是文明化进程的发生期，社会开始分化，首领的权力更多来自威望与神性。对应的考古学研究的时期是距今四五千年之间，黄帝是传说中的人物，古史传说的时间本身也是模糊的，所以把时间定在这个范围内是比较合适的。至于空间范围，我们也可以确定一个概略范围，这个范围就是黄土高原地区。结合考古材料，我们认为将范围缩小到西北部是可以的。这一带的重要考古发现除了南佐遗址，还有以石峁古城为中心的一系列石城，此外，20 世纪 80 年代发现的秦安大地湾遗址 F901 也可以列入其中。由此形成一个西起大地湾、东到晋西北的条带，这个条带是黄土高原的西北部，也是从东北到西南文化生态交错带的组成部分。为什么要把黄帝部族的范围划得如此大，其走向为什么是这样的呢？因为这个地带人们的活动范围大，流动性高，只把黄帝部族限定在陕北地区是不合适的，也与古史传说不符。如果我们说距今四五千年黄土高原西北部一带考古遗存很可能是黄帝部族的遗留，那么这样一个模糊的判断应该是站得住脚的。

为什么是南佐？

如果说南佐遗址属于黄帝部族的活动范围，那就要解释为什么黄帝部族会这么成功？这是不是有点像历史时期周边少数民族入主中原呢？答案是否定的。首先，距今四五千年，草原上的强权还没有形成。其次，黄帝部族是农业群体扩散到黄土高原地区后形成的。距今八九千年，这个地带就有大地湾文化，已经进入农业时代；其后，仰韶文化（细分的话，其中包括若干支文化）向这个地带大规模扩散，并形成了地方性的文化类型。全新世大暖期时，黄土高原西北部比现在更温暖湿润，黄土高原还没有出现大规模的水土流失，是很适合人类生活的。我记得在内蒙古中南部的草原地带进行考古调查时，仰韶时代的器物是最为普遍的，下一个高峰就是辽代了。从古环境意义上说，距今四五千年生活在黄土高原西北部是有利于农业生产的，但需要注意的是，这个时候的气候环境已经不如从前那么温暖湿润与稳定了。此时，东北的辽西地区红山文化走向崩溃，气候是很重要的原因。黄土高原西北部显然不仅没有崩溃，反而更加强盛了，直接的证据就是南佐遗址与石峁遗址。与辽西地区比较，一个可能的原因是，生活在这里的黄帝部族并不是仅仅生活在农业的边缘地带，其与东南部的关中有广泛的联系，甚至有可能是一体的；另一个可能的原因是，因为环境气候的改变，黄帝部族更有动力向东南方向迁移。

可能有人认为，我划定的黄帝部族的范围实在太大了，从甘肃秦安向东北一直延伸到了晋西北，甚至还要包括关中，黄土高原核心区约 40 万平方公里，而我划出的范围几乎占了一半。黄帝部族能够占据这么大的范围吗？这里可能需要进一步说明，我说的是黄帝部族总的活动范围，而不是一个时期的统辖范围。为什么黄帝部族会有这么大的活动范围呢？这个区域部分属于文化生态交错带，也就是森林草原交错带，资源类型丰富，但相对不那么稳定，是非常适合狩猎的区域。当时这个地带的分布还要往西北推移，黄帝部族只是部分分布在这个区域。即便如此，这仍然带来两个非常重要的影响：一个是射猎上的优势，转换在战场上就是战争上的优势；另一个是社会整合上的优势，由于是温带森林草原交错环境，所以虽然以农业为主，但同时兼营狩猎、畜牧，其群体的流动性高于中原，其语言的多样性更低，这就为社会整合创造了更有利的条件。武力加上沟通上的便利，这样的有利条件可能让黄帝部族在社会整合上夺得先机。黄帝部族的社会组织规模更大，武力更强，再加上与炎帝部族联合，自然就更胜一筹。

当然，这只是一部分原因，政治上的胜利往往还要取决于对手，就像汉高祖刘邦遇到的是刚愎自用的项羽。距今四五千年，正是群雄逐鹿的时代，最终鹿死谁手，不仅要看实力，还要看条件与机缘。从目前的考古材料来看，最早具备这种实力的是良渚，经过大量碳-14测年，我们现在知道良渚的巅峰是在公元前3000年至公元前2850年之间。此时有了规模宏大的古城与水坝系统，其实力在当时的中国无出其右。但是，良渚偏安一隅，它的强盛很大程度上依赖于水运便利，它无法离开这个优势。它要想逐鹿中原，不仅路途遥远，而且无法利用自身的优势。红山文化曾经繁荣一时，牛河梁遗址的坛-庙-冢遗存记录了它的辉煌，但是红山文化所在的辽西地区因为燕山阻隔，无法与农业更发达地带结合，只能自成一系。辽西地区的农业发展存在先天的制约，相比于华北史前农业能够扩充进入平原地带，辽西地区的扩展地带则是并不适合农业的科尔沁沙地。辽西地区一直没有完成实质性的社会整合，力量有限。江汉地区的石家河是良渚之后有力的竞争者，穿过随枣走廊，进入南阳盆地，中原就在眼前，问鼎中原没有明显的地理障碍。但是在石家河文化兴盛的时期，古城面积也只有120万平方米，同时期还有不少规模稍小的古城，作为中心的石家河文化虽然可能是最强大的，但是它似乎没有能够统合整个江汉与洞庭湖地区。与江汉类似的是山东，古东夷部族所在地，与中原比邻而居，一马平川，往来便利。山东地区自大汶口文化时期开始就非常兴盛，但是在龙山时代还是内部纷争不断，没有形成统一的力量，在与黄帝部族争夺中原控制权时，东夷部族内部可能有短期的结盟，但是由于内部整合不彻底，最终败北。此外，还有被秦岭阻隔的巴蜀，宝墩古城显示其力量也不弱，但是地理悬隔，难以参与。

当黄帝部族兴起的时候，如良渚、红山、石家河等文明中心的发展高潮已过，按李旻先生的说法，这支"高地龙山文化"出现的时代没有真正可以与之匹敌的竞争者[①]。它背靠欧亚大陆东西侧文化交流的大背景，可以融合西来的文化因素，往东、往南是居高临下，势如破竹。这里本来就与关中、中原的新石器时代文化一脉相承，广义上属于同一个大的仰韶文化区，因此，在这里能够形成一个有较强认同感的黄帝部族，并且能够进一步形成融合的炎黄部族。黄土地带的土地便于耕作，《史记·货殖列传》将其列为最好的地方："膏壤沃野千里，自虞夏之贡以为上田……故关中之地，于天下三分之一，而人众不过什三；然量其富，什居其六。"这里司马迁所说的"关中"应该不限于关中盆地，否则不可能占天下 1/3（在汉代），应该包括了更广阔的黄土区域。简言之，黄帝部族的兴起是有其经济基础的。不过，更重要的还是它的融合精神，广泛地吸收周边的文化为己所用，进而为夏王朝的形成奠定了基础。

这里可能有个令人困惑的问题：我一方面承认黄帝部族的存在，另一方面又对古史传说持谨慎态度。如前文已经说过的，古史传说的精度并不高，从一般意义上看，它有较高的可靠性；但若是深入

---

① 参见李旻：《高地龙山社会及其遗产》，《读书》2021 年第 5 期。

细节，就不要太当真了。考古学从物质遗存的角度揭示上古史，这是一个维度的历史真实，跟古史传说可能并不一样。从考古材料中我们看到南佐、石峁、陶寺、二里头，看到距今四五千年前黄土高原西北部的强大，看到陶寺具有国家性质的存在，看到二里头作为王朝的繁盛。目前的古史记载还不能很好地与考古发现对应，也许永远都不可能，因为它们本来就是两个维度的历史。

我们不妨比较这样一个例子，假如只从物质遗存的角度来研究清朝的历史，那么我们看到的历史可能与文献记载有很大的区别。在基本生产生活领域，清朝与明朝区别并不大，但在纹饰图案上会有所区别，清朝的复古气氛浓厚。在统治集团的物质遗存中，可以看到一些来自东北的文化因素。在技术、社会与意识形态三个层面，清朝相对于明朝，变化都不明显。但是从文献上，我们看到的是极其激烈的社会矛盾，不仅是改朝换代，还是少数民族入主中原，由此引发了尖锐的夷夏之辨。哪一种研究更接近历史真实呢？历史真实真的是唯一的吗？如果真的是唯一的，那么从物质遗存出发的研究可能更接近真实，而那些文献记载因为受到写作背景的影响，可能会放大或忽视某些东西。

回过头来看南佐，不论它是否代表黄帝部族，它所代表的黄土地带的文化在中华文明的发展进程中都承担了极为重要的角色，这一点是确定无疑的。

中华文明起源与边缘发展理论

过去 30 多年来，有关中华文明起源的认识发生了近乎颠覆性的改变，以中原为中心的发展模式（中原中心论）曾长期主宰学界的认知，但是在持续不断的考古发现与研究面前，学界不得不改变这个传统的观点。尽管目前还有坚持中原中心论的声音，但至少我们可以说，以中原为中心并不是从来就有的，它也是一定历史阶段的产物。这个阶段就是三代时期，而在此之前，也就是在中华文明的起源阶段，中原中心论是不成立的。从这里我们可以看出考古学作为一门以发现与研究实物遗存为中心的学科所发挥的重要作用。当然，考古学不能满足于发现实物材料，而需要解释历史过程，进一步理解中华文明的特性。这里尝试以史前史上的边缘发展现象为基础，提出边缘发展理论，以解释中华文明的起源过程。鉴古知今，边缘发展理论也有助于我们理解历史时期与当代的社会发展。

史前史上的边缘发展现象

在史前史的研究中，过程考古学的主要开创者路易斯·宾福德较早注意到边缘发展现象，1968 年，他在研究农业起源的过程中，注意到最早的农业开始于边缘地带[①]。随着人口增加、社群分裂，部分群体进入边缘地带，为了生存，不得不开始资源的广谱利用，进而强化利用部分有驯化潜力的物种，由此驯化逐渐发生，人群的生计从狩猎采集转向以农业为基础。我自己在研究中国农业起源的过程中也注意到，最早的农业出现在山麓、小盆地区域，是森林草地生态交错带，也是部分驯化作物祖先分布的边缘地带，尤其表现在水稻的分布上。野生水稻主要分布在热带区域，长江中下游地区是其分布的北部边缘。史前农业的发展有一个从山麓走向平原的过程，我们熟知的适合农业的平原地带并不是农业最早的发生地，它是从边缘地带开始的。

在中国北方，农业起源的前奏是细石叶技术的起源，这种技术以间接打击法生产形制标准的细石叶，然后将其镶嵌在骨柄、鹿角柄的凹槽处，组成矛、刀、鱼镖等不同类型的工具。细石叶标准化程度高，轻便易携带，用途广。我在 2008 年的一篇文章中对细石叶技术的起源进行了理论推导，鉴于这种技术的特殊属性，认为它非常适合资源分布日渐稀疏且变得不确定的环境，变化之中的生态交错带环境最需要这样的技术，而当时华北地区就是这样的地带[②]。

[①] 参见 L. R. Binford, "Post-Pleistocene Adaptation," in *New Perspectives in Archeology*, eds. S. Binford and L. Binford（Chicago: Aldine, 1968），pp. 313-341。

[②] 参见陈胜前：《细石叶工艺的起源——一个理论与生态的视角》，载北京大学考古文博学院编《考古学研究》（七），科学出版社，2008。

此后的华北地区若干遗址的考古发现显示，该技术最早出现于末次盛冰期到来的时候，即距今 2.6 万年前后（见图 6-39）。

图 6-39　内蒙古林西白音长汗遗址出土的细石核

资料来源：国家文物局、中华人民共和国科学技术部、辽宁省人民政府编《辽河寻根　文明溯源——中华文明起源展》，第 35 页。

除了我个人特别关注的两个现象之外，我们还可以把视野扩展到人类史前史的更早阶段。早在人类起源阶段，我们就可以看到边缘发展现象。人类祖先灵长类动物原本生活在热带雨林环境中，黑猩猩、大猩猩至今仍然如此，但是随后出现的气候变化让部分地区逐渐变成了热带稀树草原。对于人类祖先而言，这就是边缘环境，他们不得不改变体质上的适应，发展更好的直立行走姿态，减少阳光下暴晒的面积，并以出汗的形式更高效地散热。同时，旱季时食物资源减少，人类祖先不得不利用埋在地下的植物根茎与死亡的动物，这些都要求人类发展挖掘与切割工具，人类从此走上了文化适应的道路。按照"撒哈拉泵"假说，当气候适应的时候，撒哈拉大沙漠变成人类可以利用的环境，部分处在边缘地带的人类进入这里，然后，随着气候变干，他们又被挤走。他们无法回到原处，于是向北走出撒哈拉，人类由此走出非洲 [1]。

为什么是边缘？

从前面所说的史前史的例子来看，所谓"边缘"，是指人类适应上存在边缘效应的区域，其中包括环境条件本身就存在边缘效应的，如生态交错带，这是空间意义上的；还包括时间意义上的变化，即部分环境条件的突然变化对于人类适应构成的挑战，如末次盛冰期结束，部分地区狩猎采集让位于农业。随着人类社会不断演化，环境条件的内涵从完全指自然环境，逐渐过渡到自然环境与社会环境并重，有时甚至完全就指社会环境，而与自然环境无关，这在当代社会的发展中表现得尤为明显。

为什么要强调边缘呢？边缘效应的说法首先来自自然环境，如森林的边缘，这里拥有更多元的生态空间，给予物种适应更多样的选择。当然，这不是没有成本的，其机会成本就是边缘地带环境更不稳定，边界容易发生变化，迫使物种不得不频繁迁徙，物种不得

---

[1] 参见 N. Roberts, *The Holocene: An Environmental History*, 2nd edition（Oxford: Blackwell, 1998）。

不在适应上保持更大的弹性，以利用空间与时间分布上不那么确定的资源。对于物种而言，在边缘地带遭遇到的挑战显然高于中心地带，就像前文所说的细石叶技术的起源，处在边缘地带的史前狩猎采集者不得不提高流动性，发展更具有弹性的技术，于是细石叶技术应运而生，它代表旧石器时代人类打制石器技术的巅峰。从细石叶技术的起源过程来看，正因为流动性得到了提高，中国北方的狩猎采集者与欧亚大陆西侧的人就石器技术产生了交流，吸收了石叶技术、勒瓦娄哇技术等石器生产技术的部分要素，从而产生了细石叶技术。

除了更多的外部挑战、更多的交流机会，边缘地带还提供了一个革新的良机，那就是更小的内部阻力。在农业起源进程中，生活在边缘地带的是从中心群体中分离出来的人。对于这些新移民来说，他们更少受到传统与习惯的制约，我们在历史时期的移民中也可以看到类似的情况。在文化适应的重大变迁之时，如狩猎采集让位于农业，文化系统进行全方位的调整，从技术、社会到意识形态层面都需要如此。此时，旧的文化系统就会构成巨大的阻力，尤其是在社会与意识形态层面。在文明化进程中，平均社会需要让位于等级社会，但平均主义是人类社会长期存在的传统，对于早期人类的生存与发展发挥过重要作用，由此在人类社会中形成了根深蒂固的观念。以等级社会取代平均社会，就必须克服这样的观念，无疑这是个严峻的挑战。也正因为如此，在社会阻力小的地方，社会变革才更有可能获得突破，于是，边缘地带的优势就体现出来了。

文明化进程中的边缘

从史前中国的文明化进程来看，有一个先边缘后中心的发展过程。在距今 5 000 年前后的中国，文明化成就最高的无疑是良渚文明。考古发现显示，良渚不仅有规模宏大的古城、等级分明的墓葬，更有堪称人类水利史标杆的水坝体系，此外，观象台、稻田、手工业等无不体现着它作为一个早期国家所拥有的复杂的组织结构。良渚的系统发现彻底颠覆了文明起源的"中原中心论"。其实，良渚的兴起还有更早的渊源，距今 5 800 年前后，张家港东山村遗址崧泽文化墓葬已经存在显著的等级分化，按李伯谦先生的说法，这可以代表史前中国最早的古国。再往前追溯，我们可以看到早在上山文化阶段，这个地带就已经有了一定的社会复杂性，形制多样的陶器组合中有硕大的陶盆、精美的陶壶，以及饮酒的证据，说明可能存在宴飨行为，而这正是社会竞争与分化的形式。有研究表明，末次盛冰期结束后，海平面上升，拥有更高社会复杂性的海岸地带狩猎采集者不断后撤。上山文化的社会复杂性可能就是这一过程的产物。海陆边缘作为典型的生态交错带，为早期文明化进程提供了舞台。

与良渚差不多同时或比它略早的辽西红山文化牛河梁遗址，以其坛-庙-冢组合的发现，在 20 世纪 80 年代率先拉开了中华文明探源的大幕。牛河梁遗址作为一个遗址群，包含类似于后世圜丘的祭坛、布置众多雕像的神庙、随葬丰富玉器的首领墓等，显示出古国的初步迹象。红山文化所在的辽西地区是森林草原交错带。受到多变环境条件的影响，整个新石器时代，这里的生计模式一直在农业与狩猎采集之间来回波动。也因为环境条件的限制，红山文化后来崩溃了，被更强调狩猎采集的小河沿、哈民文化等取代。直到夏商时期，夏家店下层文化继续推进文明化进程。

辽西地区是中国从东北到西南的生态交错带的组成部分，在这个条带的西北部分，同样是在距今 5 000 年前后，最近重新开始发掘的庆阳南佐遗址见证了又一个文明化进程中的边缘发展现象。这里揭露出来室内面积 680 平方米的殿堂基址，中心火坛的直径超过 3 米，细泥抹面，烧成青灰色，加工十分考究，已经不是日用的火塘，祭祀性质明显。附近 30 万平方米范围内还发现了 9 座大型夯土台，它们没有明显的实用性，也是祭祀建筑。如此规模的祭祀中心显然需要一个大型的社会组织才可能支持，称之为"南佐古国"是合适的。

同在这个地带的东北方向，距今 4 300 年前后，发现了一系列石城，石峁古城面积最大，也是迄今为止发现的史前时代面积最大的城池（见图 6-40）；其防御设施先进，城墙已经有瓮城、马面的设计，大大提前了这类城防特征出现的年代（见图 6-41）。按古史记载，南佐到石峁一带曾经是黄帝部族分布的范围，当地至今仍保留有不少相关的传说。从考古材料来看，石峁所代表的力量入侵了陶寺，并留下了大量暴力证据（见图 6-42）。从语言学的角度来看，流动性较高人群的语言的多样性更低，这显然有利于社会整合。森林草原交错带是非常适合狩猎的地带，生活在这个区域的人群在射猎上有优势。更好的社会整合，加上射猎上的优势，无疑会有更强的战争能力。红山、南佐都在祭祀上投入巨大，显示出较强的社会整合能力；与此同时，形制多样的箭镞的出土，与射猎上的优势是匹配的。从考古学文化的特征来看，南佐与石峁都是农业群体扩散到边缘后发展起来的，在建立其优势之后，重新进入中心地带，开启文明的新阶段，这可能就是古史上的炎黄部族的联合。

图 6-40　陕西神木石峁古城遗址

资料来源：陕西省考古研究院、榆林市文物考古勘探工作队、神木县文体广电局、神木县石峁遗址管理处编《发现石峁古城》，文物出版社，2016，第 28 页。

图 6-41　陕西神木石峁古城的瓮城遗迹

资料来源：陕西省考古研究院、榆林市文物考古勘探工作队、神木县文体广电局、神木县石峁遗址管理处编《发现石峁古城》，第 104 页。

图 6-42　山西襄汾陶寺遗址的暴力证据

资料来源：何驽提供。

总结与启示

边缘发展理论可以解释史前史上的一系列文化发展现象，具体到中华文明探源问题上，也能与当前的考古材料有较好的契合。当然，这不是说，所有的文化发展都在边缘地带。从既有的材料来看，它能够较好地解释转型期的文化发展，解释文化初始阶段的变化。其实，边缘发展现象并不是史前史上独有的现象，从近现代社会转型中也可以看到类似的发展。工业革命的发源地就是欧洲的边缘——大不列颠岛，而非欧洲大陆；取代英国作为世界帝国的美国，则是西方的边缘。边缘地带的特点，即足够的外部挑战、更少的内部阻力、更多的发展机会，都得到了体现。类似的情况还见于中国的改革开放，广东、浙江、福建等东南沿海地区大胆改革，积极开拓，开创出了一条新路，而这些地区原来的工业基础并不好，它们利用了边缘地带的发展优势。用边缘发展理论来考察当代世界，不难发现中国正处在一个新的边缘地带，这是一个融第四次工业革命与人类文明创新使命为一体的边缘地带。此时，我们只要锐意改革，减少内部阻力，积极应对挑战，抓住发展机遇，就必将迎来中华民族的伟大复兴，迎来一个繁荣昌盛的新时代。

第 7 章

文明化进程的节奏

在考察中华文明的形成过程时，苏秉琦先生提出了两个三部曲：古文化-古城-古国、古国-方国-帝国，合起来就是古文化-古城-古国-方国-帝国，其中包括五个步骤。我的考察视角有所不同，更关注过程本身，尤其是其中的机制。这不仅是因为我的理论背景，更因为我愿意以更长的时间跨度来看这个问题。我注意到在中华文明的形成过程中存在三个特征鲜明的阶段，即分化、融合、扩散，我称之为文明化进程的节奏（或者主旋律）。分化的同时其实也有融合与扩散，但是这个阶段的主要趋势是分化，其他两个阶段也是如此。从这样的一个三部曲的角度来理解中华文明的形成过程，可以把万年的文化史与五千年的文明史连成一体，有助于我们更充分地理解文明的发生与发展过程。

大分化：中国旧新石器时代过渡的机制与动因

农业起源与人类起源、文明起源一起并称为考古学领域的三大"终极问题"。农业起源是划分旧新石器时代的根本标志，但是在史前中国广袤的土地上，农业起源并不是旧新石器时代过渡时期唯一的文化适应变迁方式。即便是农业起源区，即华北、长江中下游、岭南地区，也各有不同的形式。非农业起源区同时期也发生了文化适应变迁，形式各有不同。随着近年考古发现与研究不断取得新的进展，中国旧新石器时代过渡的面貌日益清晰。学界逐渐认识到其中存在着复杂的多样性，其发展并不是简单线条的。中国旧新石器时代过渡问题研究已成为一个相对独立的领域。

分期与分区

改革开放以来，有关中国旧新石器时代过渡的考古发现大幅度增加，相关认识有了实质性的突破。以最近十多年的工作为例，东北地区先后发现了一系列该时期遗址，包括大兴屯、后套木嘎、缸窑、双塔、滕家岗遗址等，填补了空白。在内蒙古中南部、河北北部新发现了裕民文化，裕民、四麻沟、兴隆遗址等的发掘为了解北方草原地带旧新石器时代过渡提供了新资料。加上既有的考古发现，目前我们可以对中国旧新石器时代过渡时期的时间阶段做出更细致的区分。

这个时期开始的时间可以陶器的出现作为标志。陶（容）器易碎，不适合搬运，它的出现往往意味着狩猎采集群体的居住流动性的下降。从目前的考古发现来看，至少在距今 1.3 万年前后，中国岭南、长江中下游、华北、东北，乃至日本、西伯利亚都出现了陶器。其中岭南与长江中下游出现的时间更早，部分超过距今 2 万年。由于测年标本还不够多，标本的可靠性（其中可能存在更古老的死碳）还存在争议，所以还不能说某个地区的陶器是最早的，更不能说其他地区的陶器都是从这个地区传播来的。从世界范围来看，制陶技术曾经在不同地区反复被发明。结合现有的发现，我们可以把距今 1.5 万年前后设为中国旧新石器时代过渡开始的时间。这个上限的设定是折中的产物，是可以变化的。其下限相对更清楚，那就是距今 8 500 年前后，此时在华北与长江中下游地区涌现出了一系列新石器时代文化，如上山、彭头山、后李、兴隆洼文化等，其中上山与彭头山文化的年代略早。之所以用"涌现"这个词，是因为这些文化出现得很突然，而且规模前所未有，在这些遗址中发现了大量的房址、陶器、磨制石器、驯化物种等。

随着研究的深入，我们现在似乎可以把旧新石器时代过渡时期进一步区分为早、晚两个阶段，区分的标志是新仙女木事件。这个气候事件持续的时间只有一千多年，更新世之末的升温过程被打断，气候再次变冷。这个事件可能加速了农业起源进程。尽管目前考古材料的年代精度还不够细致，但以早、晚两个阶段来划分旧新石器时代过渡时期大致是可以成立的。重要的是，它可以帮助我们更清晰地看到旧新石器时代过渡的发展进程，如在万年仙人洞遗址可以看到新仙女木事件前后水稻利用的显著变化。

从分区的角度来讲，按照文化生态条件，在《史前的现代化：从狩猎采集到农业起源》一书中，史前中国被分为华北、长江中下游、东北、西南、岭南、生态交错带、青藏高原、西北等区域。由于材料有限，当时有两个区域未被列入，一个是北方草原地带，另一个是海岸与海岛区域。裕民文化的发现让北方草原地带的旧新石器时代过渡成为一个可以探究的课题。随着考古发现的增多，还可能在区域内发现更细微的差别，如长江下游与中游地区之间，华北的黄土高原与盆地、山麓、平原区域之间。甚至在同一考古学文化内部也存在差异，如山东的后李文化存在沿河与内陆的区别，废弃过程研究显示前者的居住流动性更低。对于史前中国这样一个面积广大、自然环境丰富多样的区域而言，必定还会发现更多各具特色的地方适应，这可能是我们今后研究的一个方向。

旧新石器时代过渡机制研究

从文化适应方式来看，所谓旧新石器时代过渡就是狩猎采集者如何应对外部（环境）与内部（社会）的挑战，形成相宜的文化适应模式。因此，关于旧新石器时代过渡机制的讨论必定要围绕狩猎采集者的文化适应机制展开。狩猎采集者研究是人类学与考古学交叉的研究领域，其中汇聚了生态、进化、社会、能动性等众多理论与视角，探讨狩猎采集者的文化适应机制是考古学理论研究的一个重要方向。那么，为什么我们要探讨旧新石器时代的过渡机制呢？这是由考古推理的性质决定的。

考古学通过实物遗存来了解过去，也就是通常所说的透物见人，其基本的研究路径分为归纳、演绎与类比。归纳推理是从各个具体的考古发现出发，从特殊到一般，最终上升到理论层面。演绎推理正好相反。归纳与演绎是相互补充的，两者不可或缺。这个过程类似于刑侦破案，值得说明的是，刑侦破案是有一系列模式的，一定的模式对应一定的材料特征，否则推理就漫无边际。模式就是理论研究，它与从材料出发的推理相向而行，从而提高了推理的效率。在当前的中国考古学研究中，特别缺乏对模式的认识，甚至对模式有误解，认为这样的推理是套用模式或预设观点。从模式出发的推理与从材料出发的推理是相互匹配的过程，不是要去削足适履。排斥模式的结果就是考古学透物见人的能力不足，因为考古材料无论多么丰富，其实都只是古代生活中非常小的一个组成部分，而且材料本身不会讲话，并不能直接告诉我们古代发生了什么。从模式出发的好处就是能够直接说明人本身，而它的坏处是，一旦模式存在缺陷或者还有一些模式没有被大家认识到，故而推理就可能出错。由于古今生活存在巨大的差距，考古学家必须借助诸如民族考古、实验考古等"中程理论"来构建模式。所谓狩猎采集者研究，是模式研究的组成部分。

狩猎采集者的文化适应策略可以分为长期与短期两个方面。长期策略包括技术的不断进步、能动性的提高、人口的持续增长以及在此基础上形成的社会复杂性的提高与能量最大化策略的形成。短期策略包括提高流动性、发展储备、强化利用某些食物资源、向边群体求助等。首先，这些策略的使用会受到环境条件的限制，比如热带雨林地区很难实现长期储备（也无必要），且不利于提高流动性；有的地区缺乏可以强化利用的动植物资源。其次，这些策略存在"天花板"，如流动性的提高，人类单靠步行，每天能够流动的距离是有限的。最后，不同策略都有其成本，而且可能相互制约，如流动性提高到一定程度之后，群体内成员的流动性可能会产生分化，有些不适合流动的成员反而可能停下来，留在中心营地，让适合流动的成员进一步提高流动性。这样，我们就可能在考古材料上看到，一方面适合流动的技术（如细石叶技术）进一步发展，另一方面又出现了中心化的居址以及适合低流动性的技术（如锛形器、石磨盘等）。随着人口的增加，群体的领域范围会更加明确，大范围（资源斑块之间）的流动性会受到限制，小范围（资源斑块内）的流动性则在提高。

　　在旧新石器时代过渡时期，狩猎采集者长期策略与短期策略相结合可能形成不同的文化适应模式，部分模式非常清楚，能够得到狩猎采集理论研究与考古材料两者的支持。其中第一种（最显著的）模式就是走向农业生产，但需要注意的是，农业生产的形式非常多样。就利用的对象而言，可分为谷物种植、动物饲养、根茎栽培，在此基础上，根据各地的情况，产生了丰富的形式。就发展程度而言，也是各有不同，程度较低的有低水平食物生产，农业生产贡献有限；程度高的有集约农业。如在岭南地区首先发展的就是低水平食物生产，长江中下游地区形成了以稻作为中心的集约农业。第二种模式是走向水生资源利用，水生资源的资源域广阔，有船运的优势，适合定点利用，支持定居，同时具有跟陆生资源不同的季节性，能够较好地缓解由陆生资源不足以及流动性受限所导致的压力。当然，水生资源利用存在河湖与海洋的区别，还存在不同气候带的差别，其中的关键在于资源利用的难度与可持续性。离海岸线越远，利用难度越大，但可持续性更好。第三种模式就是继续狩猎采集，上述长期与短期的文化适应策略可被称为积极的策略，狩猎采集者其实还可以采取消极的应对策略，如通过降低出生率、溺婴、弃老等方式来避免产生人口压力，从而可以继续狩猎采集。有的地区本来就适合狩猎采集生计，受更新世之末环境变化的冲击较小，从而可以继续从事狩猎采集。

　　是否还有更多的模式呢？从集约农业到狩猎采集，是一个连续的过渡，其中存在各种各样的混合。目前有关模式的归纳还是比较简单的。随着研究的深入，可以想见，还会建立起更多的模式，让考古推理更加精细准确。

旧新石器时代过渡的动因

对旧新石器时代过渡动因的讨论缺乏区分，往往将其归因于唯一的或主要的因素。但任何事物的形成都是内外因素相互作用的结果。从内外的角度来看，旧新石器时代过渡涉及外部环境的变化，末次盛冰期结束，气候相对温暖与稳定的全新世开始，对新的生计方式的形成既有推又有拉的作用；内因应该是更主要的，而在考古学研究中，这方面的工作还很不够；内外因之间的相互关联也是一个值得进一步探讨的方面。如有研究认为末次盛冰期时海平面下降了一百多米，当时的海岸附近生活着社会复杂性较高的狩猎采集群体。随着海平面的上升，这些区域被淹没，这些群体不断向内陆撤离。海岸地带人口密度进一步提高，社会复杂性也会随之提高。社会复杂性越高，意味着社会内部的竞争越强。农业起源的目的更可能是获取进行"宴飨"的生产剩余，而不只是获取基本的食物资源。从考古证据来看，浙江上山文化的陶器出现得早，一开始就呈现出分化的形态，存在部分加工精致的陶器（如壶），而且有酿酒的迹象，表明上山文化的社会很可能存在一定的社会复杂性。

目前我们讨论旧新石器时代过渡基本都强调推或拉这样的正面

因素，而很少考虑负面的阻碍因素。狩猎采集社会通常是平均主义的，正是这种机制抑制了产生生产剩余的动力，农业正是可能产生生产剩余的，因此，农业要起源就必须打破平均主义。不破不立，破与立是辩证的关系。如何打破狩猎采集社会的平均主义同样也是需要讨论的。社会复杂性的产生是打破平均主义的结果，显然，某些地区率先取得了突破，这个过程值得深究。

动因不仅有内外之别，还有远近之分，远因代表长期的发展，近因则是短期或突发因素的影响。关于远因的讨论涉及狩猎采集者文化适应变迁的机制，关于近因的讨论则主要考虑的是触发因素。弗兰纳里（Flannery）、林多斯（Rindos）这种从生态学出发进行研究的学者认为根本不需要什么触发因素①，人类与动植物之间长期稳定的互动就足以导致驯化。这种观点还可以得到自组织复杂系统理论的支持，系统处在临界状态时，究竟是什么因素触发了突变并不重要，重要的是系统是如何达到临界状态的。这里之所以考虑近因问题，是因为中国旧新石器时代过渡存在与环境事件的耦合关系。至少在华北地区，新仙女木事件可能在农业起源的过程中发挥了临门一脚的作用。因此，我们可以之为界把旧新石器时代过渡时期进一步分为早、晚两个阶段。

_____

① 参见 K. V. Flannery, "Origins and Ecological Effects of Early Domestication in Iran and the Near East," in *The Domestication and Exploitation of Plants and Animals*, eds. P. Ucko and G. Dimbleby (London: Duckworth, 1969), pp. 73-100; D. Rindos, "Symbiosis, Instability, and the Origins and Spread of Agriculture: A New Model," *Current Anthropology* 21(1980): 751-772。

　　有关中国旧新石器时代过渡的研究需要关注机制与动因的问题，这涉及理论的深入，可以有效提高考古推理的效率，实现考古学研究透物见人的目的；同时，还可以把多学科的理论融入考古学研究中，协助解决问题，反过来，考古学研究的成果也可能为其他学科所引用。

大融合：史前中国文明化进程的浪潮

　　相信许多人跟我一样，都很好奇为什么中华文明能够绵延五千年，并且形成了一个统一的超大型文明；同在温带区域，为什么欧洲至今还是四分五裂而中华一统则深入人心。可能有人认为是地理环境方面的原因，但是欧洲除了中央耸立的阿尔卑斯山，总体上并没有无法逾越的障碍，相比而言，中国的自然地理环境要复杂得多，因此，从地理环境的角度是很难说通的。我们必须要从历史的角度来理解，看看中华文明是怎么形成的，把握文明初创的结构特征。就像我们现在去了解一家成功公司的创业史，其创始特征往往影响深远。中华文明在形成之初有一个非常显著的特征，那就是融合，换句话说，中华文明是融合而成的。这个融合过程既具有长期的发展过程，也具有短时段的事件性。可以想象，当融合早就是中华文明的习惯性特征，并且成为中华文化传统的结构，当我们史前的先人习惯于通过融合来解决问题，那么在后来的历史阶段，融合就必定是首选的文化应对策略，尽管不是唯一的文化应对策略。下面我们就来看看中华文明的融合特性是如何形成的，以及这种融合特性具有哪些特征与意义。

大融合的形成过程

我们在陈述中国历史的时候，通常会说我们拥有百万年的人类史、一万年的文化史、五千年的文明史。中国发现最早人类居住的历史超过两百万年，较为可靠的标志是陕西蓝田的上陈遗址。五千年的文明史以良渚遗址为代表，有非常明确的年代序列与考古遗存，包括等级化的墓葬、聚落体系、宏大的都城、水坝系统、专业化的手工业等。所谓一万年的文化史可能不那么好理解，这里说的文化是指在时空上具有很高的辨识度的文化，其特征能够与后世的中华文明发展联系起来。这是一种什么样的文化呢？通常称之为新石器时代文化，更准确地说，是定居的文化、以农业为基础的文化。

农业是文明的基础，世界史前文明有三大体系，分别是欧亚大陆西侧（包括埃及）、欧亚大陆东侧、美洲（尤其是中南美洲），对应三大史前农业起源中心及其扩散地带。因此，我们探讨文明化进程必定要追溯到农业起源阶段。中国的农业起源过程持续的时间很长，现在已形成专门的研究领域，称为"旧新石器时代过渡研究"。这个时期可以从距今两万年前后算起，当时末次盛冰期即将结束，其结束可以定在距今 8 500 年前后，当时的华北与长江中下游地区出现了一批成熟的新石器时代文化。在这个时期的中间，即距今一万多年，出现了新石器时代的标志性特征，如陶（容）器、磨制石器、驯化动植物、定居聚落等。在史前中国，这些都是与农业起源相关的（世界上有些地区并不完全如此）。

农业带来定居，定居促进农业。就农业起源阶段而言，我们通常用"流动性"替代定居，定居是逐渐发生的，也就是狩猎采集群体逐渐丧失了其流动性；狩猎采集群体一旦降低或者丧失流动性，就不可能继续依赖狩猎采集来生活，转向农业就是不得不做出的选择。随着农业的出现，人们定居能力加强，人口迅速增加（相对于狩猎采集群体而言），群体之间的边界就变得越来越重要，因为农业的土地是无法共享的。于是乎，不同群体所用的物品开始分化，地方性特征日趋明显，由此形成了各具特色的"考古学文化"。以这些文化为中心，形成了后来苏秉琦先生所定义的"区系类型"，即一个个具有连续发展关系的文化圈。这些文化圈之间相互交流，形成了一个相互作用的体系，它就是早期文明的前身。正是在这个意义上，我们说中国有一万年的文化史。这个文化与文化历史考古的研究范式联系在一起，具有特定的概念前提。也许更合适的说法是，中国有一万年的农业史，因为农业才是文明的根基。过程考古所用的"文化"的定义有所不同，从内容上说，它指代人类适应环境的手段，历史十分悠久，可以追溯至旧石器时代早期；从形式上说，它表现为具有各种形式特征的物质遗存。

大融合发生在农业时代，发生在新石器时代的考古学文化之间。追根溯源，更早的旧石器时代有没有类似的现象呢？我曾用八个字来概括中国的旧石器时代：东西南北，大小粗细。意思是说，旧石器时代，欧亚大陆东西两侧石器技术具有不同的传统，中国是东侧的代表，是发源地；中国旧石器时代的石器技术一直存在南北之分，南方以砾石石器为主，北方以石片石器为主；石器技术早晚有别，旧石器时代晚期出现普遍的细小化，尤其是北方，在距今 2.6 万年前后出现了细石叶技术。旧石器时代，我们看到东西、南北、早晚的区别，可能存在文化的扩散与交流，但是没有看到大融合现象，所以，我们可以比较有把握地将大融合确定为农业时代文化发展的产物。

中国的旧新石器时代过渡持续的时间很长，也是中国史前农业起源的过程。这一过程沿袭了旧石器时代的南北格局，但同时产生了若干具有地方特色的文化适应策略，如岭南地区产生了根茎种植与渔猎相结合的园圃农业，东北地区出现了以渔猎为基础的复杂的狩猎采集社会，西南地区环境多样，狩猎采集生计持续存在。这一文化生态格局影响十分深远，它决定了我们所谓"大融合"的两个层次：一个是以农业为基础的文化之间的融合；另一个是非农业文化与农业文化之间的融合。前者早，后者晚。

说到以农业为基础的文化之间的融合，有个时段是不得不提的，即距今 8 500 年前后，在华北与长江中下游地区"涌现"出来一系列成熟的新石器时代文化。之所以说"涌现"，是因为此前的发展都没有如此普遍、如此成熟。陶器组合、聚落结构、石器工具的构成等似乎一下子都有了完整的体系。现在有种说法，即"中华文明有八千年的历史"，不是说这个时候就有了早期国家形态，而是说中华文明的某些要素，如宇宙观、玉文化等已经出现，正好与距今8 500 年的文化涌现同步。在这些新石器时代文化的基础上，开始形成苏秉琦先生所说的"区系类型"，或称"文化谱系"。此时辽西地区出现了兴隆洼文化（部分学者认为在这之前或与之同时还有个小河西文化），随后出现了赵宝沟文化、红山文化、小河沿文化等沿着这个发展脉络还有一系列文化，这些文化之间有些是前后相承的，有些则是同时的，代表了文化的分化发展。这些区域文化就像我们现在的省域文化一般，如在浙江，先有上山文化，然后有跨湖桥文化、河姆渡文化、马家浜文化、崧泽文化，最后在良渚文化阶段发展到了文明的程度。一方水土养一方人，不同的地域有不同的风格，从距今8 500 年清晰显露的地方特色各自发展出了自己的脉络或谱系。这些文化并不是各自孤立发展的，而是相互有交流，分布范围也有变化，有时很"强盛"，广泛扩散，有时"衰落"，局限于一隅。正是在这些各具特色的文化的基础上出现了大融合，形成了早期中华文明。

大融合的前提是存在多样性，而这些多样性正是旧新石器时代过渡的产物。旧石器时代，人类都以狩猎采集为生，过着流动不定的生活，石器技术上有些差别，但这种差别的体现是非常宏观的，就像前面所说的"东西南北，大小粗细"。旧石器时代晚期，我们从考古材料的发现中可以看到一些更细微的地方差别，如细石叶技术上存在不同的技法，可以将其视为文化多样性的萌芽。不管怎么说，细石叶技术使用者的文化适应策略都是狩猎采集。而到了旧新石器时代过渡时期，长江中下游地区稻作农业起源，华北地区以粟、黍种植为主的旱作农业起源，岭南地区出现了根茎种植，北方地区后来还出现了畜牧经济，最后发展为游牧经济，与此同时，狩猎采集仍然存在，在部分地区如西南，仍然是主流的生计方式。在旧新石器时代过渡时期，我们看到的是文化适应策略的"大分化"，到距今 8 500 年前后，大分化更上一个台阶，在华北与长江中下游地区涌现出更加多样的新石器时代文化。

逐鹿中原还是卷入文明旋涡？

《三国演义》开篇就说："天下大势，分久必合，合久必分。"这是从一般意义上说的，具体到特定历史时期，如从狩猎采集到农业时代的旧新石器时代过渡时期，我们可以看到的趋势是，发生了显著的文化分化。从大分化到大融合，似乎体现了"分久必合"。而所谓"合久必分"，并不必然表现为分化，还可以是扩散。这里我们可以先从这个"大扩散"说起。

关于二里头文化是不是夏文化，曾经存在众多的争议，至今也没有达成共识。按下这些分歧不表（参见后文），纯粹从考古材料的表现来说，二里头遗址是代表，这里产生了众多中国历史上的"第一"：最早的宫室制度、最早的青铜器组合……二里头文化是一个具有很强的统一性的文明，就这一点而言，我想是没有争议的。更值得关注的是，从二里头文化时期开始，文化出现了大扩散，"牙璋"（玉圭）向东分布到了日本，向南分布到了越南。越南发现的牙璋，形制与中国中原地区遗址所出高度一致。这种高度一致性反映的是广泛的影响力，很难不将它与一个统一的具有强大软实力和硬实力的国家政权联系起来。

二里头文化是大融合的结果，同时也是大扩散的开端。从大分化到大扩散，我们把大融合的早晚两头确定下来了，它们中间的时段就属于大融合阶段。中华文明正是在这个大融合阶段形成的。按照"中华文明探源工程"公布的成果，中华文明的演进过程可以归纳为：万年前奠基，八千年前起步，六千年前加速，五千年前进入①。这个归纳是从文明化进程的角度做出的，其标准是文明要素的出现。如果从文明融合的角度来看，中华文明的演进过程至少可以划分为三个阶段：第一阶段是早期中国文化交流圈的形成，即形成初步相互交流的网络；第二阶段是早期中国文化相互作用圈的形成，李新伟强调这可能更多是社会上层的交流，其前提是社会已经分层，社会上层之间形成了关系网，有点如《红楼梦》中的四大家族，构成一荣俱荣、一损俱损的关系；第三阶段是深度融合阶段，不同地区的文明要素熔于一炉，这"一炉"就位于中原地区。

不同学者以不同形式提起过"早期中国文化圈"概念，苏秉琦先

---

① 参见窦兆锐：《百年考古与中华文明之源——访中国历史研究院考古研究所王巍研究员》，《历史研究》2021 年第 6 期。

生的六大"区系类型"划分中就暗含着文化交流的成分，它们共同构成中华文明形成的时空框架；韩建业有专著对此进行过讨论。一个值得进一步思考的问题是：为什么会形成这样一个文化交流圈？为什么不是跟周边其他地区形成文化交流圈？我们不能说没有这样的交流圈，以辽西地区为例，在兴隆洼文化阶段，除了与华北，还跟东北乃至贝加尔湖地区有文化联系。文化联系是普遍的，在文化交流过程中形成了早期中国这个稳定的文化交流圈。我们现在无从知道那时候的人们是否知道自己属于同一个文化圈，但是从考古材料来看，的确存在这样一个稳定的圈子。究其原因，我们发现所有参与交流的文化基本都是以农耕为基础的定居文化，生活区域确定，社会群体也比较稳定，不像狩猎采集群体那样居无定所，生活区域频繁变动，由此在同属于农业群体的人群中形成了持续长久的文化交流。

史前中国有两个主要的农业起源中心：华北的旱作农业与长江中下游的稻作农业。有趣的是，在距今 8 000 多年的河南舞阳贾湖遗址就已经发现了水稻，其后水稻种植进一步在黄河流域扩散。当然，作物种植是一种技术知识，是很容易为不同群体所分享的，并不必然等同于人口的迁徙。付巧妹团队的一项古 DNA 研究表明，中国南北方人群可以追溯至距今 2 万—1 万年（古南方人群为距今 1.5 万年，古北方人群为距今 1.9 万年）[①]。这个年代也正是旧新石器

---

① 参见 M-A. Yang, et al., "Ancient DNA Indicates Human Population Shifts and Admixture in Northern and Southern China," *Science* 369(2020 May): 282-288。

时代过渡开始的时间。所谓"大融合"，首先应该指南北方人群的融合，这在农业发生与发展的过程中一直都在进行。南北方农业是互补的关系，稻作可以利用水源丰沛的平原沼泽地带，粟、黍则可以把旱地也充分利用起来。南北相依，这是中华文明 5 000 年绵延不绝的经济基础。历史时期，草原部族入侵中原的时候，北方士族可以南迁，文化得以赓续。

随着史前农业的发展，逐步形成了较为完善的文化生态系统，也就是说，农业技术、社会组织、意识形态与环境形成了较为良性的、稳定的互动关系。此时，农业群体开始向外扩散。文化生态系统的成熟意味着在当地进一步发展的空间变小，社会内部竞争加剧，一方面需要向外拓展以谋出路，另一方面需要发展社会本身的整合，从而缓和矛盾。距今 6 000 年前后，农业人群扩散，文明化进程加速，是有其经济原因的。不同地方农业群体外拓的过程中必然会出现交叉、碰撞，相互交流，进而形成文化意义上的早期中国。随着各个地方社会内部的进一步整合，社会分层加剧，就出现了社会上层垄断区域之间交流与物品交换的情况。此时，受制于交通条件，大规模的物品贸易是不可能的，但少量威望物品的交换还是可行的。甚至可以反过来说，正是来自远方的外来物品促进了威望的形成，维系了威望。这种方式非常古老，一直可以追溯到旧石器时代，至今不衰——买国外的奢侈品以彰显身份。

从考古学上说，距今 6 000—5 300 年，最初的中国形成，以红山、庙底沟、大汶口、大溪、凌家滩、崧泽考古学文化等为代表，形成基本的互动圈。以威望产品构建的社会上层交流网络对于参与交流的各方都是有好处的，前提是这个网络足够稳定。越稳定，参与的对象就可能越多。坏处也有，那就是网络崩溃后，所有的参与者都会受到影响。威望的形成也是社会分化的过程，尤其是在墓葬上看到越来越普遍的等级特征的时候，我们有理由相信当时社会已经出现较为固定的社会等级。墓葬考古通常假定，生不同，死亦不同。反过来，死不同，生亦不同。在狩猎采集阶段，尤其是在渔猎群体中，已出现社会等级分化。或者说，只要位置固定（适合渔猎的地点是相对固定的），就可能形成生产剩余，就可能出现社会等级分化。农业比渔猎的生产地点更固定，形成生产剩余的可能性更大，社会等级分化因此加速。最初的中国形成的这个阶段，一方面，社会内部在分化；另一方面，社会上层之间发展了区域交流。

在夏王朝作为一个统一的具有广泛影响力的文化出现之前，研究者通常认为还存在一个古国时代。按照中华文明探源研究，这个时代分为前后两个阶段：前一个阶段为距今 5 300 年到距今 4 300 年，后一个阶段为距今 4 300 年到距今 3 800 年。古国时代前段，以良渚、屈家岭、大汶口、马家窑文化等为代表，出现了一系列古城，良渚还修建有工程庞大的水坝系统，这些都表明出现了权力的中心化。没有强有力的社会组织，很难想象当时能够完成这些需要巨大劳动投入的工程。权力中心化是文明出现的拇指法则。但需要注意的是，良渚、石家河文化等后来都衰落了，这个阶段的文化似乎不那么稳定，而且形态各异，如果一定要用一个概念来概括的话，那"神权社会"相对比较合适。祭祀在当时社会中占有特别重要的地位，权力的获取与行使就是在此过程中实现的。神权社会后来为王权社会所取代，两者的显著区别在于王权社会有更强的控制力，不仅会运用神权，同时还会运用军事权力，更重要的是权力的组织机构更高效。神权的维系需要不断造神，获取外来物品与信息是一项重要的措施，不同神权社会之间的交流对于维系彼此的神权来说是至关重要的。

二里头文化无疑是王权阶段，在它与神权阶段之间，也就是在古国时代的后段，这个只有 500 年的时段里，其社会性质究竟如何，目前还不得而知，推测这里很可能已经进入王权阶段。这个阶段更值得关注的特征是，发生了文化的广泛融合，石峁、陶寺、山东龙山及其周边的文化因素都融入了中原地区，这是狭义上的"大融合"。为什么会有这样一个融合阶段呢？通常的解释是"逐鹿中原"，所有的政权都想控制中原。从文化分布的大格局来说，的确可以这么理解。回顾中国的历史，从秦都咸阳到北宋都城开封，以两者的中点也就是洛阳为中心，以洛阳到北京的距离为半径画一个圈，就会发现这就是文明的核心区。这个格局可以延伸到夏商周时期，其中夏商时期都城还不那么固定，变化较多，但主要都城还是在洛阳附近。控制了中心区域，就能以最小的半径控制最大的区域。控制中原是有明显好处的，所以有"逐鹿中原"之说。

　　当然，逐鹿中原是针对历史时期而言的，是否适合文明发生的阶段呢？毕竟现在还没有证据表明那个时代有庞大的军事力量，可以实现对中原的控制。古史传说中黄帝部族先后与炎帝、蚩尤部族有大规模的战争，战争肯定会有，频率可能也不低，但考虑到那个时代的生产水平，规模不会太大。针对"逐鹿中原模式"，赵汀阳先生提出了"旋涡模式"，认为在文明的相互交流运转中，在中原地区形成了旋涡。文化上的中国不是暴力征服的产物，而是广泛深入融合的结果。在文化意义上这么说，的确很合理。但逐鹿中原模式与旋涡模式并不完全冲突，前者是动机，后者是过程。旋涡模式说明，在文化交流过程中，中原地区广泛吸纳别的文化，陶寺的天文、山东的酒文化、江汉乃至湖南地区的图像、红山的祭坛与玉文化等统统进入中原地区，融入中原文化，成就了后来二里头文化的"大扩散"。

　　问题的关键或许不是吸纳本身，而是为什么此时中原能够吸纳。从历史上看，比如清朝，统治集团并非完全不了解西方的进步之处，清初统治集团也曾在战争中利用红衣大炮来取胜，也曾让西方的传教士参与天文历法的制定，据说康熙皇帝还带头学习西方的数学知识，但是历史进程证明，这些吸纳没有产生实质性的影响。改革开放是距离我们最近的广泛吸纳，其影响是我们切身感受到的，这一次吸纳产生的效果是惊人的，1978 年中国的人均 GDP 还落后于许多撒哈拉以南的非洲国家，而今中国已进入世界中高收入国家行列。之所以能产生这样的效果，无疑是因为有之前的积累，我们在改革开放前三十年的艰苦奋斗中已经建立起较为完整的工业体系，同时已经完成社会革命，彻底清除了封建土地制度及相关阻碍社会发展的因素。这次伟大的吸纳之所以成功，还因为有一个强有力且有远见的领导集体，改革开放的总设计师邓小平高瞻远瞩，把握时代潮流，促进了广泛的吸纳。也就是说，吸纳本身是有条件的，本身就需要加以解释。

因此，中原地区当时产生了强大的吸纳能力，表示这里存在着一股前所未有的发展力量，它的发展方式具有前所未有的革新性。这股力量是什么呢？除了夏及先夏外，我想不出还有其他竞争者。从已知的历史来看，夏的兴起代表王朝或王国时代的到来，与之前的古国（有人可能更愿意称之为酋邦）相比，在政治组织方式上有了重大的革新。古史传说中讲的是从禅让制变成了世袭制，但实际情况应该比这个复杂得多，影响也深远得多。夏王朝的兴起打破了过去一两千年的政治秩序，这股力量顺应了历史潮流，革新了政治体系，世袭只是表面的形式。因为有强烈的革新意愿，所以中原地区出现了吸纳能力。从这个角度来理解夏王朝的建立，在逻辑上更顺理成章。目前，相关的考古材料还不够翔实。一个原因是材料的发现还不够充分，尤其是早于二里头的夏都遗址；另一个原因是对材料本身的梳理还不够。既然此时中原地区具有大融合的能力，那么我们就应该围绕着这个中心来追溯，或许可以找到夏王朝兴起的原因。

在夏王朝兴起的前夕，众多古国面临的关键难题是如何获得进一步的发展。先不说发展，要维系古国，就必须控制关键的资源，这其中包括威望资源，还有更实质性的土地、水源以及劳力资源。古国时代的神王们通过控制社会上层的交流网络，获取外来物品，从而垄断威望资源，这一点从考古材料中是可以看出来的。社会下层之间的交流也存在，但是这样的交流除了丰富生活之外，很难产生权力。以神王的威望为引领，部众归顺，形成一个古国。古国之间的竞争是不可避免的，如何稳定部众是难以解决的问题，仅仅靠威望的引导，不免有些脆弱。在古国内部，统治集团核心圈中的人是了解威望产生的过程的，难免会有人觊觎权力，取而代之的想法是压不住的。《古本竹书纪年》中记载了尧、舜、禹之间的另类故事，故事中他们之间不再是文质彬彬的礼让，而是有羁押与控制。

从农业生产的角度来说，随着人口的增加，边缘土地也不断被开垦出来，人群的流动越来越困难，这是一个可以预期的推断。对于农民群体而言，他们希望拥有稳定的土地，因此，也希望有更稳定、明确的政权。而古国不容易实现这个目标，大量的资源被投入威望的竞争中，而这些资源并没有产生实际的效益，比如制作玉器（都是一些礼仪用器与装饰品），耗费巨大。如果权力关系明确的话，这些劳动就可以省下来。万国并立，无数的资源被耗费在无用的竞争中。新的时代精神由此产生，谁能够有效地解决这些问题，谁就能够脱颖而出。夏王朝的先人们顺应历史潮流，广泛融合与吸纳，突破持续了一两千年的瓶颈，建立了新的王朝制度，开启了新的时代。

海纳百川，有容乃大

龙作为中华民族的图腾，本身就是大融合的产物与象征，至于说龙的原型究竟出自哪里，已经不重要。中国新石器时代的考古材料显示，大江南北都有龙的形象，各不相同。这一方面说明中国新石器时代已经具有文化意义上的一致性（统一性），另一方面又说明存在多样性。经过大融合，统一性已经超越多样性，争论谁的贡献更大，已经没有意义。我们通常说自己是炎黄子孙，按照古史传说，实际上黄帝打败了炎帝，但经过融合之后，炎帝反而排名在前，千百年来，好像也没有人说这么做不大合理，没有体现出强者通吃的原则。融合体现包容，中华文明之所以广大悠久，在文明形成过程中的融合能力至为关键，而其中所含的包容精神则是宝贵的文化基因。融合体现的是一种非主体性的包容，是把统一性放在个体性之前，这样的包容消解了主体本身，避免了不必要的争端，是中华文明的创造。

融合是能力，文明在蓬勃生长的时候才会有融合能力，而在走向衰败时，往往是自以为是、封闭保守的。大融合往往发生在时代大转折的时期。从距今 6 000 年前后文化意义上中国的形成，到距今 4 300—3 800 年夏王朝的崛起，融合能力在不断增强。如今有关夏王朝的争论仍旧存在，其实从融合能力的角度来判断，是可以确认夏王朝的崛起的。当时的中原地区展示了强大的吸纳能力，而这正是一个文明兴盛的前提与标志。考古学研究把夏朝的探索局限于夏代夏族的文化，却忽视了夏作为转折期文明所特有的能力。

　　海纳百川，有容乃大。改革开放四十余年的发展，让所有中国人都深切地认识到，融合才能强大。中国正在这条道路上奋力前行，道路或许不会像从前那样平坦，但我们的能力在增强，中华文明的复兴必将实现。

大扩散：夏王朝的兴起

　　从大分化、大融合，再到大扩散，史前中国的文明化进程完成，其标志就是夏王朝的建立。首先，我们需要解答夏王朝有无的问题，如果要做出一个肯定的回答的话，需要有充分的理由。我相信这是许多人特别关注的问题。其次，我们需要回答为什么夏王朝是史前中国文明化进程的里程碑，究竟是什么把它与之前的时代区别开来的。最后，也许我们应该从对该问题的研究中得到一些启示，为什么围绕夏王朝的问题会存在争议，我们的研究策略应该做出什么样的改变。我其实不是夏问题研究专家，我关心的是考古学的理论方法。对于我来说，中华文明探源研究是一个极好的考察中国考古学发展的窗口，从理论方法到实践，这个领域的研究代表了中国考古学研究的最高水平，也是中国考古学的特色内容。这其中，有关夏王朝的研究又是焦点中的焦点，是检验所有理论方法的试验场，特别值得关注。

夏王朝之谜

究竟有没有夏王朝呢？在中国的历史长河中，这似乎从来都不是问题，直到科学进入中国之后。古史辨派的学者发现文献记载并不可靠，相互矛盾，莫衷一是。即便如此，他们也只是质疑、批判古史文献，而没有怀疑夏王朝的存在。随着现代考古学在中国建立，历史成为需要实物检验的存在，一段历史若没有相应的实物遗存证据，就不能被认为是真实的。殷墟的发掘，宫殿、大墓、青铜器，再加上可以识别的甲骨文，商朝的存在就得到了证明。甲骨文上提及的商王世系与文献记载契合，进一步证实了商朝历史的可靠性，反过来也证明历史文献是可靠的。但是，我们至今没有发现有关夏王朝的系统文字，如果按照确认商朝历史的标准来衡量夏朝，毫无疑问对夏朝的认证是不合格的。这也成为许多人质疑夏王朝存在的根本理由。运用科学方法证明夏王朝的存在，而不是直接假定其存在，这个诉求无疑是合理的。不过事情的发展似乎有点超出我们的期望，有关夏王朝的讨论上升到了政治高度。部分西方学者认为，中国学者将认定夏王朝存在当成政治正确，中国缺乏学术自由，如此等等；所谓夏王朝不过是周人想象出来的，用以强化自身统治的合法性，甲骨文中没有提及夏，赞同夏王朝的存在不过是为了增强虚假的民族自豪感而已。由于这个主张被放在科学的旗帜下，所以国内也不乏响应者。

　　夏王朝是否存在与中国文明起源有着什么样的关系呢？这个问题相对比较好回答，也是当前的材料与研究可以回答的。即便目前还不能证明夏王朝存在，我们说中华文明有 5 000 年的历史也是没有问题的。因为夏王朝只是史前中国文明化进程中的一个阶段，准确来说，它是终点，而不是起点。良渚文化丰富且系统的发现充分证明了在距今 5 000 年，它已经进入了文明阶段。有关良渚文化的成就，前文已有讨论，这里就不再赘述。其实在良渚文化之前，江苏张家港东山村发现崧泽文化大墓，表明距今 5 800—5 700 年的崧泽文化可能已经进入苏秉琦先生所说的"古国"阶段。而且不仅环太湖地区如此，河南灵宝铸鼎原的西坡遗址、山东大汶口文化的若干遗址（大汶口、陵阳河、焦家遗址）都可能代表中国进入了古国时代。几乎同时或稍晚的红山文化也是如此。古国算不算文明呢？我曾说文明有三层含义：（1）指一个历史发展阶段；（2）指"国家"起源；（3）指相应的物质与精神文化生产。其中，"国家"是文明的本质特征。然而，什么是国家呢？古代国家与现代国家的含义显然不同，我将其理解为立足于社会阶层分化基础上、具有中心化社会权力的政治实体。原始国家（或称早期国家）既有社会分化，也有社会整合，两者辩证统一。这样，就可以把新石器时代早期如土耳其哥贝克力这种规模惊人的祭祀遗址排除在外。

　　如何证明夏王朝存在过呢？目前争论的焦点落在一个地方，那就是文字。从河南龙山文化（以登封王城岗大城文化为代表）

到新砦古城文化，再到二里头古城文化，这是得到研究者较为普遍认同的夏文化的三个阶段。按李伯谦先生的说法，二里头是后羿代夏、少康中兴之后的夏代都城[①]。如果把二里头文化视为商文化，那么就无法说明二里头文化与先商文化之间的种种区别。从公元前 21 世纪到公元前 16 世纪，这个时间段并非历史空白，物质遗存证据在那里，只是承不承认的问题。如何才能让夏王朝的遗存获得承认呢？对于研究者来说，那就是必须采用商朝的确证模式，也就是找到文字，找到能够与文献对应的文字。如果文献有问题呢？毕竟我们现在看到的文献都是夏灭亡后近千年（春秋战国时期）的记录，而且文献在历史传承过程中还有可能被反复改写。再者，如果夏王朝时期的文字非常不发达，那该怎么办呢？这是非常有可能的，尽管目前已经发现了一些这个时期的文字符号，但是都不成句子，很难知道它们所表示的意思。如果这两个问题都解决不了，是不是夏王朝的存在就永远不能被证实呢？

当前我们有关夏王朝的认识主要来自古史文献，或称古史传说。徐旭生先生对此有系统的研究，按他在《中国古史的传说时代》中的说法，经过反复对照之后，有关夏王朝的真正可信的文献不到 30 条。在没有考古材料的情况下，徐旭生先生如何能够知道这些文献是可靠的呢？科学派的学者对古史传说是不予采信的，因为

---

① 参见李伯谦：《二里头类型的文化性质与族属问题》，《文物》1986 年第 6 期。

古史记载犯错的时候实在太多了，所以，考古材料是唯一可信的证据。在评价中国古史传说之前，我想先说两个西方考古学的类似故事。第一个故事讲的是传奇考古学家谢里曼（Schileman，也译作施利曼），他从小喜欢荷马史诗，对那些英雄神话深信不疑。长大后，他先学做生意，赚了钱之后开始从事考古工作，为了实现自己的梦想，他还专门娶了一个希腊姑娘为妻，这样的话，他就是当地人的女婿，开展发掘工作更方便一些。荷马史诗中的英雄故事是围绕特洛伊城发生的，其实在谢里曼开始寻找特洛伊古城之前，已经有人在做了，但是那些人都不如谢里曼迷信荷马史诗。谢里曼严格按照书本中的内容来对照考古调查的结果，他发现希沙立克土丘最有可能是特洛伊古城所在地。事情就这么神奇，谢里曼找到了特洛伊古城的位置，有点遗憾的是，他的发掘技术很糟糕，导致他把层位搞错了。第二个故事没有这么传奇，那就是《圣经》考古，按照《旧约》中的记载，考古学家在以色列找到一系列相关的遗存。我在留学的时候，曾去教会学英语口语，得到一本红皮《圣经》，上面列了许多相关的考古发现。

古史传说中肯定会有一些带有神话色彩的内容，但是这不等于它就不可信。通过对照文献，王国维从殷墟发现的甲骨文中找到了有关商朝诸王的记载，确认了《史记》有关商朝诸王世系的记载是可靠的。从商朝到西汉已经过去了一千多年，记载居然基本准确，但是涉及商朝之前的夏王朝时，不少人开始怀疑文献的可靠性。

夏王朝的存在为什么是可信的?

我的硕士同学孙庆伟教授几年前就"夏王朝的存在为什么是可信的?"这个问题专门写过一本书,叫作《鼏宅禹迹:夏代信史的考古学重建》(见图 7-1),他从考古学的角度对此进行了系统论证。我不是这方面的专家,只能就学界的研究进展进行述评。正书名《鼏宅禹迹》来自春秋时期的青铜器秦公簋,铭文中有这句话,表明春秋时期人们是知道大禹之事的。关于大禹的事迹,孙教授的老师李伯谦先生归纳了五件事:治洪水、都阳城、会诸侯、定九州、伐三苗。非常有趣的是,这五件事都找到了考古证据。

图 7-1　《鼏宅禹迹》书影

资料来源:本书作者拍摄。

我们先说"禹会诸侯"。2006 年，按照"中华文明探源工程"的安排，中国社会科学院考古研究所的王吉怀带队调查安徽蚌埠的禹会村遗址，次年进行了发掘。《左传》记载，"禹合诸侯于涂山，执玉帛者万国"。有关涂山的位置，历史上有四种说法，分别是浙江绍兴会稽、重庆渝州、安徽宣城、安徽怀远。历史地理学家谭其骧先生经过考证，认为怀远说更可靠，但一直都没有考古证据加以证实。考古发掘的成果让人非常惊奇，王吉怀团队揭露了一处有相当规模的祭祀遗址，考古发现了长达百米的祭祀台基，上面铺垫了白土，呈 T 形；在台基面上，有 35 个排列十分整齐的柱坑，可能是竖立旗帜的地方（见图 7-2）；上面还有烧祭面，能够看出多次烧烤的痕迹；特别神奇的是，台基上还有一个高起的长 1.84 米、宽 1.4 米的方土台，堆土夯筑而成，可能为祭祀盟主站立的地方。此外，还有一条祭祀沟与若干祭祀坑，在其中发现了草木灰、红烧土块、动物骨骼与大量陶器碎片。器物带有山东、江汉、环太湖地区等地考古学文化的风格（见图 7-3）①。这个发现比谢里曼找到特洛伊古城还要传奇，因为这个地方仍然叫"禹会村"，考古学家按照文献提供的线索，直接找到这里，然后就发掘出如此规模的祭祀遗址。如果这只是巧合，那么这个巧合也太不可思议了。

---

① 参见中国社会科学院考古研究所、安徽省蚌埠市博物馆编著：《蚌埠禹会村》，科学出版社，2013。

图 7-2　安徽怀远禹会村遗址柱坑

资料来源：中国社会科学院考古研究所、安徽省蚌埠市博物馆编著：《蚌埠禹会村》，彩版三。

图 7-3　安徽怀远禹会村遗址祭祀坑

资料来源：中国社会科学院考古研究所、安徽省蚌埠市博物馆编著：《蚌埠禹会村》，彩版十二。

　　我们接着说"禹都阳城"，在禹会村发掘之前，考古学界争论比较多的是"禹都阳城"这件事。20 世纪 50 年代就发现了王城岗遗址，1976 年开始发掘，发现了一座只有 1 万平方米的小城，也就是王城岗遗址。在离这座小城不远的地方发现了一座战国时期的小城，出土了带陶文的陶片，文字是"阳城仓器"，说明这里就是阳城。但这座小城是不是大禹的都城呢？河南省考古研究所的安金槐先生认为这应该就是禹都阳城 [①]，但质疑者说这座城太小了。据说安金槐先生当时反驳说：它就这么大，我怎么办呢？后来又有人质疑，认为小城的碳 -14 测年偏早，已经超出了古史记载的夏代纪年范围（按公元前 2070 年计算）。既然大家有质疑，那就应该继续找。果不其然，21 世纪初找到了一座年代稍晚的新城，面积达到 35 万平方米。晚期的大城与早期的小城有叠压关系。这里，安金槐先生的运气有点类似于谢里曼，说对了位置，但说错了层位。阳城之发现的了不起的地方在于反复检验，考古学家按照文献提供的线索对禹都阳城的规格、年代都是有预期的，当不符合预期时，考古学家并没有贸然采信，而是继续探索。若非如此，就不会有后来大城的发现。这也反过来说明，文献记载在这一点上是相当靠谱的。

我们再接着说"禹定九州"和"禹伐三苗"。我们知道，古史文献一般说到"九"，大多指数量很多，并不是准数。这里有意思的是禹定九州的范围。按照邵望平先生的研究，禹的九州的划分居然与

---

① 参见安金槐：《再论登封王城岗龙山文化城址与夏代阳城》，载《安金槐考古文集》，中州古籍出版社，1999。

龙山时代的考古学文化分布非常一致①。这种契合至少说明大禹时代的统治精英很清楚不同地区的状况，从物产到人力，而不是像以前认为的那样，大禹时代的人们还不能认识九州这么大的范围。"禹伐三苗"是又一个与考古材料相契合的古史传说事件。我的同事韩建业教授多年前注意到江汉地区的后石家河文化中有不少中原的因素，湖北的同行也注意到了这个现象，它反映了中原势力向江汉平原的扩张。这个时间节点正好与"禹伐三苗"相契合。

最后，我们谈谈"禹治洪水"。"禹治洪水"也是许多人认为最契合古史传说的，不过我倒认为这是所有契合中最弱的一项。《史记》记载："禹伤先人父鲧功之不成受诛，乃劳身焦思，居外十三年，过家门不敢入。"西周中期青铜器遂公盨铭文上也记载了大禹治水之事（见图 7-4）。地学研究者发现，在距今 4 000 多年有那么一个时期雨水的确比较多，等到大禹的时代，雨水减少，并认为这可能是大禹治水成功的前提条件——运气比较好。这似乎太小瞧古人的判断力了。其实只要是江河地区，都有可能出现洪涝干旱，没有大的气候变迁也会如此，我在个人有限的人生经历中已经看到过多次洪灾与旱灾。如今因为有水利设施与机械设备，所以没有什么太大的影响。若是在史前，难保不是灾害年景。"大禹治水"这件事有没有发生过呢？有，但不在中原，也不在长江中游，大禹时代的人力、物力是不足以治理

---

① 参见邵望平：《〈禹贡〉"九州"的考古学研究》，《九州学刊》1987 年第 2 卷第 1、2 期合刊。

图 7-4　遂公盨铭文

注：遂公盨铭文提及大禹治水之事，铭文记："天命禹敷土，随山浚水，乃差地设征，降民监德，乃自作配享民，成父母。"

资料来源：上海博物馆：《宅兹中国：河南夏商周三代文明》，第 31 页。

大江大河流域的洪水的。大禹治水故事的蓝本可能发生在良渚，人们用竹筏运送草包泥堆成堤坝，建设了高坝区与低坝区，还有水运通道。古史传说中所谓"息壤"（能自己生长的、可用于堵塞洪水的土壤）的原型可能就是草包泥。在沼泽地区，土壤湿软，无法堆叠，将其装进预制好的草包中，就成了可用的建筑材料，晾干之后，密实防水，堪称因地制宜的巧妙发明。这种智慧自然是值得大书特书的，于是成了可以自己生长的土壤（由湿软变坚硬密实，也说得通）。随着中原势力的兴盛，这个本属于良渚的故事被移花接木，这些工程都成了大禹的功绩。这样的事情历史上常有发生，所以逻辑上也说得通。从这个角度来说，大禹治水的考古遗迹已经发现了，只是文献有那么一点问题，事情发生的时间与地点有变。

此外与文献契合的还有"后羿代夏"这件事，在中原还真的发现了山东龙山文化的因素，说明此事并不是捕风捉影。还有研究者注意到二里头文化在其最后阶段遭到显著的破坏，特别是来自下七垣文化、岳石文化的文化因素突然成组出现在二里头都邑，且破坏了从前的大型建筑，这与文献所载商灭夏能够对上[①]。如此多的契合，再加上经过系统验证的商代历史，更令人难以否定。商代遗址的重要发现包括晚期都城殷墟、早期都城郑州商城。邹衡先生曾考证郑州商城就是成汤的都城亳，这个考证是考古学研究的经典工作。如果成汤的历史没有问题，他征讨的对象是谁呢？邹衡先生的另一项经典研究就是二里头遗址的一至四期都是夏文化[②]。如此之多的考古发现、如此之多的与古史文献的契合之处摆在面前，如果还要说夏王朝不曾存在过，我也不知道该说什么了。

为什么夏王朝很重要？

可能有些人感到有点困惑，既然夏王朝不是中国最早的文明，那

---

① 参见赵海涛：《二里头都邑聚落形态新识》，《考古》2020 年第 8 期。
② 参见邹衡：《关于探讨夏文化的几个问题》，《文物》1979 年第 3 期。

么为什么夏王朝很重要呢？为什么大家还要为此争论不休呢？夏王朝之所以重要，涉及早期中国文明演化的阶段性问题。现在我们知道早在距今 6 000 年前后文化意义上的中国已经形成，到距今 4 000 年夏王朝建立（约公元前 2070 年），这中间持续了大约 2 000 年。这么长的时间，文明演化在持续进行中，不同地区的文明浪潮此起彼伏。特别值得关注的是，这个时期的文明形态极具多样性，不同地区似乎都在试验自己的路径。反过来说，这也正是文明发展不够成熟的表现，具体来说，就是文明的稳定性比较差。良渚文明繁荣了几百年后就崩溃了，红山文明、石家河文明也是如此。为什么早期文明都这么脆弱呢？一个很重要的原因就是，其统治策略较为单一，更多依赖神权。从古史传说中我们可以看到，那个时候的首领无不以优秀品德（威望）而闻名。这必定导致首领之位的竞争十分激烈，谁会甘拜下风呢？当两个人的德行相差不远时，又该如何权衡呢？有美德必定有恶行，动物界从来不乏欺骗，人类在这个方面更是"技高一筹"。《古本竹书纪年》中记载的另类的早期权力斗争史，很可能更接近真实发生的故事。斗争的结果必定是社会动荡不安，每换一任首领都导致社会大洗牌，成本过于高昂。

有没有降低成本的做法呢？有，那就是建立稳定的权力秩序。但是怎样才能建立稳定的权力秩序呢？通过威望比拼来传递权力，显然不如采用血缘更确定。可能有人认为血缘并不能保证统治者的才能，反而更容易导致权力秩序的混乱。但如果建立一个以"王"为中心的统治集团，"王"以神性作为统治合法性的基础，建立官僚体系帮助

"王"去行使具体的权力，那么就有可能实现稳定的权力秩序。古代日本一直采用这种策略，所以有"万世一系"的说法。但中国古人不是那么好骗的，陈胜、吴广就有"王侯将相宁有种乎"的质疑，更早时代有盗跖的反叛。这些是有文献记载的故事，更早时代的人们是否也有这样的想法呢？从后羿代夏的记载来看，世袭制在刚开始的时候并不稳定，觊觎权力的人还可以像从前一样夺得权力，但从少康中兴之后，这样的事情就很少发生了。这说明王朝制度设计又有改进，堵住了漏洞。现在考古学界普遍接受的观点是，夏是"王国"，此前是"古国"或"邦国"。从人类学的角度来说，叫作"酋邦"，酋邦的特点就是多样且不稳定，它还没有形成完整的官僚体系。历史时期有郡县制，分层级管理，这是纵向的划分；还有横向的划分，形成了不同的分工，如监察、军事、钱粮、刑罚、工程、手工业、礼仪祭祀等。系统的分工不是初始设计的产物，而是在竞争冲突中不断调整形成的。王朝的兴起绝不仅仅是出现世袭制那么简单，而是整个统治体系的成熟。

夏王朝开启了一个新的时代。我们是否有考古证据呢？我曾从权力的物性特征上进行过分析。所谓物性，就是人与物在长期相互作用过程中形成的稳定的象征关系。按照物性，人就是物，物就是人。我们这个时代经常用计算机（或其他机器）来形容人，农业时代喜欢用牛、马来形容人，不同时代有不同的物性。神王时代，权力的物性主要体现在玉器上。当然，史前中国并不是每个地方都流行玉器，但玉器无疑是最有代表性的，就像计算机最能代表我们这个时代一样。玉石的光泽是温润的，玉器更多只能用作礼器、装饰品，而没有什么实用性。取代玉器时代的是青铜时代，青铜的物性与玉石的物性迥然不同，新铸出来的铜器金光灿烂，极具炫耀性。青铜还适合制作兵器，较之石头更坚韧，更适合大规模生产（见图 7-5）。青铜也适合制作礼器，废弃后还可以重新回炉，制作新的器物。这就让青铜比玉石更适合流通，它可以成为社会交换的"通货"，有利于社会交流。从权力的物性表征角度来看，青铜时代的到来是军权兴起的象征，即青铜时代在传统的神权基础上添加了军权。前者相对柔性，后者则是刚性的，软硬手段相结合，统治自然更加稳固。

一般来说，夏是青铜时代的肇始。二里头文化已进入青铜时代自然是没有争议的，但是任何时代的形成都有一个过程，不可能一下子就成熟。河南龙山文化晚期遗址如王城岗、新砦等都发现过铜器，只是数量还比较少。在更早一点的陶寺遗址发现的青铜制品更多，其中有一件青铜齿轮（见图 7-6），还有铜铃，这些青铜制品所体现的工艺水准表明它们不应该是最早的青铜器。还有一点值得注意，陶寺遗址青铜器是礼仪用器。正如张光直先生所认为的，所谓青铜时代，就是青铜器成为权力的象征、成为权力运作形式的时代[1]。从这个意义上说，把陶寺看作青铜时代的起点是合适的。但是陶寺与夏有什么关系呢？从目前的考古发现与研究来看，陶寺很可能是尧都，不仅因为地望与古史记载相合，还因为这里

---

[1]　参见张光直：《中国青铜时代》，生活·读书·新知三联书店，2013。

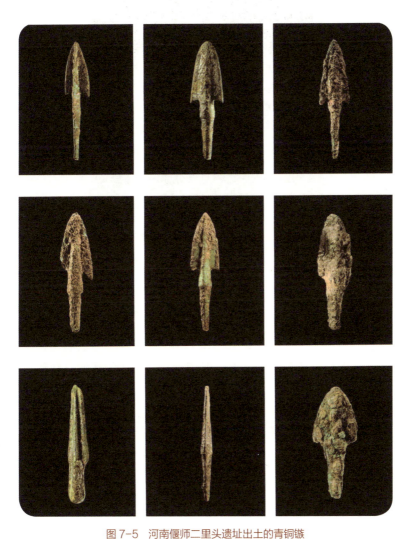

图 7-5　河南偃师二里头遗址出土的青铜镞

资料来源：中国社会科学院考古研究所编著：《二里头（1999~2006）》第四册，文物出版社，2014，彩版二八三。

图 7-6　山西襄汾陶寺遗址出土的青铜齿轮

资料来源：何驽编《陶寺物华：陶寺遗址出土文物类全概览》，第 219 页。

出土的朱书陶文有"文尧"的字样（第一个字是"文"没有什么争议，但第二个字是不是"尧"，则说法不一）。陶寺文化的分布范围不大，基本没有超越临汾盆地。但陶寺文化所在的区域有盐池、铜矿，这些都是那个时代极为重要的战略资源，就像现在盛产石油的中东国家一样，超级富庶，但国力有限，典型的鱼腩之国。考古发现显示，陶寺古城后来遭到了暴力破坏，陵墓被毁，居民被屠杀。学界普遍认为破坏陶寺的力量来自石峁。

这里带出了一个可能颠覆古史的故事。如果按照沈长云先生的说法，石峁是黄帝部族的居邑，但是石峁灭了陶寺，也就是说黄帝部族居然灭掉了尧的部族。而按照古史传说，黄帝与尧是一家亲的关系。毫无疑问，古史传说经过再加工，重塑了史前部族之间的关系。黄帝部族主要分布在黄土高原，略偏西北一些，现在这里有黄帝陵、黄帝父亲出生地等遗迹。这里还是后来周人的发祥地，周人以黄帝后裔自居，而流传至今的最早文献基本都是周朝的，周人塑造黄帝至高无上的地位是完全有可能的。河南龙山文化分布区更可能是炎帝部族的地盘。炎、黄部族合作过，后来融合了。所以，有没有可能是炎、黄部族合作灭掉了陶寺？这一合作的动力是毋庸置疑的，结果也是合理的。因为炎、黄部族合作，才有了后来超越性的发展，夏王朝得以建立。否则，还真的不好解释，大禹建都阳城的时候，晋南还有陶寺这样一股实力，后面还有更强大的石峁。中原龙山文化至今都还没有像陶寺这么大规模的城址，但后来突然出现了二里头这个超级古代都市，是不是太不可思议了！这必然是汇合了更大范围的力量才可能实现的。汇合了哪里的力量呢？东面是东夷的地盘，南面是苗蛮的地盘，所以能够汇合的就只能是晋南乃至整个黄土高原区域的力量。只有如此，才可能支撑起二里头文化的繁荣。

一个方法论的问题

夏王朝的兴起很可能与古史传说有比较大的出入，尤其是部族之间的血缘关系。我们目前有关夏的认识主要来自古史传说，但是古史传说并不那么可靠，越早的越不可靠，这一点无须多言。目前考古学利用的方法是分析考古学文化的分布及其关系，一个考古学文化就相当于一个社会群体，有些考古学家希望找到能够代表夏人的考古学文化。但是，把考古学文化与族属对应起来，这在原理上是说不通的，希安·琼斯的《族属的考古：构建古今的身份》综合了多方面的研究，最终结论还是行不通①。其实，这个结论不用他来做，民族学研究者观察现实生活中的族群，早就发现族群认同是非常具有情境性的，并不是固定不变的。这会儿能获得好处，那就当这个族群的人，换一个情境，又可能转换族群身份，有点像现在的换国籍（换族群身份比换国籍可能要简单多了）。群体之间打交道的时候才需要族群身份，在没有这样的需要时，有没有族群身份又有多大关系呢？更让考古学家困惑的是，不同族群用来标志自己身份的物质并不相同，有的可能是服装，有的可能只是某种装饰品，尤其是比邻而居的族群，生活环境差不多，经济生产方式也差不多，区别族群的物质可能只有非常细微的差别，只有熟悉这种生活环境的人才能将其区分开。我想起自己上小学的时候，我几乎可以根据口音来判断哪个孩子大致来自哪个村子。对于高度熟悉自己生活环境的人来说，物质表征未必真的那么重要。

古史传说不可靠，族属考古也不可行，似乎走进了死胡同，那么考古学家究竟应该怎么做呢？其实，与其大费周章，不如单刀直

① 参见希安·琼斯：《族属的考古——构建古今的身份》，陈淳、沈辛成译，上海古籍出版社，2017。

入。考古学研究的是物质遗存，而物质遗存是古人生活的直接遗留，是古人生活的结果。就像我们在现实生活中考察一个人一样，无须听他怎么说（他可能说得天花乱坠，但是这些都不重要），只需看结果。换句话说，与那些文采斐然的文献相比，物质遗存更接近真实。考古学研究的就是古人生活的物质遗存，考古学从与文献记载不同的角度去接近历史真实。此时，如果考古学所获得的历史真实与文献记载相同，自然有助于提高认识的可信度；如果不相符，需要纠正的很可能不是考古学，而是文献记载。民族志与考古学的关系同样如此，民族志记载的族属固然是重要的史料，但考古学的观察仍然具有"终审"的地位。在处理族属问题时，考古学家利用了"考古学文化"这个概念工具——一定时空范围内具有相似特征的物质遗存的总和——来区分社会群体。至于说它是否与族属对应，其实并不那么重要。有的时候，的确能够对应；许多时候，很可能对应不上。无论能否对应，"考古学文化"研究从物质遗存的分析上确定了一个又一个文化区域，由此进一步讨论文化之间的相互影响；它揭示的历史很可能与文献记载的有所不同。如上所述，我们知道，考古学研究揭示的是一个维度（物质遗存维度）的真实。

回到夏王朝有无的问题上来，问题的实质不是要用考古学的发现与研究去证实古史记载——从逻辑上说这是本末倒置，而是要用古史记载帮助我们去理解考古材料。中原地区不乏距今 4 000 多年的考古发现，晋南、豫西尤其如此。晋南的陶寺规模宏大，物质遗存丰富，规格高，无不彰显了王者气象；豫西距今 5 000 多年的灵宝西坡、荥阳青台、巩义双槐树等体现社会复杂化的遗址，距今 4 000 年前后的登封王城岗大城、新砦古城，还有周边的一系列古城，都体现了一个邦国林立、群雄逐鹿的时代氛围。在陶寺、青台、双槐树遗址等发现的古代天文遗存记录了当时在天文历法上的成就。在双槐树遗址发现了牙雕蚕（见图 7-7），表明丝织可能已经进入人们的生活。在陶寺遗址还发现了成系统的礼乐遗存鼍鼓、石磬等。这些发现都需要我们去认识，包括解释与理解。古史文献一方面是用作线索，另一方面是用作理解物质遗存的文化背景。就像发现禹会村遗址一样，如果没有文献，自然不容易找到该遗址；找到之后，也只知道这是一个祭祀遗址，而不大可能将其与"禹会诸侯"之事联系起来；古史文献有关祭祀的程序与内容的记载也可以帮助我们理解这些遗存的文化意义。

图 7-7   河南巩义双槐树遗址出土的牙雕蚕

资料来源：王炜林编《彩陶·中华：中国五千年前的融合与统一》，第 147 页。

关于夏王朝的古史记载与考古发现的契合是我们相信夏王朝存在的基础。中华文明五千年、六千年或八千年的说法都是从考古材料的发现中得出的，只是所用的标准有所不同：从以天文为代表的文化意义上说，中华文明八千年并不为过；从古国时代的开端算起，六千年也没有问题；若以类似历史上的国家为标准，距今五千年的良渚就是中华文明的杰出代表。不过，不少人更偏好有历史记载的夏王朝，将其视为中华文明的开端，其实它只是青铜时代的开端，可能还是文字时代的开端（虽然文字符号还不够系统）。作为古史记载中的第一个王朝，它给人们的印象实在太深刻了。实际上，在它之前，文明化进程已经走过了好几千年。当然，这并不是贬低夏王朝的成就，它的确开启了一个新时代——王朝时代，当时的权力组织与运作也达到了前所未有的水平。通过不断融合，璀璨的群星让位于光亮夺目的月亮，她的光辉遍及神州大地乃至海外，夏王朝实至名归！

面对种种争议，考古学其实波澜不惊，因为实物遗存就在那里。

第 8 章

有关中国文明起源：
我们在争论什么？

近年来我的研究似乎有点转向，开始关注中国文明起源问题。的确，中国文明起源是中国考古学研究的热点，我也纳闷自己为什么会凑热闹。我是个天性不爱热闹的人，这可能是遗传的，父亲如此，我亦如此。父亲生活在小镇，给人看病之余，就是看看书，从不打麻将，在小镇活成了一个另类。儿子上大学了，学习之余，除了看书，就是画画，从不玩手机。回忆自己的求学、研究之路，似乎是什么热门就不干什么。高考时，当时最热门的专业是法律与经济，成绩出来后，老师很热心地要帮我填志愿，但看我选了考古，转身就走了。在我学考古学时，旧石器时代考古是冷门中的冷门，但我硕士阶段学的就是这个方向。到了博士阶段，我好像选的是农业起源这个热点问题，但我实际研究的是旧新石器时代过渡，这也是很多研究者不愿意涉足的方向，因为很难说清楚，弄不好就成了捣糨糊。工作之后，我又于无意中进入了考古学理论领域。我写了一点相关的东西，可能是因为国内较为欠缺，大家觉得好像有点价值，于是我受到鼓励，就继续研究下去了。实际上在中国考古学领域，这是比旧石器时代考古还偏僻的角落。在理论上，我有幸在过程考古学的主要开创者路易斯·宾福德门下学习了几年，过程考古学是美国考古学的理论主流，按道理说，我应该是进入了主流。然而，在研究考古学理论时，我转入了偏向人文的方向。在国内考古学勉强能够接受过程考古学的时候，我却走上了另一条小道。

　　而今我居然开始关注中国文明起源这样热门的问题，这是不是有点奇怪呢？是不是因为我到了半百之年，思想开始变得保守了？抑或是我改变了天性？这似乎有点难。只能说"人是复杂的"。我开始关注中国文明起源，可能受到两个因素的影响：一是在研究考古学理论的过程中，需要回答"考古学有何意义""考古学何以可能"这样的基本问题，中国文明起源研究是个非常好的案例；二是我关注"中国考古学何去何从"，而中国文明起源研究无疑是中国考古学最有活力的领域，这里集中了中国考古学最丰富的资源，是非常合适的考察对象。于是乎，不知不觉中，我就涉足了热点问题。从最初对人类起源感兴趣，到专门研究农业起源，再到关注文明起源，算是把考古学的三大热点问题都熟悉了一遍。话说回来，在考古学的学习与研究中，我其实从来没有考虑过热闹与否的问题，而只看重自己是否感兴趣，更重要的是，我一直在追问"考古学有何意义""考古学何以可能"，乃至于"人何以可能"这样的问题。作为研究者，作为一个人，需要知其所以然。如果按照这个逻辑来追溯，我那看似越走越偏僻的道路也就可以理解了。王安石在《游褒禅山记》中说："世之奇伟、瑰怪、非常之观，常在于险远，而人之所罕至焉，故非有志者不能至也。有志矣，不随以止也，然力不足者，亦不能至也。有志与力，而又不随以息，至于幽暗昏惑而无物以相之，亦不能至也。然力足以至焉，于人为可讥，而在己为有悔；尽吾志也而不能至者，可以无悔矣，其孰能讥之乎？此予之所得也。"研究者的足迹也大抵如此。

争论的焦点问题

　　有关中国文明的起源，或大或小、或明或暗的争论很多，要全面地梳理，还真不容易。不同人的考察视角会有很大的不同，不少研究者就此写过研究综述，多年前中国社科院考古研究所就编辑过相关的文献，文字量以千万计①。显然，我不可能在这里再做研究综述。化繁为简，直奔主题，在云遮雾罩的文献中找出焦点问题，直面问题本身，或许更有助于大家的理解。

　　归纳起来说，当前的焦点问题应该包括以下四个：

　　第一，究竟什么是文明？或者说判断文明的标准是什么？如何定义文明？文明可见的物质遗存标志是什么？如此等等。同一个问题有许多种问法，侧重点会有所不同，焦点都与基本概念相关。问题进一步延伸，就涉及是否存在统一标准？究竟应该运用怎样的标准？标准存在的前提是什么？像这样追溯下去，问题会越来越复杂。

---

　　① 　参见中国社会科学院考古研究所、中国社会科学院古代文明研究中心编《中国文明起源研究要览》，文物出版社，2003。

　　第二，史前中国何时进入了文明阶段？这个问题无疑立足于第一个问题之上，由此衍生的问题同样不少，如：中华文明是否有五千年？这是我们的自夸还是事实？怎么证明中华文明有超过五千年的历史？是否可以怀疑这个论断？为什么要质疑或肯定这个观点？这些问题逐渐超越了考古学的范畴，甚至变身为政治与文化立场问题，使学术界内部产生隐形的深层断裂。

　　第三，究竟有没有夏朝？这是一个更复杂的问题，它部分属于科学问题，部分属于文化问题。它又是第二个问题的延伸，比第二个问题更具体。学科之外的人通常会把这个问题与上一个问题搞混，有些人可能是真不了解，有些人则有带节奏之嫌。这个问题的另外一种问法就是：如何才能确认夏朝？或者说，什么样的证据才能证明夏朝的存在？大家习惯的证明方法就是参考商朝的确认，那如果不采用这样的办法，是否就不能确认夏朝的存在呢？

　　第四，所有的问题最后都回到理论方法层面，我们应该采用什么样的理论方法来研究中国文明起源呢？什么样的理论方法才是合适的呢？有没有唯一正确的理论方法呢？或者说，有没有统一的理论方法呢？又或者说，我们在研究该问题时，是否要遵循统一的理论方法？如果真的有统一的理论方法，那么这样的理论方法来自哪里呢？这是否等于要和西方接轨呢？

　　四个问题，层层深入，一个比一个更难回答。争论到最后，大家可能会发现，争论可能并没有意义。因为从一开始，大家的出发点或者说前提就存在根本的差异，剩下的争论就是各说各话，很难有什么交集。

问题的解读

　　既然已经归纳了问题，我自然也会有一些认识，冒充客观公允是没有意义的，谁也不是上帝，每个人所持的都只是一己之见。好在考古学是一门不断有新发现的学科，考古发掘出土的城址、墓葬、水利工程、祭坛以及器物等都是摆在我们面前的实物，你不能假定它们不存在，不能说这些东西都是假的，是考古学家伪造的（不否认部分阴谋论者仍然会这么认为）。当代考古学研究还有多学科参与，尤其考古科学分析手段能够提供经得起反复验证的分析，比如通过碳 -14 进行年代测定，考古学家常常把结果送到世界不同的实验室去测定，这是很难造假的。同位素分析可以帮助我们了解古人的食谱，DNA 分析可以帮助我们了解古人的世系。事实材料与科学分析赋予考古学相当扎实的基础，所以，即便不同的人有不同的看法，结果仍然是可以检验的。

　　当代后过程考古学派否认存在客观的材料，认为材料总是为理论所渗透。然而，按我的理解，大家可能夸大了后过程的相对主义。后过程考古高度强调情境性，它提出这样的观点是有情境性的，它针对的是冒充客观的论断，针对的是过程考古过于强调科学而忽视人文的弊端，而不是一般的事实与科学分析，因为这样的质疑对学科发展没有什么帮助。后过程考古同样强调考古发掘，甚至是精度更高的发掘；它同样强调多学科的合作，强调考古材料的科学分析，较过程考古有过之而无不及。后过程考古与过程考古的区别更多是哲学层面的，而非基础材料与方法层面的。就像人与人之间，精神世界的差别可能很大，但在衣食住行上大致相同。也就是说，不同层面的问题是不能混为一谈的，宏观与微观、抽象与具体，都是如此。

第一个问题

确定了共同的立足点之后，我们再回过头来看问题。首先说第一个问题：究竟什么是文明？大多数研究者，包括我在内，都把文明等同于国家。于是乎又带来了另一个问题：什么是国家？我们知道的现代国家是民族国家，历史上的国家是帝国或王国，那史前的国家是什么样的呢？当代与历史时期的国家形态就十分多样，史前的交通更不方便，地区之间的差异会更大，所以史前的国家就更具有多样性。这一点无疑是可以推断出来的。更具有多样性，是否就意味着没有统一性呢？肯定不是。那么如何获得这种统一性呢？

研究者依赖三条路径：一是从事实中提炼，这就意味着定义需要不断与时俱进，我们现在对中国文明起源的认识跟二三十年前相比，已有了颠覆性的变化，进步就来自日新月异的考古发现。二是从民族志、历史材料以及相关材料中提炼，与考古材料相比，这些材料更具体（记录的对象是现实社会而不是实物遗存），人类学学者、社会学学者、历史学学者等通常都是从这条路径出发的，如塞维斯、弗里德、卡内罗、拉铁摩尔（Lattimore）等。三是从纯理论出发，基于大前提去推导，这些通常都是哲学家的工作，如写作《利维坦》的霍布斯、写作《论人类不平等的起源和基础》的卢梭等。

三条路径各有优劣，分别依赖的是归纳、类比与演绎推理。19 世纪更依赖演绎推理，20 世纪中期类比推理还很流行，如今更依赖归纳。之所以有这样的变化，主要与考古学的发展相关。19 世纪至 20 世纪中期的考古发现还比较少，多学科的方法也不完善，而现在的考古学没有这样的问题了。那是否就可以否定演绎与类比的重要性呢？当然不可以，我们当前的研究仍然离不开它们，作为考古学者，我们的不足是过于依赖考古事实，但实物遗存又不会说话，我们所知的信息都是通过推理得来的，而推理是离不开演绎与类比的。

说了半天，我们又回到了起点，考古事实中并没有文明或者国家这个概念，有的只是一系列事实特征，具体叫什么，需要研究者赋予它们概念。概念史由此也成为一个专门的研究课题。所有概念的提出都是与特定历史背景和文化内涵相关的，文明或国家都是如此，在考古学研究中运用它们时，需要重新界定其内涵，跟提出一个新概念差不多。提出一个新概念，还可以避免背上不必要的历史包袱，所以"复杂社会"与"社会复杂性"这两个概念应运而生。社会都有一定的复杂性，只是程度有别，当达到某个程度时，我们就称之为复杂社会。这个程度可以量化，可以比较，可以超越文化之间的差别，好像很好。作为一个参照概念，我也会借用它。但是这个概念在丢掉了历史包袱的同时，也抛弃了历史联系，我们研究中国文明起源，是要把史前的中国历史、文化与后世乃至现在联系起来，从而理解我们是谁，是怎么来的。复杂社会这个概念就没有包含这样的意蕴，它具有旁观者的清明，但是仍然不能替代文明与国家。

　　考古学是如何定义文明、国家和复杂社会的呢？柴尔德曾根据西亚的状况提出了 10 项指标，不久前王巍基于中国的状况归纳出 8 项特征。坊间流传的文明有 3 项标准，即城市、文字、青铜，这是以西亚为中心的标准的浓缩。克赖森（Claessen）关于早期国家的特征有过更详细的特征罗列 [1]。不用细看，也知道这不可能适用于全球所有地方。考古学仅凭考古材料是无法回答上述问题的，理论的构建是必不可少的，即我们需要知道文明、国家或复杂社会

---

　　[1]　参见克赖森：《关于早期国家的早期研究》，胡磊译，《怀化学院学报》2007 年第 1 期；克赖森：《国家起源的方式与原因》，胡磊译，《怀化学院学报》2007 年第 3 期；克赖森：《早期国家的演化》，谢振铃译，《怀化学院学报》2008 年第 1 期。

的根本特征有哪些。我曾经研究旧新石器时代过渡问题，新石器时代的标志性特征有陶器、磨制石器、定居聚落、驯化物种等，其实，总结一下，新石器时代的根本特征是农业，其他特征都是它的派生物，没有农业就没有新石器时代。我们在定义文明、国家或复杂社会时，需要理解其根本特征。按我的理解，其根本特征就是统治（或称社会权力的中心化与制度化），就是在一定区域内行使统治的权力，能够组织人力、物力去行动，创造无政府状态无法创造的物质与精神产品。在考古学意义上，它还意味着辉煌灿烂的物质文化，这是文明的另一层含义，不过仍然是统治的副产品。

说到这里，我们应该注意"国家"这个概念可能更狭窄。马克思主义说国家是暴力机器，是阶级斗争的产物，本质离不开阶级矛盾。塞维斯在"国家"概念之前还提出了"酋邦"这个概念，这是他从民族志材料中提炼出来的概念。我曾花了一个学期与学生一起研读他的《国家与文明的起源：文化演进的过程》（研究生的文献课），发现他并没有讲清楚酋邦与国家的区别。后来又有学者区分出简单酋邦与复杂酋邦[1]，把问题搞得更加复杂，以至于这个概念无法使用了。克赖森由此提出"早期国家"概念，北美学者则更偏好"复杂社会"概念。在我看来，分析这个问题，需要抓住根本，落在

---

[1]　参见 T. K. Earle, "Chiefdoms in Archaeological and Ethnohistorical Perspective," *Annual Review of Anthropology* 16(1987): 279-308。

事实之上。统治就是根本，事实就是统治过程中组织创造出来的物质与精神产品。从这个角度去理解文明，相对要清晰得多。否则罗列特征，特征越多，就越不具有普遍性；转而制造其他概念，试图做出新的界定，最终也是于事无补。

第二个问题

弄清楚了第一个问题，第二个问题就不难回答了。回溯中国的史前时代，在哪个时代出现了需要组织人力、物力才能创造，同时也是无政府状态无法创造的物质与精神产品呢？史前先民修建自己的村庄，其社会组织是以血缘关系为中心的氏族，显然，我们不能把这叫作统治。统治必定是要突破血缘关系的，虽然它可能也会用到血缘关系（尤其是在统治集团中）。说到这里，问题又有点模糊了，统治的规模、方式可能千差万别。群体结盟进行战争在新几内亚土著社会是常有的事，我们不能把这临时性的联系也说成统治。排除了这些之后，我们就会注意到距今 5 800 年前后，在中原、山东、长江下游、长江中游、辽西、陇东等地出现了城址、祭坛、大型的墓葬、前所未有的精美器物等。显然，这样的产品不可能是某个个人或者单个村庄能够完成的，需要组织相当的人力与物力才能创造出来。尤其是一些奢侈品，如玉器，它们没有实用功能，运用原始工具，需要投入很长的时间才能完成制作，如果没有有效的组织，是不可能得到这样的产品的。

统治的另外一面是社会的分化与分工。文明起源前的社会总体上是较为平等的，即便有些社会地位的分化，一者不严重，二者基本不会传承；另外，社会分工通常是按照性别、年龄进行的。但是，文明曙光乍现的时候，社会分化加剧，开始出现社会等级，由此形成社会分工。社会分工还出现专业化的趋势，有些人脱离了与食物获取相关的基本生产，而只是生产某些手工业品，尤其是奢侈品，为少数人服务。这些现象在距今 5 800 年前后已经出现。传统的研究大多强调分化，这是沿袭了西方学者注重分析的传统。当然，这也的确是文明非常重要的特征。我在前面特别强调统合，这是文明的另一面，分与合是辩证互补的关系，不可偏废。

在中国考古学研究中有一个共识，那就是在距今 6 000 年前后，"文化意义上的中国"正式形成。张光直先生将之视为相互作用圈，苏秉琦先生视之为"共识的中国"，不同地区在交流过程中形成了广泛认同的特征。尽管那个时候还没有建立任何统治，但是不同地区的先民心目中仿佛有了一个共同的标准。如果文明不仅指社会组织的变化，还具有文化上的意义，那么将距今 6 000 年前后视为中华文明之伊始也未尝不可。文明的形成是一个过程，其中包括若干阶段。我们可能还听说过有学者提"中华文明八千年"，觉得他们似乎太夸张了，在迎合民众的心理。事实并非如此，之所以提"中华文明八千年"，是指中华文明的某些因素，如天文，在那个时期已经出现。《周易》有言："刚柔交错，天文也……文明以止，人文也……

观乎天文，以察时变；观乎人文，以化成天下。"由天文说到文明，有什么不可以的呢？只是这种说法仅符合文明的一层含义，还缺乏另外一层更根本的含义，即作为统治的含义。

如果把距今 8 000 年前后视为第一阶段，距今 6 000 年前后视为第二阶段，那么第三阶段应该在距今 5 000 年前后，此时最突出的代表是良渚，还有南佐、屈家岭等。良渚有巨大的城池、宏伟的堤坝体系、奢华的玉器墓等，按照考古学家科林·伦福儒（Colin Renfrew）的说法：如果这都不是文明，那什么是文明呢？！仅仅是修建良渚的城墙，就需要 1 万人花 10 年的时间。之后还有第四阶段，其突出代表是石峁与陶寺，石峁的军事设施、陶寺的天文设施都是前无古人的。石峁的发现的确是出人意料的，很少有人想到，在贫瘠的黄土高坡上居然有如此庞大的古城，而且不是只有这么一座城，相关的发现从陕北一直延伸到晋西北。城墙垒石堆砌，缝隙中夹藏着玉器或兵器，最令人惊叹的是，此时城防设施已经有了瓮城与马面。若非经历过惨烈的战争，是不会发明这样的防御手段的。此前考古学家一直以为的历史时期的特征，没想到史前阶段就有了。按照当前的研究，石峁人后来灭了陶寺，占领了陶寺人的地盘。如今有种说法认为陶寺是尧的都城平阳，是唐虞的领地。在陶寺遗址发现了古观象台、圭尺等天文观测工具，还发现了青铜齿轮，可能也是一种观测工具，与古史传说中尧命手下制定天文历法的记载一致。第五个即最后一个阶段就是二里头文化，二里头古城有夏都之称，此时正式进入了青铜时代。

第三、第四两个阶段又称古国前段、后段，第五个阶段，二里头文化算是进入了王国阶段。不同学者还有不同的划分方案，阶段划分体现的是文明发展具有阶段性。随着考古发现进一步增多，阶段划分方案还可能做出调整。比如说陶寺，它已经迈过青铜时代的门槛，虽然青铜器的发现还不多，是否可以将其与二里头连起来呢？几十年的考古工作，尤其是最近 20 多年的，可以充分表明，中华文明发展脉络清晰、历史悠久，我们说中华文明八千年、六千年或者五千年都是可以的，取决于我们的语境以及所希望强调的方面。那些仅仅从殷商开始计算文明的做法，是完全视最近的考古发现如无物，视国内外文明起源研究进展如无物。

第三个问题

夏朝的有无与中国文明的起源是两个问题，但时常被混作一个问题。之所以会被混作一个问题，关键在于如何理解文明。有种观点认为文明的根本标准在于文字，即如果说夏朝存在，就必须有相应的文字来证明。文字无疑是文明的一个特征，像城市、专业化手工、等级分化等特征一样，但这些特征都只是外在的形式，而非根本，并不必然需要所有条件同时存在。印加帝国就没有文字，但不能因此就说它不是文明。同时，还需要理解，文字有一个发展过程。已经发现了许多中国新石器时代中晚期的符号，如蚌埠双墩遗址中的符号不少已经接近文字。陶寺遗址出土的数件墨书陶片，其文字已经可以释读，只是数量还不够多。什么叫作有文字呢？需要有多少个文字呢？如果能够理解文字有一个发展过程，那就不会始终以甲骨文的标准来衡量更早期的文字了。排除了文字这个问题，再回过头来看夏朝的有无与中国文明的起源，不难发现它们是两个性质完全不同的问题。

无论是否有夏，中国文字都早已起源。按照前人的研究，夏朝开始的年代为公元前 21 世纪，即距今 4 000 多年，而中国文明的起源，至少已有五千年。也就是说，在夏朝开始之前，中国文明已经存在了上千年，时长相当于宋代初年到现在。为什么夏是一个问题呢？我曾在《读书》上发表过同名文章《为什么夏是一个问题》。在文章中我提出了两个原因，涉及学科内外的关联。就学科的外部关联而言，夏之所以成为一个问题，与中国进入以西方为主的世界体系相关。在中国历史上，夏从来就不是一个问题。也许有人会说，那是因为中国古人从来没有研究过。我的意思是，在文化意义上，夏早已存在，有关的故事、地名早已深入人心，这不需要证明。而以西方为主导的体系，并不从文化角度来看问题，而是将问题客观化，需要用科学证据来证明。从学科的内部关联来看，有关夏的争议涉及考古学的理论方法，即运用考古学文化理论能否识别夏。"考古学文化"是一定时空范围内具有相似特征的物质遗存的总和，常被用来指代一个社会群体，更有甚者，被用

来指代一个族群。按照这种理论方法，要识别夏，就需要寻找夏
人族群的文化。基于当代考古学的理论研究，从物质遗存上并不
能完全识别族群，因为人们加入或退出一个族群可能会有许多现
实的考量。我们当代人在实时的情境中都不能准确定义族群，更
何况是运用物质遗存来识别，而且针对的是史前时代。

　　我们之所以不能识别夏，与考古学理论方法的局限性密切相关。
我们即便有更好的考古学文化编年，也无法证实某一类物质遗存必
定是夏的，其他物质遗存必定不是夏的，因为从文化历史考古的视
角来讨论这个问题具有理论前提的刚性制约。那我们是不是永远都
解决不了这个问题呢？当然不是。从文明探源考古的角度来讲，我
们需要寻找的是文明的物化特征。考古学研究文明，一方面将文明
的物质遗存作为统治的物化表达，另一方面将文明的物质遗存视为
文化，能够在数千年历史中持续传承的文化传统。如此看来，当代
考古学的过程考古与后过程考古的范式是非常有帮助的，前者着重
讨论文明为何以及如何发生，后者则着重阐释文化意义的生成与传
承。从这个意义上说，夏朝有无的问题实际是考古学理论方法的不
足造成的。

　　目前在夏代考古研究中，争议最大的可能是我们究竟能不能运
用古史传说资料。有观点认为古史传说就是神话，根本不可信，甚
至认为历史文献也不要用，因为这些文献经过历代的传抄、篡改，
已经脱离事实。因此，运用古史传说与历史文献，不过是为了证明

自己的观点，实则是循环论证。考古学能够提供独立维度的事实材料，可以反过来修正传说与文献，所以考古学研究不需要也不应该运用古史传说与历史文献材料。在考古学出现之前，文化传承的基本手段就是传说与文献，它们就是文化的载体；在考古学出现之后，大家才知道，文化载体还可以包括具体的物质遗存。两者本来是相互补充的，前者是语言载体，后者是实物载体。

其实，所谓实物载体，最终还是要转化为语言信息，才能为人所理解。语言载体更多见于历史时期，它的信息更容易理解，而实物遗存信息的可理解程度还取决于物质遗存的保存水平与考古学家的解读能力，否则它们就只是一堆破碎的物品或没有太大价值的遗迹。而考古学家的解读能力并不是凭空就有的，需要多维的推理，这其中就包括中程理论，跨越从物质遗存到人类行为的鸿沟。古史传说与历史文献是中程理论中可靠性最高的直接历史法，运用这个方法需要加一些限制条件，需要有连续未中断的历史、未被替代的人群，以及良好的文献。就像我们看到汉代的犁耕图，非常好理解，进一步追溯到良渚时期，犁头的形制是一样的，只是材质有所不同而已。连续的历史对于我们理解物质遗存的意义是极有帮助的，再比如八卦的图形，浙江义乌桥头遗址距今 8 000 多年的陶片上就有"豫卦"图形，不懂文献是不可能看懂这样的遗存的（见图 8-1）。

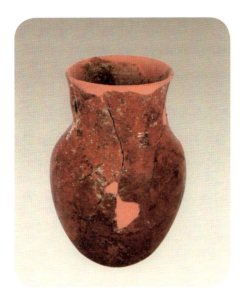

图 8-1　浙江义乌桥头遗址出土的带八卦纹的陶壶

资料来源：本书作者拍摄。

　　那么，为什么运用古史传说与历史文献资料受到如此之多的诟病呢？主要原因可能与运用这些文字信息的方式相关。也就是说，我们运用它们不是为了理解考古材料，而是为了证明考古材料。这怎么可能呢？这些文字材料本身就需要证明，怎么能够证明比自己更扎实的考古材料呢？王国维的所谓"二重证据法"的主要功绩不是证实，而是他利用文献释读甲骨文，把那些带刻划符号的甲骨转化成了可理解的信息，原来这上面记载有商王的世系。没有文献的帮助，没有极好的文字功底，是不可能把那些出土甲骨利用起来的。设若中国的文字不是一脉相承的，而是转向了字母文字，那么王国维要释读甲骨上的刻划符号就会困难很多，这就是直接历史法带来的便利。甲骨只是考古遗存的一种类型，墓葬礼仪、宫城制度、天文历法等相关的考古遗存都可以采用直接历史法来解读。本来非常有用的文字资料，因为不恰当的运用，就成了没有用的东西，甚至变成了负担。

对于古史传说，有不少研究是完全采信的，但其可信度是很难保证的。比如大禹治水的传说，关于治水的地点说法不一，有观点认为在淮河，有观点认为在黄河中游或者下游，甚至有观点认为在上游，还有观点认为是在长江中下游。从距今 4 000 多年的人类的工程能力来看，最有可能在环太湖地区，考古证据也表明了这一点。良渚发现了水坝系统，它所控制的只是一条地方小河的洪水。这符合当时人类的工程能力，即便如此，良渚先民投入的劳动量也是相当惊人的。长江下游治水之所以可能，是因为这里近海，排水相对便利。大江大河地区治水，在史前时代可能性极小，不论是淮河还是黄河。就古史传说而言，大禹治水可能确有其事，但发生地与古史传说可能相距甚远。运用古史传说时切忌刻舟求剑，剑落入水中是确实的，但方位早已改变，古史传说就是如此。古史传说时代多为神王统治，为了塑造其统治的合法性，自然要给他添加许多功绩，于是不同地方的事情就可能都落到一位英雄身上了。另一类观点是完全否定古史传说的可靠性，就像是否认剑落入水中这个事实，走到了另一个极端。因此，控制古史传说的征引范围是十分必要的。

第四个问题

采用什么样的理论方法才能更好地解决问题呢？这是一个更棘手的问题。以关于夏朝的争论为例，考古学家目前借助的主要方法是考古学文化研究，即识别夏人的考古学文化。其中暗含的前提是，通过物质遗存研究可以识别不同的族群。族群识别在考古学上是一个无法证明的问题。民族学研究表明，不同族群标识身份的标志物并不完全相同，而且族群身份可能是不断变化的，为了现实利益，一个人可能会变换自己的族群身份。但这是否就意味着我们不能运用物质遗存研究来判断族群身份呢？好像又不是，即便不了解考古学理论，纯粹从生活体验出发，也会发现不同族群因为历史、地域、生计等方面的原因，的确会利用不同特征的物质，留下特定的物质遗存。即便使用者不刻意标示自身的身份，熟悉背景的旁观者还是能够判断出他们的族群身份。我既说理论上不可能，又说现实中可能，是不是有点自相矛盾呢？而这正是这个问题的奥秘之所在，"差之毫厘，谬以千里"，要做到恰到好处，是十分困难的。那我们该怎么办呢？问题的关键就在于背景关联，熟悉的话才可能准确识别。考古学研究的目标就是重建这个背景关联。

考古学能否重建中国文明起源时期的背景关联呢？这涉及两个关键的方面：一个与社会组织变革相关，即能够理解权力、阶级、礼仪制度等的生成及其意义；另一个是理解中国文化传统，比如中国的卜筮文化，一个连八卦都不知道的人，他在看到义乌桥头遗址出土的陶片上的卦象时，可能只会将其看作几道粗糙的短横线。目前考古学家做得怎么样呢？有点遗憾，不是太好，因为学科的分化，这些内容分别属于不同的学科。理解前者特别需要学习西方现代社会科学知识，包括政治学、社会学、人类学等在内；理解后者则不能脱离中国文化，因此考古学方向的学生特别需要上一门名为"中国古代文化史"的课程。西方考古学者精于前者而很少了解后者，所以当他们研究中国文明起源的时候，给人的感觉往往是貌似精密，实则隔靴搔痒。当然，中国考古学者也有不足，张光直先生就特别强调过学习西方现代社会科学的必要性，针对的就是中国考古学者在这个方面存在的问题。如今在后一方面也是有问题的，把考古学等同于田野考古，其未来的趋势就是将考古学科学化，但研究者不熟悉自身的文化，这是十分不应该的。我这么说并不意味着我自己就没有这些方面的问题，正相反，我感同身受，正在努力弥补。可能有人认为，可以通过多学科合作来解决这个问题。在与自然科学的合作方面，多学科的方法的确开展得越来越好了，究其原因，是考古学方向的研究者深入到了相关的自然科学中。这个经验应该也适合人文社会科学领域。事实上，相比而言，考古学与其他人文社会科学的合作并不理想，比如考古学与历史文献学，双方都觉得没有找到足够多的交集。

上面特别强调的两个方面是针对当前的研究现状的，并不是说它们就是唯一（或唯二）的方法。当代考古学研究，通过精度日益提高的考古发掘与调查，以及众多科学分析手段，大大丰富了获取古人信息的手段，这些工作仍然是不可或缺的，仍然需要加强。和西方考古学相比，在研究文明起源这个问题上，我们有三个方面比较吃亏：一是民族志。中国近现代没有殖民史，我们没有世界上前现代族群生活状况的调查材料，这让我们在理解史前社会生活时缺乏必要的参考。二是世界史前史的资料。中国是后发国家，基本没有在世界其他地区从事考古的经历（目前刚刚开始），对中国之外的世界史前史了解有限。比较是了解自身文化特征的基本手段，已有不少学者意识到了这方面的不足，呼吁学界加强对世界史前史的学习与译介力度。三是后发劣势。毕竟现代社会科学，包括考古学在内，首先出现在西方，因此，考古学中无形地镶嵌了西方文化与思想。我们在接受现代社会科学时，很容易为西方文化所主导，从而自然地认为西方的就是标准。因此，批判性的学习是十分必要的，取其精华，去其糟粕，这应该是基本的原则。有些遗憾的是，学习精华相当困难，取其糟粕却十分简单。

现代社会科学的核心内容不外乎以下三点：（1）研究具体的现实；（2）运用科学方法分析现实材料；（3）发展理论构建。就前两点来说，中国考古学领域应该说做得相当不错，较为薄弱的是最后一点。就中国文明起源研究而言，一个常见的情况是概念上的争论，比如什么是文明，什么是国家，什么是族群（族属），如此等等。理论研究可以是从上而下的演绎，也可以是从下而上的归纳，还可以是平行的类比。从马克思主义出发就是从上而下的演绎，但如果我们只是引用历史唯物论，而不进行演绎，由此指望马克思主义能够与考古学文化直接联系起来，其实是不现实的。它们甚至都不是同一个维度的概念，马克思主义是功能主义的，它从普遍性的高度解释从古至今社会是如何运作的，而考古学文化说的是一定时空范围内具有相似特征的物质遗存的总和，与功能没有联系。从恩格斯的经典论述来看国家，它应该是地缘的。但究竟是怎样的地缘呢？统治集团内部可能是非常注重血统的，民众也是以血缘组织起来的，但是军队必须打破血缘关系，这样才能使其完全忠诚于首领，像祖鲁人夏卡（Shaka，或译为沙卡），他就是按年龄而非部落来组织自己的军队的。按照这个推论，我们如果在考古遗存中发现了死于战争的遗骸，那么就可以检验一下遗骸的 DNA，看看遗骸是否来自不同的地方。演绎需要发展出能够经由经验材料检验的假说，才能完成推理过程。

理论研究的重要性常常被我们忽视，我们将其视为无用的东西，甚至看作不踏实的表现。环顾一下当代世界，不难发现如今西方社会赚钱的基础就是理念，西方人定义了时尚，定义了美，我们在生产线上忙碌，但赚取的利润却只是他们的零头。我们如果把学术研究也理解为一个产业链的话，那么就会发现，站在高端的就是提供理论的一方。我们发表在西方刊物上的文章大多是提供新材料与材料的分析结果，理论部分还需要依赖西方。理论研究往往是战略层面的，方法是战术层面的。战略与战术相互补充，但不能等同，既不能把战略还原成战术，也不能用战术的标准去要求战略。这个道理众所周知，但是回到考古学领域，则常常会被人忘掉。理论是宏观的、抽象的，不能从具体中进行抽象，就不可能形成理论。

一个时期往往流行某一种理论，围绕它形成不同的方法论，并产生相应的实践，这样的体系就是范式。争论如果只在同一个范式里打转，往往是难以解决的。小学课本里有篇古文——《两小儿辩日》，讨论究竟是早上的太阳还是中午的太阳离人更近，孔夫子也答不上来。从常识层面的确回答不了这个问题，但如果用现代科学来回答，就会发现这根本就不是距离的问题。夏朝的有无、什么是文明，此类问题一直悬而不决、争论不休，需要考虑是不是范式的问题。学界已经有不少呼声，建议拓宽研究范围，比如多研究社会史、文明起源机制、文化意义等。当前的范式是以文化历史考古为主的，可以借鉴过程、后过程考古范式的优势，以及参考更丰富的理论视角，超越当前的争论。因为换一个范式，可能会发现当前的争论并没有什么意义。

争论的底层逻辑

在中国考古学的各个研究领域，中国文明起源研究无疑是最能代表中国考古学的研究水平与研究特色的。过去这些年来，我们利用能够集中力量办大事的体制优势，先后组织了"夏商周断代工程""中华文明探源工程""考古中国"等大型考古研究项目，仅"中华文明探源工程"就有数十个学科的超过四百位学者参与。大规模的考古调查发掘、多学科的参与配合、众多的学术研讨，连学科之外的公众都广泛关注，这些都是其他研究项目难以比拟的，也是我关注它的重要原因。作为理论研究者，要想充分理解中国考古学，不可能也不应该回避中国文明起源研究。

科学与人文

具体到中国文明起源的认识上，底层逻辑的第一个重大变革就是科学的引入，科学考古学以其尊重理性的态度、追求真理的精神，以及不断探索精密的方法、强调逻辑推理、立足客观事实，彻底改变了我们在认识中国文明起源时只依赖古史文献的做法，可以

说掀起了一场认知上的革命，一场"颠覆三观"的变革。至今中国
知识界仍在反思为什么近代科学没有产生于中国（广义上的科学，
古代中国是有的，甚至长时间居于领先地位），仍在反思与批评那些
阻碍科学发展的因素，从文化传统到制度，从国民性到经济方式，
得出的基本结论是，中国在走向科学的道路上还任重而道远，还
需要更彻底的改变。然而，世界的发展似乎太快了，还没等到我们
充分接受科学，科学本身已经开始遭到思想界的反思。科学是文化
的一部分，并不是超脱于文化的存在，文化的局限性也体现在科学
上。近代科学带有浓重的西方文化背景，是以西方社会和文化为中
心建立起来的，这是不争的事实。在将其推广到世界其他地方的时
候，会存在适用度的问题。更大的问题在于，科学在形成过程中对
世界上的事物进行了普遍的"祛魅"，其中有破除迷信的正面意义，
但也产生了明显的副作用，那就是消解了事物的"文化意义"。人
类在千百万年的历史进程中，在不断赋予物质世界意义，人就生活
在意义的海洋中，离开了意义，人就丧失了存在的理由。由此，作
为人文的考古学兴起，对中国文明起源研究的影响就是，我们不仅
要从科学上重建过去，了解中国文明的由来，还要从人文的意义出
发，理解中国文明的形成。

　　不幸的是，科学与人文的分裂是当代学术的基本格局。如果仅
从科学的维度来考察中国文明起源研究，尤其以自然科学的标准来
要求，那么就会发现诸如基本概念不清、缺乏充分的论证、事实被

主观性渗透、材料不系统等问题。一言以蔽之，这好像在说中国几代考古学家都没有认真干活，但这显然是不符合事实的。反过来说，这些从科学维度的批评倒是有些乌托邦。把考古学的目标设定为寻找终极的真实，或者尽可能靠近那个终极的真实，然而，这个终极的真实是否就是一个乌托邦呢？即便我们找到了，是否能够觉知或者证明呢？且不说邈远的过去，就以当下的生活而论，有多少人敢说自己把握住了终极的真实——我确信我认识的世界是真实的，其他人的认识都是不正确的。乌托邦式的思维给研究、给世界、给人本身都带来了巨大的压力，无论我们怎么做，都总是不够的，总是不对的，而那遥远的天国又遥不可及。其实我们把"科学"与基督教思想联系在一起看，就会发现它们具有惊人的同构性，真理即上帝；面对乌托邦的人们都有原罪，永远都在救赎之中。在当下人们的心中，终极的真实只有哲学上的意义，从不是生活的目标。每个人踏实过好自己的日子，追随自己真实的内心，寻找自己深刻认识世界的维度，如此足矣。

以寻找终极的真实为目的，从而建立起排他性的认识论，这是西方文化的特征；相比而言，中国文化的信仰体系是开放与包容的。在这种精神指引下，我们总是愿意从相互补充、相互推动的角度来理解科学与人文的关系，而且认为两者是不可或缺的。而现实中有不少人接受了科学唯一论，也就是科学主义。科学非常好，但科学主义却很不好。我们在研究中国文明起源问题时，尊重科学、采用科学的理论方法是必要的，但由此排斥人文的维度就成了科学主义。文明的内核是文化，我们之所以要研究中国文明的起源，一个重要的原因是要探索中国文化的形成过程，而不仅仅是为了了解社会组织形态的变化。科学主义的做法是排斥文化意义的，实际上在消解中华文化，这是我们应该吸取的教训。

东与西

科学所立足的西方文化总体是以个人为根本的，个人是讨论的出发点。文明起源是个人地位的分化，是统治阶层如何利用软硬的手段来建立其合法且有效的统治。这表现在考古学研究中，就是研究各种各样的分化，手工业的分化（专业化）、聚落等级的分化、墓葬等级的分化、城市空间的分化，如此等等。这样的研究就像西医一样，把人体分成不同的系统，然后进一步把不同的系统细分为不同的器官。这样做当然有其优点，但是也容易失去整体性，而且过于强调矛盾，忽视了系统内部的相互协调。而按照中国文化的精神，我们可能更愿意从整体的角度去看文明起源，更愿意把文明看作社会整合的产物，更强调系统内部不同变量之间的相互支持与补充。在我们看来，矛盾既然是客观存在，那么真正重要的就应该是人本身处理矛盾的态度与方式，而非矛盾本身。比较一下中国古史传说中的人物与古希腊神话中的英雄，就会发现两者之间的区别十分明显。古希腊神话中的英雄以其突出的个人能力而非优秀品德成为英雄。中国古史传说中的五帝无不以过人的美德而著称。

也许东西方早期文明的组织原则就存在差别，更可能的是，东西方很早的时候在行事的理论出发点上产生了分化，中国人的祖先选择了整体，而西方人的祖先选择了个体。很难说谁好谁坏，开始时也许就像投硬币一样，总有一面朝上，是随机性的。再者，这样的区分只是概略的，因为即便在早期中国文明中，也有研究者认为某些早期文明是注重个体的，那里修建大墓、大房子，器用也非常奢华，但最终还是更注重整体（研究者称之为集体）的中原文明笑到了最后，成为主导后续中国历史的文明。早期中原文明更务本，注重发展农业，建立了自己的农业天文观测设施，掌握了农时，无须过多祈求上苍。更好的农业发展带来更多的人口，在比拼人力的农业时代，更多的人口意味着更强的实力。这种注重整体的文明观成为中国文化的核心思想，作为古代中国思想代表的《周易》中体现出的就是整体、平衡、天人合一的观念。这种观念深刻影响了中国人的思维与行动方式。当然，这不是说整体思维在任何情况下都优于注重个体的思维，在经商的时候，在某些学术研究中，尤其是在艺术创作中，后者要优于前者。

在探讨中国文明起源问题时，除了强调社会的整体性，我们特别看重中国历史的整体性，这可能是西方学者或者认同他们的中国学者难以忍受的。他们认为这样的做法非常不科学，不能也不应该这么做。中国文明是几个古典文明中连续性最好的一个，我们今天读两千多年前成书的《史记》没有什么问题，甚至认为比明清那些佶屈聱牙的文献好读得多，读春秋战国时期成书的文献也没有什么问题，我们生活中常用的成语许多都来自这个时期的文献。甲骨文、金文与后来的文字一脉相承，这样的连续性是其他古典文明无法比拟的。连续性是中国文明存在的现实，因此，从后来的历史去追溯更早的史前史，有什么不可以呢？考古学家戴维·惠特利（David Whitley）说："客观地说，即便是相对牵强地运用直接历史法也比立足于西方反宗教的暗含偏见的阐释可靠得多。"① 所谓"西方反宗教的暗含偏见的阐释"就是科学主义，其中暗含着西方文化中心论，即所有文化与思想都像西方一样，二元对立，概念与事物分离，神圣与世俗分离，历史与现实分离，等等。

　　许多人强调科学是人类共有的，与文化背景没有关系，但是在研究古代文明时，这不是事实。我们研究天文，那些星座命名都来自古希腊神话，但实际上在中国文化中它们也有自己的名称——三垣二十八宿，有一个完整的体系。古希腊神话中贯穿了西方的天文观，也体现了西方文化的价值观念。中国古代的天文观体现的是天人合一的社会政治体系，代表着中国文化的价值观。科学与文化是密不可分的。在文明起源的考古研究的底层，我们可以看到东西方文化有着不同的逻辑。当代知识很大程度上是由西方主导的，带有

---

① D. S. Whitley, "Religion," in *Handbook of Archaeological Theories*, eds. R. A. Bentley, H. D. G. Maschner and C. Chipindale, p.558.

显著的西方中心论倾向或偏见，连科学也是如此，更何况意识形态。所以，有关中国文明起源，通常有两种对立的观点：一种主张全球史或世界史前史，认为中国文明是世界文明的一部分，我们应该融入当代世界考古学主流中；另一种强调中国文明的主位，认为那些所谓世界考古学的研究并不适合中国考古学。前者认为后者保守，后者觉得前者食洋不化。

现代性与后现代性

曾有人说，中国知识界很少反思现代性的问题，只知道接受西方，追求被西方接受，却不知道自己究竟接受的是什么。吾深以为然！现代性是我们面临的最根本的 Matrix①，于其中，我们接受科学，接受物质消费主义，接受个人的欲望作为人行动的原动力……我们接受了许多新鲜的事物，这个过程发生得非常快，快到我们根本来不及反思。近现代的历史教训使我们深知中国若不能实现现代化，就会继续落后，落后就要挨打。任何反思现代性的举动都被视为反现代化，现代性成为一个不容置疑的前提。

然而，现代性是单一的、封闭的、排他的。在现代性的知识体系中，中国文明起源考古是不允许有文化内涵的，所谓中国文明起源考古就是要研究一种社会组织形式的起源。所谓文明有一整套规范，不符合这套规范就不是文明。这套规范尊崇理性、客观、逻辑

---

① 电影《黑客帝国》的英文名为 *The Matrix*，这里的引用指一个人所处的知识与价值体系。

与现实。按照现代性的理念，只有考古材料才是客观的，古史传说没有科学价值。考古学的目的就是重建历史的真实，唯一合理的途径就是科学。经过现代性的反复洗礼，我曾对此深信不疑。但是随着接触到的思想更多样，以及在研究实践中切身体验的增加，我逐渐产生了不同的认识。就像《黑客帝国》中觉醒的尼奥，突然发现自己的认识其实是被一整套观念塑造的。当然，现代性不是电影中描述的那种邪恶力量，而是曾经具有进步性的思想，只是它已经走到了自身的反面，成为阻碍知识进步的因素。

我曾给现代性下过一个定义：它是以西方文化为中心、以资本主义为基础的一套认知体系。它是塑造人的"三观"的东西，作为一个完整的、封闭的体系，它构建出仅仅属于自身而具有排他性的世界。它随着西方向近现代社会转型而逐渐形成，在西方向全世界扩张的过程中达到巅峰，也随着西方的衰落、世界其他地区文化的崛起，正在走向末路。正因为它有一个发展过程，所以，一方面，相对于各种形式的传统社会而言，它倡导理性、科学、发展、个人解放等具有历史进步意义的观念，是走出传统社会窠臼的良方；而另一方面，它又是狭隘、自私、暴力、反人性的，是殖民主义、霸权主义、种族主义等丑恶观念的温床。也正因为现代性具有这种矛盾的二重性，所以产生了两种截然相反的态度与应对方式。我的观点可能属于第三种："择其善者而从之，其不善者而改之"。任何学习都是选择性的，子女从父母那里学习尚且如此，更何况是文化之间的交流，并不像一些人所认为的，学习必定要学习其全部。取其精华，去其糟粕，这应该是基本的精神。

现代性是一个非常广泛的东西，它与中国文明起源研究有什么关系呢？作为主导当代认知的规范，它影响了研究者的视角、价值认同等。现代性强调普遍性，强调跨文化的统一性，研究者由此关心环境、生业、权力、信仰等一系列具有高度普适性的因素，总是试图从中提炼出规律、原理或者机制。在现代性的世界里，中国文明起源是干巴巴的框架，那么丰富的物质遗存与中国文化、中国历史、中国人有何关系呢？我们希望看到一个有血有肉的人的世界，一个与现实世界有关联的世界，而不是一个冰冷无情的世界。我们厌恶那种貌似客观的背后所暗含的权力操作，一种对人机器化的塑造，然后把一切说得无比冠冕堂皇。中国的青年一代之所以开始讨厌西方，很大程度上是因为西方政客们的虚伪。伪君子比真小人更让人不齿。反思现代性是我们在研究中国文明起源过程中必不可少的部分，将之奉为圭臬，实际上会不知不觉地消解中国文化、中国历史。过去一百多年，我们吸取了不少教训，现在到觉醒的时候了。反思现代性与走向现代化并不矛盾，两者是同步进行的，最好的学习必定是不断总结与反思的。现代性是个复杂的话题，它可能是当代中国文明起源研究最深的预设或底层逻辑，还需要我们不断挖掘与修正。

第 9 章

文明探源的方法论问题

————————————————————————

　　中华文明探源是一个争论激烈的领域，在正式期刊上发表的只是争论的一部分，还有相当一部分是没有正式发表的，存在于学术会议上、研究者私下的讨论中，以及自媒体的评论区。从某种意义上说，这个问题已经属于一个公共性话题了，而不仅仅属于考古学家。学科内外，学术圈内外，甚至国内外都在关注。经过反复辩论，的确，我们对"文明探源与古史重建"中所存问题的认识越来越清晰。当然，每个人的认识都是不完善的，人性本身也是不完美的，因此辩论中的宽容就至关重要。宽容是学术讨论的空气，没有它，讨论就会窒息。宽容存在的前提有二：一是承认每个人都有自己的不足与长处，每位研究者可以贡献自己的长处，大家取长补短，从而达到相互提高的目的；二是承认事实，否则，讨论就成了立场（信仰）之争、尊严（脸面）之争。考古学是提供事实的学科，事实规范着讨论的范围。尽管不同的人对同一事实的认识不尽相同，进行阐释的角度也可能千差万别，但事实本身是不可以篡改的。考古学研究或许不完美，存在许多局限，但不能忽视考古学是中华文明探源的中流砥柱，不能忽视考古事实的关键意义，这是文明探源方法论的基础。在我们目前的争论中，方法论是暗含于其中的重要方面。我个人偏向于宏观的理论思考，这里我想就这个问题展开思考，抛砖引玉，以期有所启发。

文明探源的两个重要问题

　　深入思考之后，我逐渐意识到当前文明探源中存在两个重要问题，或者说分歧。第一个重要问题是，争论的根本还是理论与材料之间的关系。百年中国考古学积累了大量考古材料，尤其是最近一二十年，有关史前中国文明的发现让人目不暇接。如何解释考古材料就成了重要的挑战。从这个角度来说，文明探源就是如何建立合理推理的问题。其基本路径有三：演绎、归纳与类比。演绎是从既有理论出发，推导出可以经由考古材料检验的假说。归纳是从材料出发，提炼出以概念为基础的理论，如果只是对材料特征的归纳，那是对材料特征的识别，还没有上升到理论高度。类比是提供可以参考的框架，通常是利用民族考古、实验考古等手段，为古史重建提供一个相对具体的框架，从而跨越理论与材料之间的鸿沟。

　　这里需要注意的是，有关文明起源的理论构建是双向的：一个方向是从当代或现实社会出发的，哲学、社会学、人类学以及历史学的文明起源研究都是如此，这其中比较著名的理论有马克思主义的阶级斗争理论、塞维斯的酋邦理论、魏特夫的水利（工程）理论、卡内罗的战争理论等；另一个方向是从考古材料出发的，苏秉琦先生的古国理论就是其代表，它以考古学文化理论为基础，形成了古文化-古城-古国、古国-方国-帝国两个三部曲。

从当代或现实社会出发的理论显然具有更加明确、更加丰富的内容。而古国理论是经由考古材料提炼出来的，它与"考古学文化"这个概念一样，是中国考古研究者的概念工具。在考古学中，我们知道，如果没有"考古学文化"这个概念，我们就只能对考古材料做分期排队研究，而无法研究古代社会或古代人群。但考古学文化指代的人群或社会或许不能与历史记载的直接对应。这一点已有许多考古学家指出过。尽管存在这样的问题，考古学家仍然在用"考古学文化"这个概念。如张光直先生所说，不管是不是族群，考古学文化无疑是一定意义上的社会群体。只要这个前提成立，考古学家就可以通过它去研究古代社会。简言之，考古学文化是考古学家的概念工具，没有它，许多研究就无法开展。"古国"是苏秉琦先生提出的在考古学中研究中国文明起源的概念工具，它不能简单对应后来所说的国家。有了这个概念，中国考古学家就可以超越此前"以论代史"的研究，超越考古学文化的谱系研究，找到探索中华文明起源这个重大课题。

这里衍生出一个考古学学术史讨论的重要问题，即我们应该如何看待苏秉琦先生的古国理论。任何学术理论都是特定背景关联的产物，我将之称为分层-关联的发展，它包括横向与纵向两个维度的关联，纵向即历史维度，横向关联又分为外部关联与内部关联。外部关联包括时代背景、社会思潮与相关学科发展，内部关联指学科的理论、方法与实践。我们在讨论学术理论时，需要把其放在这个分层-关联的框架内来分析。从纵向维度来看，我们会发现古国理论是对之前"以论代史"研究的超越，是在为中国考古学研究寻找新的重大课题。从横向维度来看，我们可以看到古国理论与改革开放初期的时代背景相关，中国学术开始回归自身的文化传统。它与当时中国考古学以"考古学文化"为中心的研究实践密不可分。从纵横的学术背景关联中，我们可以更清楚地把握古国理论的学术价值与意义。

由此再来看文明探源的理论构建。我们会注意到从考古材料出发的理论构建与从现实社会出发的理论构建之间存在较大的差距。古国理论远不如从现实社会出发的酋邦理论具体。而这实际是由考古学的研究对象决定的，即目前从考古材料中还不可能直接推理出如现实社会那么翔实的社会组织。中国考古学研究曾经犯过这样的错误，直接把材料塞进既有的理论框架中，也就是"以论代史"，这个教训是深刻的。但是，如果因此就批评考古学研究的概念构建不如酋邦理论那样具体、翔实与精确，显然忽视了考古推理本身存在的逻辑限制。"大跃进"式的推理很容易做，但没有价值。而且，跨越从理论到材料的鸿沟，不能仅仅依赖考古学家的理论提炼，同样需要从现实社会出发的理论的深度演绎，两个方向的理论构建相向而行，才有可能逐步缩小理论与材料之间的差距。古国理论所存在的问题并不是概念构建是否科学的问题，而是它能在多大程度上得到考古材料支持的问题。如果拿从现实社会出发的酋邦理论来衡量古国理论，必然会觉得古国理论存在上述问题；反过来说，如果从考古学出发来衡量酋邦理论，就会说它脱离考古材料，只是空中楼阁而已。

第二个重要问题是作为人类学的考古学与作为历史学的考古学之争。当前西方考古学是以作为人类学的考古学为主体的。过程考古学提出"更科学，更人类学"，其实这两个主张是一体的。无论是科学还是人类学（它也属于广义的科学），都是从外部的视角展开研究的，即研究者需要保持客观，与研究对象没有联系，以理性为依托，不把个人主观感受带入研究中。在研究者的考察对象是自然界时，这个要求是合理的，也是可能达到的。但是，当研究对象是人类社会本身时，要求研究者始终站在客位角度，保持客观，实际是做不到的。首先无法解决的就是主位视角问题，在客位视角之外，还存在一个主位视角。作为中国考古学家，研究自身的文明起源，这就是主位视角。就像是别人对我们的评价与我们对自己的评价一样，两种评价都是有价值的，并不能互相取代。如果认为客位视角才是唯一合理的，那不过是强行将一种立场凌驾于另一种立场之上，其实凸显的是客位话语的权力，而不是这样的视角更准确。

　　客位视角的研究往往强调跨文化的研究，强调获取其中的共性、统一性，或者说从中提炼出原理与机制；同时，也强调形成认识的科学过程，即一个认识需要经过科学论证才能确立。然而，人类具有能动性，而不像动物一样简单遵从客观规律（实际上也并不是所有动物都会如此）。人类的能动性不只表现在打破规律的改造行为上，而且表现为人类在漫长的历史进程中塑造了属于自己的世界。塑造的过程不只是文化生态关系的构建，更重要的是文化意义的创造，来自不同文化的群体对于同一件事物可能有截然不同的认识，比如有的视牛为肉食来源，有的视其为神圣的象征，这样的认识反过来又影响了该社会成员的行动。这就意味着，人类社会研究需要考虑文化背景，对一个社会适用的规则可能对另一个社会并不适用。跨文化的统一性通常只存在于生理需求层面，而很难上升到更高的层面。如果忽视人类社会自身的特点，片面强调共性与统一性，所得到的认识就要么存在层次上的局限，要么存在范围上的局限。

　　不可否认客位视角的存在有其必要性，人类社会复杂性的演化的确存在一些共性，社会权力是存在于人类社会中的普遍因素，无论是在狩猎采集社会，还是在当代工商业社会。就社会权力的组织效率来看，是具有可比性的，迈尔克·曼（Michael Mann）将社会权力划分为政治、经济、军事与意识形态四种类型[①]。从社会权力的

---

　　① 参见迈克尔·曼：《社会权力的来源》第 1 卷，刘北成、李少军译，上海人民出版社，2002。

演化来看，存在从政治、军事、经济再到意识形态的发展序列，也就是说，早期的社会权力更多建立在政治基础上，后来又增加了军事权力，再后来有了经济权力，最后是意识形态的权力。从这个例子可以看出，客位视角的研究需要抓住人类社会的共性，其中暗含的前提是普遍的一致性，不仅是跨文化的一致性，而且包括古今的一致性。然而，这样的前提无疑是有问题的，它有明显的局限性，比如在扩展社会组织形态层面，统一的定义很难建立起来。在讨论文明起源问题时，酋邦曾是一个广为接受的概念，用以描述国家形成之前的社会组织形态。它具有不稳定性，很容易崩溃。而今这个概念也已经崩溃，因为研究者发现相当于酋邦阶段的社会形态极为多样，酋邦已经失去严格定义的可能，泛化为一个阶段概念。

客位视角的研究高度强调科学的方法，不仅指一般意义上的科学方法论，包括注重客观材料、逻辑论证、理论提炼等，同时还指广泛地运用科技考古的方法。从当前的研究形态来看，这样的研究日趋量化，以《美国古物》（*American Antiquity*）这份刊物上的文章为例，我们会发现，其中很少有对器物、遗迹本身的描述，也很少讨论物质遗存的文化意义。这种科学化实际上削弱了考古事实的重要性（这可能是主张考古学研究科学化的研究者没有想到的）。更重要的是，它掩盖了美国考古学对印第安人的文化的忽视。相反，从主位视角进行的研究首先就要肯定物质遗存作为文化意义载体的重要意义。就中华文明探源而言，考古学研究的物质遗存就是史前中国文化的载体；中华文明连续发展，承载文化意义的绝不只有历史文献，更有作为生活直接遗留的物质材料。这些意义决定了我们何以成为中国人，并深刻影响了我们的价值观。

这也就意味着主位视角的研究高度依赖直接历史，它可以帮助我们理解物质遗存的文化意义。就像我们在研究中国历史时期的墓葬时必须要读《周礼》一样，不理解中国丧葬文化传统是不可能弄清楚墓葬的布局与随葬品的含义的，而这不是从客位视角进行研究所能获得的。更重要的是，客位视角无法实现的是考古学研究对当代文化建设的贡献。考古学的一个宗旨是"为往圣继绝学"，在新的阐释中实现文化传统的承续与弘扬。与之相应，主位视角需要重新处理考古材料与历史文献的关系。当前的做法是从客位视角，以科学的名义来审视考古材料与历史文献的关系，也就是所谓的"二重证据法"。历史文献本来就是需要证明的，所以用它来证明考古材料在逻辑上是不成立的。历史文献的真正价值不仅仅在于它能提供重要的线索与启示，更在于它提供了文化背景，如前面说到的丧葬文化传统。剥离、清除物质遗存的文化意义，对于我们自身文化传统的传承显然是非常有害的。

实际上，主客位视角是互补的关系，不能用客位视角取代主位视角。两种视角都有不可替代的意义。马克思主义属于客位视角中的一种，运用马克思主义研究史前人类社会的演化，进而理解人类社会发展的基本规律，更进一步理解资本主义社会以及人类未来社会的选择。这样的研究同样具有重要的社会现实意义。我们在研究中必须处理好主客位视角的辩证关系，两者同等重要，不可偏废。

文明起源研究路径的反思

当前有关中国文明起源的研究非常火热，不同学科，甚至考古的业余爱好者都积极参与到关于国家文明起源的讨论中来。一方面，我们对中国文明进程的多样性与统一性的认识的确取得了不小的进展；另一方面，一些长期存在的研究困境始终无法突破。当前的困境在于，不同学科都设定了自己的宗旨，都希望利用其他学科的成果来协助解决本学科的问题，但难点在于如何完成协作。就像许多人一起推车一样，如果用力方向各不相同，就会互为掣肘；如果都挤在同一个方向，又没有充足的空间，最终造成大量低水平的重复劳动。

具体来说，当前的关键问题是，文献史学与考古学之间有较大的空白或鸿沟，大家都希望能够跨越它，但是对于该采用什么样的途径却没有达成共识，至今也没有找到很有效的方法。此外，当前研究中还存在两个极端：玄学与科学主义。前者以古史传说为中心，似是而非地利用一点文献与考古材料证据，制造出一些耸人听闻的观点。后者则把历史研究等同于自然科学研究，以为其中存在放之四海而皆准的真理。如果现在还没有这样的真理，那是因为我们还没有找到。历史研究似乎就是为了无限接近这个存在于乌托邦中的真理，而浑然忘记了人类社会是历史性的存在，所有相应判断都是有价值预设的。这里提出来的目的是希望能厘清当前研究的线索，寻找未来研究的突破点。

研究的基本路径

当前有关国家文明起源的研究，从宏观的范畴来说，可以分为两类：一类是以逻辑推理为中心的，是要论证所提观点的合理性，其中暗含着对普遍原则／真理的认同。其中的逻辑可以分为演绎、归纳与类比三种类型。另一类是以理解、共情式（empathy）体验为中心的，其逻辑是混沌的，或者说没有逻辑，通过直接的历史叙事（historical-narrative），把事情的来龙去脉、背景关联梳理清楚，从而实现理解的目的。两类研究通常是相互交织的，所谓以逻辑推理为中心的研究暗含的普遍原则，其中就包括对人类社会共情式的理解；而以理解为中心的研究，同样离不开基本的逻辑推理。虽然两者混合交织，但是两者之间还是存在区别的。现代学术研究往往更强调逻辑推理，而贬斥共情式的理解体验。随着后现代思潮的崛起，后现代的思维方式逐渐得到认同，考古学中从 20 世纪 80 年代开始出现的后过程考古学以及"现象学的方法"就反映了这一发展趋势①。

　　这两类研究实际上反映的是当代学术研究的最大分野：科学与人文。以逻辑推理为中心的研究是科学范畴的，与科学并行的是人文的路径。两者相辅相成，不能将其对立起来。长期以来，人文研究是被忽视的，科学是正确的代名词，非科学即等于错误或没有价值。人文研究存在明显的社会历史背景依赖，它不是以普适性来衡量的，而是需要对背景关联、来龙去脉有充分的理解。

　　中国考古学研究者对中国文明起源的探索立足于中国文化的连续性，从有文献明确记载的历史时期延伸到古史传说时代，其中是存在文化脉络的一致性的。在考古学上，我们称之为"直接历史法"②。当然，直接历史法是从逻辑角度讲的，而没有考虑到对社会历史背景的理解。失去理解的研究是不可能得到准确结论的。我们在当前有关中国文明起源的研究中，尚没有给予人文导向的研究足够多的重视，也没有把它与科学导向的研究区分开来。从科学的视角来看人文，人文必定是缺乏逻辑、主观狭隘的；而从人文的视角来看科学，科学则是肤浅且刚愎的。

　　如何有效结合两条道路的贡献，目前仍是一个挑战。需要明确的是，人文的道路需要以科学为基础，从这个角度来说，它是高于

---

　　①　参见 I. Hodder, "Postprocessual Archaeology," *Advances in Archaeological Method and Theory* 8（1985）：1-26。

　　②　参见布鲁斯·特里格：《考古学思想史（第 2 版）》，陈淳译。

科学的。从考古学的发展史来看，人文研究是科学研究进一步的深化，如从过程考古学到后过程考古学的发展。当前，主位视角的"直接历史"探究，多因为历史学研究者不熟悉考古学的研究方法，考古学研究者不能充分理解自身的历史文化，而没有实现直接历史探索的目的——沟通史前与历史文明。

研究逻辑的区分

从以逻辑推理研究为中心的视角来讲，考古推理应该包括演绎、归纳与类比。当前有关国家文明起源的研究基本都可被纳入这三种逻辑中。

具体来说，演绎推理是从一般到特殊，需要先确定一些普遍的理论前提，然后构建出有关国家文明起源的一般理论，从该理论出发推导出可以经由经验事实检验的假说。这类研究是有关国家文明起源探讨的先驱，早在古希腊与中国的诸子百家时代，思想家们就开始围绕人类社会组织的性质展开思考。他们确立了一些普遍的理论前提（如人性恶或者善），构建了讨论所需要的基本概念（如国家、文明）。在近代考古学兴起之前，马基雅维利、卢梭等思想家已经对国家、社会的组织原则进行了理论构建。此后，马克思又对其有更深入系统的探讨。演绎结构的研究并不必然依赖经验事实，它可能会参考一些经验研究，如马克思参考历史学与人类学的成果。基于此，我们可以把演绎研究分为两类：一类是纯粹形而上学式的思考，另一类是基于有限经验事实的理论构建。演绎研究的优点是不受制于经验事实的有限性，能够充分发挥研究者的创造性；它的不足是比较宽泛，与经验事实有较大的差距。

归纳推理是从特殊到一般，即从经验事实上升到理论概括。归纳推理需要包括尽可能丰富多样的经验材料，归纳的范围越大，得出的结论的可靠性就越高。在此基础上进行理论概括，经验事实的简单归纳只能是事实本身特征的罗列，仍然与理论没有关系。由此，要想上升到理论层面，就需要研究者建立理论概念。归纳推理是从已知走向未知，一步一个脚印，可操作性强。其不足之处是理论构建的效率低，而且归纳本身是不可能完整的；同时还存在理论概念构建的问题，不同的研究者对同一概念的理解往往有所不同，比如"酋邦"这个概念，它是从人类学材料中概括出来的，但是研究者对何为酋邦的认识差异极大[①]。

关于国家文明起源，还存在古今不一致、考古材料零碎等问题，难以了解古代社会的全貌。这个问题一定程度上可以利用类比推理来解决。研究者通常得到的是有关过去的信息片段，将其拼合起来才可以理解，但是如果不知道古代社会的概貌与结构，就很难操作。人类学研究可以提供参考的框架，通过对一些较为"原始"族

---

① 参见埃尔曼·塞维斯：《国家与文明的起源：文化演进的过程》，龚辛、郭璐莎、陈力子译；C. Cioffi-Revilla, *Introduction to Computational Social Science: Principles and Applications*, 2nd edition（Cham: Springer, 2017）。

群的研究，构建出一些框架，协助我们完成信息片段的拼合，完成从物质遗存到人类行为信息的推理，考古学上通常称之为"中程理论"。人类学材料是稀缺资源，随着全球化、工业化进程的推进，目前可以研究的对象已经十分稀少，而以前的记载往往又存在一些偏见与残缺，于是部分历史研究以及当代社会的研究也成为中程理论的组成部分。

对比这三种逻辑，不难发现我们当前国家文明起源研究中存在的问题：（1）演绎推理缺乏，不仅表现在形而上学的思考上，还表现在基于有限经验事实的理论构建上。（2）在归纳推理方面，我们研究的经验事实对象相对有限，多限于中国的考古材料，而对世界各地的文明了解不足。正因如此，归纳多限于对事实本身的分类描述（也包括定量的描述），而缺少理论提升，这一点在考古学研究领域尤为明显。（3）受制于人类学材料的缺乏，以及人类学发展滞后（曾经中断过），以类比推理为中心的中程理论建设基本付诸阙如，一般的人类学类比往往限于孤立案例的类比，可靠性比较低。基于这三个方面的问题，我们当前的国家文明起源研究基本上是缺乏理论的，当前的讨论更多侧重于对既有理论的梳理，更多是对经验事实本身的描述与分析，而缺少理论构建。

考古学的探索

如果从理论验证的角度来看，考古学无疑拥有"终审"的地位，无论采用什么样的研究逻辑，最终都需要回到考古材料层面。考古材料作为客观物质遗存，是古代社会的直接遗留，具有文献资料不可比拟的真实性。

过去一百多年来，考古学在很大程度上填补了有关文明史前阶段发展的空白。以中国文明起源的探索为例，仅过去三四十年，红山、良渚、石家河、石峁、陶寺等一系列重要遗址的发现，就让我们对中国文明早期面貌有了新的认识。从某种意义上说，当前有关国家文明起源的研究是以考古学为中心展开的，因为新的发现亟须解释：为什么此时此地会有这样的发现？它们究竟代表文明发展到了什么阶段？又是如何发展到那个阶段的？这些问题都期待不同学科的合作，进而给予合理的回答。

考古学似乎在国家文明起源探索中享有无比优越的地位，考古学研究者甚至可以不用理会其他学科研究者的工作，只埋首田野工作，独享发现古代文明物质遗存的机遇，但是考古学家却不得不面对一个令人尴尬的事实：考古材料（物质遗存）本身不会说话，它就像个谜团，需要不同学科的合作研究，才可能最终揭开谜底。在解码考古材料的过程中，首先需要从物质遗存中推导出有关古代社会的信息，这通常被称为"透物见人"，是当代考古学的中心任务，需要通过逻辑推理才能实现。

考古推理的结构分为宏观与微观两个层面，前者包括演绎、归纳与类比三种推理，后者包括系统收集材料、分析材料、提出假说、验证假说等①。透物见人是一个复杂的过程，至少要有五个层次：（1）获取考古材料的基本特征；（2）研究考古材料的形成过程；（3）狭义的透物见人，从物质遗存推导人类行为；（4）上升到更高层次的理论层面，或者根据有关人类社会、行为、历史、文化等方面的理论进行推导；（5）从本体论、认识论与价值论等宏观层面加以考虑。遗憾的是，对比考古推理的结构以及透物见人的层次，我们会发现中国考古学研究还有较多缺环②。

　　在考古学研究领域，以逻辑推理为中心的研究是占绝对垄断地位的，人文导向的研究多见于历史考古领域，而很少能够深入史前考古研究中。国家文明起源研究正好是两者的交合地带（即所谓的原史阶段）。在国家文明起源研究中，中国学者对我国早期文明史的探索，是基于对中国文明的历史发展的了解而展开的，也就是从已知走向未知，是从对社会历史背景关联的充分理解出发的。这种主位视角的理解，是不能用客位视角的研究替代的。就目前的两种主流理论"古国"与"酋邦"而言，前者是以苏秉琦先生为代表的中国学者主位视角的探索③，后者是客位视角的。两者本来不矛盾，但是如果以客位立场为中心来衡量主位视角理论，就必然带来强烈的冲突。

---

　　① 参见陈胜前：《考古推理的结构》，《考古》2007 年第 10 期。
　　② 参见陈胜前：《考古学研究的"透物见人"问题》，《考古》2014 年第 10 期。
　　③ 参见苏秉琦：《辽西古文化古城古国——兼谈当前田野考古工作的重点或大课题》，《文物》1986 年第 8 期。

　　可以想见，在人文导向的研究被忽视、以逻辑推理为中心的研究又存在重要缺环的情况下，有关中国文明起源的研究和讨论必定举步维艰，难以深入下去。

从学术史角度看中华文明探源工程

19 世纪中后期，谢里曼凭借混合着神话的传世文献荷马史诗开启了探寻古希腊文明的旅程，并准确找到了特洛伊古城的位置（只是层位有误）。当时探寻古城的不只谢里曼一人，但他是最幸运的。到 20 世纪 30 年代，古希腊、古埃及、两河流域、古印度、玛雅、印加文明等人类历史上的主要文明基本都已被发现，其中也包括以殷墟为代表的中国商代文明。除中国文明之外，其他古代文明都由西方学者发现。在殷墟发掘之前，王国维利用在这里发现的甲骨文与文献相印证，确认了文献所载的商代先王世系，殷墟的发掘进一步证实了商代历史的可靠性，世界有关最早中国文明的认识一直定格于此。20 世纪末到 21 世纪初，从"夏商周断代工程"到"中华文明探源工程"，有关最早中国文明的认识不断推陈出新，突破了已有的认识，取得了丰硕的成果，为中华文明五千年的历史提供了扎实的证据。如何认识"中华文明探源工程"的学术意义是一个重要问题，这里拟从学术史角度进行简要考察与展望，以期为未来的研究提供参考。

学术史的方法

"风物长宜放眼量"，从学术发展历程来考察一项研究的影响，无疑比仅关注当下的研究能更准确地把握其学术意义。在具体操作中，常用的方法是按时间阶段划分发展进程，这种方法过于简单，学术史的研究需要更具体、更深入的方法论。分层-关联的方法是一个合适的选项，它强调从时间和空间两个维度来分析一项研究所处的外部与内部关联。外部关联包括时代背景、社会思潮与相关学科发展；内部关联则指学科的理论、方法与实践。内外关联既可以分层考察，也可以从整体上考察。从整体上看，外部关联可以有不同的理论维度，如福柯的"知识型"，这里用"时代精神"来统合；而整体上内部关联的考察可以采用"范式"概念，具体到考古学研究中，它包括核心概念纲领、支撑理论方法与实践体系三个部分。这里的考察主要是从整体上进行的。

中华文明探源工程模式

"中华文明探源工程"是中国人文社会科学研究的重大项目，经过 20 年的实施，已经成为中国考古学研究的经典模式，成为学科发展的标杆。20 世纪 80 年代中期，苏秉琦先生在"区系类型理论"的基础上提出了中华文明探源这一重大课题，强调要研究中华国家、中华民族、中华文化的起源，并提出了古国理论，即古文化-古城-古国的三部曲，通过考古学文化、古代城址的研究来探索文明化进程。也正是在这个阶段，聚落考古的方法被引入中国考古学研究中，古城研究更加系统化，以聚落体系的形式更充分地体现了文明化进程。

从学科的外部关联来看，当时的中国开始进行改革开放，进入了国际分工体系中，在国际化的浪潮中，构建中国文化、民族与国家的认同就成了时代的必要。从学科的内部关联来说，"区系类型理论"作为中国考古学的基本理论，本身并不阐释考古材料的意义，其作用在于重建史前史的时空框架，而中华文明探源课题的提出，就为"区系类型理论"提供了阐释的方向。

严格来说，苏秉琦先生并不是中华文明探源课题的开创者。按照张弛的研究，百年中国考古学一直有两个显著的主题——民族与革命，前者的目标就是重建国史，后者的目标是建立马克思主义的人类社会演化序列。重建国史的目标自中国现代考古学诞生起就已存在，1949 年以前，由于缺少诸如"考古学文化""区系类型理论"等理论工具，加之田野工作有限，只是初步了解到从仰韶到龙山的文化发展序列，对文明化进程没有形成专门的研究。从 1949 年起到改革开放前后，中国考古学的研究主题是以革命为主的，同时也缺乏与文明起源相关的专门的田野考古工作，这个局面大致持续到 20 世纪 80 年代初辽西红山文化牛河梁遗址的发现。正是在这样的背景下，苏秉琦先生提出了中华文明探源这一重大课题以及研究该课题的古国理论，为学科发展指明了方向，并提出了具体的实施路径。

　　从20世纪80年代以来，文明探源一直是中国考古学的核心任务，从研究进展来看，中华文明探源研究又可以分为三个阶段：第一阶段是从20世纪80年代到"夏商周断代工程"的提出，中华文明探源作为重大课题被提出并影响到考古学研究，但受制于当时的经济条件与研究组织，研究尚不够系统；第二阶段是"夏商周断代工程"阶段，该工程本身持续时间不长，只有5年，加上前期的酝酿与后期的争论，由此形成一个独立的阶段，受研究计划限制，这个阶段具有过渡性质；第三阶段是"中华文明探源工程"全面系统实施的阶段，经过20年持续的努力，中华文明探源工作取得了突破性的进展。从百年中国现代考古学的发展历程来看，文明探源是一以贯之的主要任务，同时也是一个不断发展的过程。"中华文明探源工程"之所以能有今天的成果，与前期的探索与学术积累密不可分。

　　"中华文明探源工程"是中国考古学核心任务的当代延续。从外部关联来看，最近20年，中国崛起是一个举世瞩目的现象，中华民族伟大复兴是一个梦想，更是一个正在实现的计划，文化自信逐渐成为时代强音。了解中华文明的由来是增强文化认同的重要途径。考古学是一门以增量历史为主要特征的学科，尽管它也会以实物遗存的发现与研究来解构部分不实的文献记载，但通过持续不断的考古新发现，考古学一直在增加新的信息。在中国近现代学术研究中，反思、批判或解构中国历史与文化一直是主旋律，这也是面对西方的文化优势的一种必然反应。随着中国的崛起，这个主旋律发生了改变，新的时代精神诞生了。

从学科内部关联来看，随着大规模基础设施的建成，田野考古工作的大幅度增加，有关早期中国文明的考古发现不断增多，尤其是对良渚、陶寺、石峁、石家河等遗址的发掘工作，从根本上改变了早期中国文明模糊的面貌。在这一过程中，科技考古的迅速发展为此提供了坚实的手段，而这又离不开科学硬件设施的大幅度改善与研究队伍的壮大。这个阶段也是中国互联网迅速发展的时期，特别是移动互联网的普及，极大地扩展了中华文明探源的社会影响。与此同时，考古公园、博物馆等的建设极大地丰富了考古学的实践。简言之，考古学的理论、方法与实践都在不断推动"中华文明探源工程"的持续开展，使该项工程成为中国人文社会科学研究中长期项目的典型代表。

"中华文明探源工程"之所以成为典范，还因为它回应了学科内外的重要关切，把学术研究与当代文化建设很好地联系起来，赢得了国内外学界的高度关注，同时也吸引了广大民众。此项目研究充分发挥了中国科学研究的体制优势，集中力量办大事，整个项目有来自十多个学科的数百位学者参与，间接参与的更是难以计数。在现代学科高度专业化的背景下，要完成学科的交叉合作，困难可想而知。在这个过程中，以考古遗址为中心的研究方式发挥了核心作用，让多学科的合作落到了实处。"中华文明探源工程"是以问题为导向的研究，需要理论、方法、材料的系统组织，而这在中国考古学研究的其他领域并不常见。"中华文明探源工程"将涉及的相关概念与理论研究进一步分解为具体的指标，如聚落体系的层次、墓葬的等级、手工业分工的程度等。从逻辑上说，这种研究方式具有演绎的性质，在探讨文明起源时还借鉴了人类学、历史学乃至社会学的成果，这在逻辑上具有类比的性质，与中国考古学研究通常依赖归纳逻辑不同，因此可以说"中华文明探源工程"拓展了中国考古学的研究路径，更充分地发挥了考古学在文明探源过程中的核心作用。正因如此，"中华文明探源工程"成为中国考古学的经典成功模式。

启示与展望

20 世纪 50 年代，中国社会科学院考古研究所曾就中国考古学的发展制订了宏伟的计划，可惜因为各种原因未能实施。改革开放以来，除了"夏商周断代工程""中华文明探源工程"之外，围绕考古学的大型学术发展计划还有"考古中国"以及科技部的有关中国早期人类起源的研究等项目。这些项目都有较为长远的规划，属于大科学的范畴，有利于发挥体制组织上的优势。需要指出的是，大科学与小科学是辩证的关系，小科学投入少，更多以研究者个体为中心，更加灵活，在学科基础理论的探索上往往更有优势。与丰富的考古发现、先进的科技方法相比，"中华文明探源工程"在有关文明起源的基础理论研究上还有较大的发展空间。在这个方面，充分发挥小科学的优势，将有可能形成丰富的理论研究，进一步深化"中华文明探源工程"的成果。

从学科内部关联来说，范式具有重要的影响，以既定的概念纲领为中心，支撑理论方法形成相应的实践体系。在考古学研究中，文化历史考古、过程考古、后过程考古是三个主要范式，代表考古学的研究范畴在不断拓展，三者之间是互补的关系。当然，不否认存在成熟的范式排斥新范式的情况。当前"中华文明探源工程"依赖的主要还是文化历史考古范式，下一步可以借鉴过程考古、后过程考古范式，拓展研究文明起源的机制与原因，深化对中华文明之文化意义的阐释。

最后需要指出的是，中华文明是人类文明的重要组成部分，从古至今，中华文明在不断融合其他文明成果的过程中丰富自身。因此，从世界看中国与从中国看世界，是研究中华文明起源过程中不可或缺的视角，这就需要在未来的研究中更好地探究世界其他地区的文明。中国考古学正在走向世界，我们需要看世界，认识世界上丰富多彩的文明；反过来，把中国放在世界这个大的背景中，也有助于我们更好地认识中华文明的特色。

文明性：一个值得关注的视角

　　每个人都有许多特点，有优点，也有缺点，视角不同，看到的东西会很不一样。但这不妨碍我们对一个人的总体印象与判断，关于这个人是好人或坏人、好合作或不好合作，我们可以做出总体的判断，尽管这种判断可能是模糊的。人与机器分析之间的最大不同就在于，人在做出判断的时候并不需要像机器那样进行大量的运算，而是综合运用直觉与计算，尽可能减少计算量。在微观上模糊，宏观上反而更准确。当代科学以分析见长，整个知识领域又被分成了不同的学科，不同的学科又被进一步细分，所以虽然一些当代社会科学研究的分析模型非常精致，但其结论却很荒唐。缺失整体性是导致这种情况的主要原因，就像盲人摸象一样。文明性是作为一个整体性的概念被提出来的，是对一个文明的总体判断，它与我们去分析一个文明并不矛盾，是互补的关系。

　　在讨论开始前无疑要先思考"文明"这个概念。从人类社会演化史来看，文明与等级分化、复杂社会组织以及相应的意识形态的发展联系在一起。文明是一种社会发展状态，同时也应该指维护这种状态的一切手段，前者指判断文明状态的一些标准，后者是维系文明状态的策略。以前定义文明通常有三大标准，即城市、金属冶炼、文字，现在则认识到不同地区的标准有所不同，所以这三大标准并不通用（不知道为何还有人采用）。就如何判断文明，考古学家柴尔德曾经提出过十个标准，后来的研究者如厄尔（Earle）确定的标准更多。就像我们现在定义什么是现代化一样，标准越多、越具体，反而越不靠谱。现代化的核心标志是工业技术，凡是占据工业技术顶端的，都是发达国家，现代化程度高。至于市场、产权、政治等，最终都会体现在工业技术上。所以，采用简单但根本的标准其实更加可靠。对于文明而言，其核心就是"等级"，文明是制度化的、有复杂组织的等级社会，举凡政治、经济、军事、文化等策略都是为这个服务的，或者说都会体现在等级上。当然，我们在理解等级的时候需要宽泛一点，不同的社会身份也暗含着等级。

需要说明的是，自然状态下，物种内部也可能存在等级。如德瓦尔（de Waal）在《黑猩猩的政治：猿类社会中的权力与性》（*Chimpanzee Politics: Power and Sex among Apes*）中说，黑猩猩在争夺群体头领的位置时涉及合纵连横、阴谋与阳谋，为了等级似乎无所不用其极。但是，自然状态下的等级与人类文明中的等级不可同日而语。文明的基础是文化，文化是人身体之外的东西，它至少有技术、社会与意识形态三个层次。文化的根本属性是能动性，即人可以改造世界、创造世界，这其中也包括人自身。因此，我们在理解文明的时候，需要考虑物质手段、社会组织以及精神内涵。文化不是人的本能，它是人类社会发展到一定阶段的产物。人类的文化经过数百万年的演化，直到距今五六千年才产生了文明。

为什么人类的文明出现得如此之晚呢？一个极简的回答就是，社会需要发展到一定规模才可能产生文明。等级分化与群体的规模相关，这条规律适用于蚂蚁，也适用于人类。是不是说所有大群体都需要等级呢？显然不是。鱼群与鸟群常常规模惊人，但看不出有等级分化。它们的这种规模是为了安全起见（减小猎食者的捕食效率）而产生的聚集，而不是稳定的群体。对于人类社会而言，等级是社会交往规模的产物。社会规模越大，社会交往过程中信息处理的难度就越大，必须要分等级。按照前文邓巴的说法，社会交往的规模有个大致的 3 倍率，50 人是一个狩猎采集游群通常的大小，150 人是一个连的规模，是一个人能够保持较密切的社会交往的极限，超过这个极限，就需要设立分级的结构。

从社会规模（人口）的角度来理解，等级似乎是不可避免的。农业起源之后，人口增长大幅度提速，人口达到了前所未有的规模，人类社会正是在农业的基础上出现了文明，环顾世界文明的起源历程，无一例外。即便是对于狩猎采集者而言，具有一点社会复杂性的群体（复杂的狩猎采集者），往往都生活在经济资源相对丰裕、人口密集的地方。资源、人口、社会复杂的程度之间有着高度的相关性。这里有个例外，那就是草原地带。草原上的人口密度无疑是很低的，但是历史上这个地带出现过非常强大的政权。在更早的青铜时代，生活在草原上的群体就已经出现了社会复杂性，或可以称之为初级文明。为什么草原地带在低人口密度的时候也可以形成文明呢？我想主要原因可能是这里有了驯化的马，人与物都可以借此迅速集中，足以形成文明发展所需的规模与密度。

人类社会的等级表现为两种属性：一种是专业化的分工，另一种是权力的绝对化。前者很好理解，社会规模扩大之后，会出现各种各样的专业人群，人与人之间通过相互交换来满足各自的需要。后者是一个阶层对另一个阶层的控制，有时候可以生杀予夺。在所有存在过的人类社会中，现代工商业社会无疑是最强调社会分工的，而奴隶社会是最能体现绝对化权力的——奴隶主对奴隶有绝对的控制权，其他的人类社会多介于这两极之间。人类往往向往那种人人平等、各尽其才的专业分工社会，但现实却是人类不得不接受权力控制的存在。人类历史上，每个社会都在历史理想与现实之间进行抉择，基于自身的条件与历史机遇，形成了我们当代看到的不同类型的文明。文明性就是在文明类型的基础上形成的，它是对不同类型文明的整体性的认识，判断的角度主要来自不同的文明对两种等级属性的处理方式。

有趣的是，几乎每个文明在处理这种关系时都充满了矛盾，最终形成某种统一性。我们首先以古印度文明为例，来看看它矛盾的文明性。古印度文明起源于印度河河谷，以哈拉帕（Harappa）与摩亨佐达罗（Mohenjodaro）为代表。考古材料中一直都没有发现显著的王权，如国王的陵墓，这无疑是一个很有趣的现象。古印度文明是受西亚影响而产生的，这里的农业文化一开始就来自西亚。在印度河河谷发现了象征所有权的印章，这些印章与商业交换相关，显示交换是古印度文明的一个比较突出的特征。这会给人留下一种印象，即早期的印度文明是比较强调平等的。然而，给我们留下更深刻印象的可能是印度文明的种姓制度。种姓制度是后来西北方族群入侵的产物，通过意识形态来固化社会阶层。人类历史上的入侵者似乎都习惯这么做，胜利者难免自认为比较优越，如元朝时统治者把人分为四等。问题并不在于印度有这样的划分，而在于它居然能够长期保留，把不平等极端化与神圣化，印度文明似乎从一个极端跑到了另一个极端。很多人通过对印度的观察，都说这里缺少一场能够打破固化等级的革命。

　　可能大多数人还是对西方文明感兴趣。西方文明是近现代主导世界秩序的文明，其鼻祖是古希腊文明。古希腊文明分布在欧洲的东南角，以爱琴海为中心。从农业起源的角度来说，古希腊应该属于以西亚为中心的世界体系，它的早期农业也来自西亚。古 DNA 研究显示，早期农人（主要是男性）扩张进入欧洲，他们娶了当地的女性，这种基因构成遗留到了现在。后来古希腊文明成为西方文明的源头，这其实是西北欧土著引进学习的结果。在某种意义上，有那么一点攀附的意思。但是，不管怎么说，他们的确学习了古希腊传统，尤其是中世纪后经由伊斯兰文明重新发现了古希腊文明，为文艺复兴运动奠定了基础。古希腊文明的分布范围并不大，这个文明的独特之处就是航海经商，其足迹延伸到黑海、北非沿岸。广泛的交往带来知识视野的拓展，有机会融通来自不同地方的知识。古希腊文明的航海商贸基因后来被欧洲人发扬光大，成就了近现代社会的转型。古希腊的商贸是与殖民结合在一起的，这个文明的经济基础就是扩张性的。

西方文明的另一个主要源头是基督教，其源头也要追溯到西亚地区，《旧约》的故事都是以西亚为背景展开的。基督教是一神教，与古希腊文明的神话有比较大的区别。这种万法归一的宗教高度强调唯一性，与古希腊文明的求真精神相结合，就变成了唯一真。强调商贸的社会往往有更多样的社会组织，基督教与之结合形成了更稳定的基督教社会。相比于东方文明更直接的管辖，西方文明较早形成了中层社会组织，这在后来西方文明崛起过程中发挥了重要作用。相比于直接管辖社会，在拥有较为丰富的中层社会组织的社会，个人有更多的发挥空间。总体来说，西方文明有两个鲜明特征：一是个人中心主义，二是对唯一真的肯定。由此，其文明性带有很强的扩张性，同时伴随有个人英雄主义。好的方面是给个人的空间比较大，有利于个性的成长；不好的方面是侵略性强，相当固执，缺乏整体观。为什么西方文明会是这样的呢？具有商贸根源的古希腊文明是松散的、开放的；而基督教文化正好相反，统一且排他。也许正是因为两者相互作用，才成就了西方文明，形成了西方文明独特的文明性。

草原游牧文明同样具有扩张性，这种文明类型出现较晚，青铜时代才形成，真正强大起来是在铁器时代，其突出代表就是匈奴、突厥、蒙古。他们在欧亚草原上驰骋，四处征伐。草原文明的特性非常鲜明，那就是劫掠、扩张。草原地带环境对人类生存并不那么友好，冬季严寒，夏季高温，土地相当贫瘠，人们饲养马、牛、羊，逐水草而生。草原游牧群体的经济基础是不完善的，必须从农业群体那里抢夺一些关键资源才能生存下去。而农业群体自给自足，没有很强的交换欲望，于是劫掠就成为草原游牧群体的惯常手段。草原上的群体本来就有劫掠的习惯，这里的财富主要是能走动的家畜，如果力量足够强，劫掠的收益就很划算。劫掠由此成为草原游牧群体的传统，也成为草原文明的文明性。当草原文明占领农耕区域之后，定居下来，它的性质也会随之改变，如鲜卑的北魏政权，其喜好征伐的特性就随之丧失了。

相比具有商贸根源的古希腊文明、以游牧为基础的草原文明，中国文明是非常纯粹的农耕文明，是典型的小农经济，自给自足。中国文明与西方文明相似的地方就是存在中层社会，中国文明的中层社会是士大夫阶层，这个阶层是文化的传承者，同时也是地主。无论上层政权如何更迭，真正统治社会下层的都是他们。中国历朝历代皇权难下县，作为意识形态代表的士大夫是乡村社会的实际管理者。我们似乎可以得出这样的认识：一个能够长期稳定发展的文明通常都需要较为稳定的中层社会。不同的是，中国传统的中层社会更多是文化意义上的，兼具意识形态与道德伦理的属性，它是内向的，主要通过调整社会本身来解决问题。相较而言，西方文明更多选择向外寻找解决问题的办法，比较好的时候是发展技术与互利的贸易，不好的时候就是殖民掠夺与侵略，至今仍然如此。

前面所谈的印度文明、西方文明、草原文明是我们讨论中国文明的参照。中国文明是我们自身的文明，我们今天应该如何看待自身的文明性呢？显然需要从当下的视角来看，看看我们的祖先究竟给我们留下了什么，留下了哪些有意义的东西。我们会发现，很多东西可能已经过时，再也用不上了，但有两样东西是十分珍贵的，是世界上的其他文明不能提供的。其一是文明的连续性，正因如此，我们现在还能读懂春秋战国时期的文献，甚至是商周青铜器的铭文与刻在甲骨上的古老文字。我还记得本科时上的古文字课，教材就是汉代许慎的《说文解字》。我国悠久的历史积累了不少宝贵的经验，就像跨世纪的长寿老人一样，其丰富的人生体验是无价的财富。若没有相当的智慧与不屈的精神，要维系一个连续的文明无疑是非常困难的，中国文明是人类历史上唯一没有中断的古文明，这里面有不少值得深入发掘与阐释的好东西。其二是超大型的文明规模。在过去一万多年的农业时代中，我们的祖先在绝大多数时候都是领先的，但不可否认在近现代落后了。但是，他们给我们留下了接近千万平方公里的江山、对中华民族的文化认同。我们在环顾这个四分五裂的世界时，恐怕不得不感谢我们的祖先，因为没有他们的心血与牺牲，就不会有今天这个超大型的统一的文明体。

中国文明何以能够如此呢？我想这恐怕要归功于中国文明中的一种独特的文明性：中和。一般历史学者与文化学者认为"中和"的特性是在春秋战国之后形成的，考古学可以将其历史的追溯提前数千年，与中国文明起源进程中的一段独特历史联系在一起。这段历史就是中国文明起源过程中有点漫长的"古国时代"，从距今6 000年到距今4 300年（或者说夏王朝形成前夕），持续时间超过1 500年。从这个阶段开始，史前中国出现了等级化的聚落、中心化的城址、专业化的手工业、等级化的墓葬，甚至是大型的水利工程等体现社会复杂化进程的特征。尤其值得关注的是，古国时代的礼仪用品多是玉石，最具代表性的莫过于良渚文化阶段。玉石与青铜的主要区别在于，青铜可以用作兵器，新铸的青铜器表面金光灿烂，极富炫耀色彩，而玉石是含蓄的、温润的，其质地易碎。玉石与青铜都是权力的象征，但从物质性的角度来看，玉石的权力更多是威望性的，而不是像青铜那样具有强迫性。这与《史记·黄帝本纪》中记载的内容比较一致，早期的首领需要很好的社会威望才能确保权力的合法性。这1 500年的历史非同寻常，也就是古史传说中的"五帝时代"，它是后世经常歌颂的具有理想政治的时代，是许多政治伦理的依托。实际上，玉作为权力象征并不是始于古国时代，而是可以追溯到距今近万年。玉文化是中国史前文化的一个特色，并且一直延续到历史时期。从某种意义上说，它是中和品质的象征，也是中国文化的象征之一。

一个有趣的问题是：为什么中国文明会有中和这一特性呢？中国封建时代的等级观念是很强的，中央集权的程度也很高，但是中国没有形成种姓制度，中国文化传统中似乎一直有一种社会主义的东西。两千多年前，陈胜、吴广就质疑"王侯将相宁有种乎"，即便在等级森严的封建时代，中国人也不大承认天生的血统优越论。传统上，社会精英都以科考出身为荣，靠祖上的功劳蒙荫当官终究没那么光彩。中国文明在等级分化过程中选择了中和的定位，承认差别，更承认努力。这无疑是中国文明绵延不绝、不断壮大的一个重要原因。如果不是采取"仇必和而解"的态度，而是像西方那样总是"仇必仇到底"，那么中国文明就不可能完成融合，也不可能在近现代社会转型中力挽狂澜、绝处逢生。这种文明性在当今世界环境中仍然具有强大的生命力，是我们可以依托的文化资源。我们的文明包容而不消极，刚健而不极端（更贴切的表达应该是"自强不息，厚德载物"），故而生生不息，在可以预见的将来，还将为全人类做出更大的贡献。

第 10 章

中华文明的复兴与未来

文化的竞争

　　文化是考古学研究的核心概念，无论是哪一种范式或流派，都离不开这个概念。在文化历史考古中，文化，也就是考古学文化，是指一定时空范围内具有相似特征的物质遗存的总和，用以指代某种意义上存在的社会群体。在过程考古中，文化是人适应外界的手段，其发展有一定的内在规律或机制（也就是过程）。在后过程考古中，文化是交流与表达的形式，是人的能动性的体现。我们是否可以把三个范式的概念融为一体呢？文化是一个社会群体适应外界的手段，同时也是其交流与表达的形式，这么说好像也没有违和感。当然，严格来讲，同一个概念不能既是这个又是那个，除非我们说的只是其中的某个方面。文化是一个具有足够包容性的概念，按照"人类学之父"爱德华·泰勒（Edward Tylor）的说法，文化几乎是人类所有的综合体，技术、经济、社会、道德、艺术，如此等等，与人相关的一切，几乎没有什么不可以成为文化的，衣食住行、举手投足，概莫能外。

　　正因为文化具有这样广阔的包容性，我曾经提出一个概念"文化考古"，认为未来的中国考古学研究可以站在前人的基础上，把以文化为核心概念的不同范式或流派统合起来，形成真正意义上的文化研究。这个想法是否有足够的新意呢？从我自身来说，我发现我的思维有很强的综合性，似乎能够把许多不同质地的东西糅合在一起，这种能力或习惯，似乎与中国文化传统密切相关，中国人似乎天生就擅长做整合工作。其实，这样的认识并不是我自己得出的，而是通过文化比较获得的。许多年前，我还在读博士的时候，向宾福德提交了课程作业，当时他就注意到了我的这个特点。他感到很惊讶，说我的综合能力非常突出，有点难以理解。而我对他，乃至对西方考古学者的分析能力也感到惊讶，觉得不可思议：为什么他们能够就一个简单的现象说那么多东西呢？中西思维方式各有侧重，我们的优势在于综合，在于整体性，劣势是拙于分析，对细节的深入不够；西方则正相反，长于分析，但在整体把握上有些欠缺（有点如中西医之间的区别）。文化本来就是综合性的，只不过我将其上升到了整体性的高度。文化考古就是这样一个经过整合的产物。

当然，我接受了现代学术训练，所谓"现代"，其实很大程度上就是"西方"；我学习了分析，从功能的角度把文化分为三个层次，分别代表人在应对外界挑战时所采用的策略。第一个层次是向外求，如通过技术手段解决问题，人没有老虎那样的利齿，但人学会了用火，学会了制作切割工具，后来更是制作了烹煮的器皿。第二个层次是向社会求，人是社会性的动物，人脉关系就是资源，我们的知识就存在于社会中，生活中的无数问题都需要通过社会来解决。第三个层次是向内求，人生总有许多无法解决的问题，生老病死，旦夕祸福，仿佛有个"无常"的幽灵在我们头上盘旋，突然间就悄无声息地降临。我们需要解决人生的意义问题，需要思考为什么人生值得一过，我们应该如何度过一生。这个层次解决的是人的精神问题。从古至今，我们的祖先似乎特别擅长做第二个层次的工作，以儒家思想为中心建立起一个具有超长连续性、超广阔疆域、超强包容性的文明。第一个层次的杰出代表是科学技术，第三个层次的杰出代表是宗教。在第三个层次上，我们曾经引入佛教。我们也有关注第一个层次，但不如西方那么成功，现在正在学习，迎头赶上。

我们在区分不同文化的时候，因为第一个层次比较容易改变，所以很难将其视为文化特色，第二个、第三个层次，尤其是第三个层次较为稳定，比如西方发达国家，早已实现工业化，但基督教仍然是其文化的重要标志。如果一个文化的第三个层次发生彻底改变，那么就可以说，这个文化已经消失。狭义的文化，通常就是指第三个层次的文化。这个层次的内容，我们通常称之为核心价值观。中国文化有自身的核心价值观，这是千百年来的积淀。过去一百多年来，中国的生产方式发生了翻天覆地的变化，社会组织结构同样如此，但我们的核心价值体系还在，社会与生产领域的变革仍然是该核心价值体系的延伸，而不是其他文化强加的。换句话说，中国近现代革命是内源性的，中国不是殖民地，我们的工业体系不是殖民者留下来的，我们的社会组织架构不是殖民者强加的（可以比较一下印度与日本）。有人可能会说，只要能够发展，文化身份并不重要，不要为那些名头所拖累。这就好比一个人，只要有钱，任何事情，包括逾越道德或法律底线的事都可以做。这样的人在世界上恐怕活不了太久。人需要有坚守的底线，文化同样如此。

坚守并不等于不改变，相反，一个文化要发展就必须不断学习，不断借鉴其他文化优秀的东西。当一个文化封闭到认为自己总是最优秀的，不需要向其他文化学习的时候，这个文化离衰落也就不远了。文化具有多样性，不同的文化各有优点，都有值得学习的地方。不同文化的优点，在不同的时代，有多少、强弱之分，这是文化的统一性方面。文化的多样性与统一性是辩证的关系，不能赞同一个方面而否定另一个方面。道理摆在这里，非常简单朴素，但具体到社会实践中时，却非常难以抉择。近现代以来，西方文化形成了对其他文化的绝对优势，这种优势的直接表现就是殖民主义，西方殖民者瓜分了世界。二战后，西方的政治瓜分退潮，转而在经济上建立依附体系，把非西方世界当作低端劳动市场、资源供应地以及商品倾销市场，支持西方人过着富裕、"民主"、"自由"的生活。如今，经济上的依附关系在一定程度上动摇了，西方人的手段更加隐蔽，更多依赖文化殖民主义。让非西方世界的人群高度认同西方的文化，相信这就是人类文化的发展方向，这是未来世界的希望，这是人类共同的价值。所谓"劳心者治人，劳力者治于人"，西方人同样达到了统治世界目的。总之，在现实世界里，文化似乎只有统一性，没有多样性。

过去一百多年来，我们都在反思，中国文化还有没有价值，还有没有前途。有些人丧失了信心，只看到中国文化里的糟粕，认为唯一有价值的就是教训。中国文化唯一的出路就是全方位地、彻底地向西方文化学习，而根本不需要考虑自己的文化何去何从，进而套用经济基础决定上层建筑、上层建筑反作用于经济基础的规律，认为不彻底清除中国文化的影响，就不能发展现代经济基础，而经济基础一旦改变，作为上层建筑的中国文化就不可能存在。这种认识罔顾一个基本事实，那就是文化传统并不是死的，它可以通过调整、变化而焕发出新的生命力。如日本，它在实现现代化的同时并没有放弃自己的文化。

我们为什么要坚持自己的文化，而不是哪种文化先进就采用哪种文化呢？文化就像我们的父母，这是不可能更换的，这是我们从小就继承的东西。"犬不择家贫，子不嫌母丑。"一个忘本的人，在社会上是无法立足的，他无法找到自己的定位，他究竟是谁呢？我们知道没有一个文化是完美的，一时的强大不等于永远强大。中国文化曾经繁荣了数千年，很长时间都是世界上的执牛耳者，但在近现代转型中落后了。一时的落后不等于永远落后，过去几十年里，我们又赶上来了。我坚信人类社会需要保持文化的多样性，这是人类未来适应成功的保证。多样性意味着灵活性，意味着多样的可能，意味着应对挑战不是只有一个办法。我不认为中国文化会取代西方文化，也不主张如此，但是坚决反对用西方文化取代所有其他文化。实际上，西方文化的发展正陷入前所未有的困境中，日益封闭，如今只能依赖谎言来自我粉饰，让人唏嘘不已。人类社会的竞技场上，没有永远的赢家，骄傲自满、故步自封都是要付出代价的！

　　人类社会的竞争终究是文化的竞争！文化是人的根本特征，人依赖文化而生存，人就是文化的存在。失去了文化，人也就失去了意义。文化作为一个整体的定义是可能的，它是一个群体的标志，也是能力，是有意义的表达。回到现实中来，中美竞争中有经济上的角力，其中发挥关键作用的是科技；深入考察后会发现，本质上是政治道路的竞争——中国特色社会主义与美国特色资本主义。而我看到的是文化竞争，这是两种文化的竞争。在某种意义上，这种竞争代表人类相对的两种存在方式：内向与外向、群体本位与个体本位……事实上，这两种方式对于人类都是必不可少的，它们是相辅相成的，是辩证的关系。不同时代不同条件下，一个文化可能比另一个文化更有优势。但如果由此就以为一个文化可以消灭另一个文化，那就大错特错了；设若果真实现了，那将是人类的灾难。面对未来世界的问题，如贫困、环境危机、流行疾病等，中国方案可能更加有效。这些方案的核心思想就像中医，首先要固本，而不是头痛医头脚痛医脚。中国在扶贫事业上取得的成功已经证明了这一点。

在现实与理论之间来来回回，我似乎看到了未来中国考古学理论的方向，所谓的流派、范式、趋向，如此等等，都是暂时的，考古学的目标就是文化，从物质遗存到文化。人类行为、社会组织、艺术表现等都是文化的组成部分。过去我们就像是盲人摸象，摸到什么就强调什么，其实它们都是大象的一个部分。文化就是人类的整体。

大历史角度看当代中国的崛起

2021 年，是中国共产党成立一百周年，也是中国现代考古学诞生一百周年。百年风雨，百年征程，中国现代考古学历经曲折，有各种各样的争论，许多时候不免让人难以理清头绪。"风物长宜放眼量"，当我们从大历史角度来看，百年又是弹指一挥间。我们若不再执着于历史的细节，而是以更大的框架来把握百年中国现代化的历史，更可能发现当代中国崛起的深远意义。

理论视角

这里希望从一个新的视角展开讨论，它也是讨论的理论前提。这个前提就是公共性。所谓公共性，通俗地说，就是"民心所向"。之所以采用这个术语，是因为它具有日常用语所不具备的概括能力。公共性是超越个体利益的利益整体。它不是个体利益的简单相加，因为个体的利益可能是相互矛盾的。公共性也不是群体中某个部分的利益，不是个体或群体各部分之间利益协商、妥协的结果。公共性是整体的，它是一个时期个体利益认同的整体跃升，换句话说，它是升华后的价值认同。因此，公共性不是微观的、具体的利益，而是宏观的、抽象的利益整体。

公共性并不是在任何情况下都存在的，它是一定历史条件下的产物，只有当各方面的条件都具备的时候，公共性才可能显现出来。的确，在我们当下的语境中，某种意义上公共性是不断被解构的，个体利益在日益具体化，公共性更像是一个多余的概念。如今我们更习惯讨论某个阶层、某个群体的利益，甚至按照西方的话语逻辑，把个人利益置于整体利益之上，把它当成价值判断的出发点。按照这样的话语逻辑，公共性是对个人利益的侵犯；或者从根本上否定公共性的存在，认为公共性是一个乌托邦，不存在整体性的、抽象的利益，只有具体的、个体的或群体的利益。具体与抽象、部分与整体、个人性与公共性本来是辩证的关系，片面强调一个方面而否定另一个方面，是不符合辩证法思想的，也不符合历史发展的本来面目。公共性是存在的，既有客观的事实基础，也是人主观能动性的目标。公共性是时代发展的指引，是时代精神的体现。中国现代化的独特道路就立足于公共性基础之上。

站在当代中国崛起的背景下，我们可以看到三个维度的公共性，分别是：中国作为现代化国家的崛起，中国特色社会主义的崛起，中华文明的崛起。这三个维度的公共性是引领中国发展的旗帜，也是中国发展的使命，具有重大的历史意义；同时，对于整个人类来说，也具有重要的现实意义。我理解的中国现代化，就是从这三个层面展开的。

现代化中国的崛起

从大历史的角度来看，人类历史按照生产方式可以分为三个时代：狩猎采集时代、农业时代与工商业时代。中国是农业时代的佼佼者，距今 1 万年前后开始从狩猎采集时代向农业时代过渡，与西亚成为世界最早的两个农业起源区。中国同时拥有华北与长江中下游两个农业起源中心，在此基础上，距今 5 000 多年，出现了若干文明起源中心，最后汇聚成统一的中华文明，不断地发展并延续至今。在农业时代，很长一段时期，中国是世界上文化最发达的地区之一，高峰时，GDP 占比超过世界的 70%。然而，中国在农业时代向工商业时代转型时落后了，当西方的工业革命如火如荼进行的时候，中国在闭关锁国，部分军事技术反而在倒退。当西方列强用坚船利炮打开中国国门的时候，中国所能凭借的只有弓箭与大刀长矛，面对列强的侵犯，中国社会、中华民族、中华文明都陷入了前所未有的危机中。李鸿章称之为"三千年未有之变局"，其实何止三千年，这是中国在过去一万年都未曾遇到的变局！技不如人，智不如人，制度不如人，思想不如人……许多中国人丧失了信心，日渐养成了洋奴心态。所幸中国还有一些有志之士，他们不畏艰辛，不畏生死，舍身为国，挽狂澜于既倒，拯救了中华民族与中华文明，带领古老的中国完成了从农业时代向工商业时代的转型（通常称为现代化）。

1958 年竣工完成的人民英雄纪念碑的正面镌刻着毛泽东题写的"人民英雄永垂不朽"八个大字，背面是毛泽东起草、周恩来题写的碑文："三年以来，在人民解放战争和人民革命中牺牲的人民英雄们永垂不朽！三十年以来，在人民解放战争和人民革命中牺牲的人民英雄们永垂不朽！由此上溯到一千八百四十年，从那时起，为了反对内外敌人，争取民族独立和人民自由幸福，在历次斗争中牺牲的人民英雄们永垂不朽！"这段碑文以最简洁的语言诠释了中国作为民族国家兴起的艰难历程。传统上，中国并不是一个民族国家，而是封建帝国，缺乏清晰的民族认同。从 1840 年鸦片战争开始，中国经历了一段让人不愿回首的屈辱历史。面对西方列强的坚船利炮，清廷割地赔款，丧权辱国。1860 年英法联军攻入北京城，火烧圆明园。1894 年，经过明治维新之后的日本发动甲午战争，北洋水师全军覆没。1900 年，八国联军攻入北京城。与此同时，统治阶层腐败成风，民众沉湎于鸦片之中，经济凋敝，底层民众食不果腹，卖儿卖女以求生存，中国社会在各个层面都陷入了深重的危机中。

从洪秀全的太平天国运动、曾左李的洋务运动到康梁的戊戌变法，当时部分中国人试图改变现实，但由于自身的局限与现实的约束，这些无一成功。1911 年，孙中山领导的辛亥革命推翻了清朝帝制，结束了中国两千多年的封建统治。但随之而来的是军阀混战，民不聊生，中国积贫积弱的面貌没有发生根本的改变。尽管中国是第一次世界大战的胜利国，尽管顾维钧才华出众，在巴黎和会上慷慨陈词，据理力争，但是帝国主义仍然要瓜分在中国的利益。五四运动爆发，马克思主义传入中国。在这样的背景下，中国共产党成立。当时中国有 200 多个政党，这些政党都是由当时的社会精英组织起来的，不少政党都有不错的纲领与主张，但是最终只有中国共产党取得了成功。

1938 年是抗日战争最艰苦的时期，历史学家蒋廷黻（1895—1965）在其著作《中国近代史》中曾提出了著名的"蒋廷黻之问"："近百年的中华民族根本只有一个问题，那就是：中国人能近代化吗？能赶上西洋人吗？能利用科学和机械吗？能废除我们家族和家乡观念而组织一个近代的民主国家吗？能的话，我们民族的前途是光明的；不能的话，我们这个民族是没有前途的。"[①] 真正成功地回答了"蒋廷黻之问"的就是中国共产党。中国共产党领导的新民主主义革命彻底改变了中华民族的命运，让中国完成了现代化转型。按黄仁宇在《中国大历史》中所说，辛亥革命推翻了帝制，解决了中国社会上层的问题，中国共产党领导的革命解决了社会下层的问题。其实还应该加上一点，改革开放给中国带来了世界上人数最

---

① 蒋廷黻：《中国近代史》，江苏人民出版社，2017，第 2-3 页。

多的中产阶层。有了上、中、下三个层次的社会变革，中国真正成为一个现代国家。当代中国拥有世界上最完整的产业链，成了世界的"基建狂魔"，经济总量居世界第二（按购买力平价已经是世界第一）。在众多成就中，有一点尤为关键，按金一南的说法，那就是民族的集体自尊。抗日战争时期，中国的伪军比日本侵略军的人数还要多，民族精神萎靡。1950 年，中国人民志愿军跨过鸭绿江，御敌于国门之外，与武装到牙齿的"联合国军"对抗，一洗百年国耻，正式成为世界民族之林中不可忽视的成员。

中国共产党之所以能够制胜，其秘诀在"人民"！以毛泽东为代表的中国共产党人在长期的革命斗争中发现了人民的力量。人民利益就是新民主主义革命的公共性，在此基础上形成了"人民战争"理论，之后"人民战争"理论进一步成为第三世界国家走向独立自由的思想武器。1949 年 10 月 1 日，在新中国成立的典礼上，当群众欢呼"毛主席万岁"的时候，毛泽东主席回应："人民万岁！"正是依赖人民的力量，中国共产党才能赢得革命战争的胜利，赢得抗美援朝战争的胜利。

中国特色社会主义的崛起

中国选择社会主义发展道路是历史与现实的必然产物。近代中国尝试过各种发展道路，从君主立宪到革命共和，从多党议会民主到总统独裁，这些制度都没能解决中国的根本问题，没能让中国走向独立自由，没能让中华民族获得集体自尊，没能让中国实现繁荣发展。在中国革命和建设过程中，老一辈领导人如毛泽东、邓小平都曾面临发展道路的选择问题。中国的独立自由是从同西方列强以及日本帝国主义的殊死搏斗中获得的，在西方已经确立丛林法则的情形下，中国要想获得充分发展，无异于痴人说梦。中国一度是世界第一的人口大国，我们不可能生活在一个依附体系中，仰人鼻息，成为西方的倾销市场与劳动工厂。中国必须要把发展权掌握在自己手中，中国只能走社会主义道路。实践证明，只有社会主义才能发展中国。这一点可通过比较中国与印度的发展情况来获得直观呈现，印度比中国早独立数年，两国的起步水平几乎完全一致，但是发展到现代，尽管西方媒体不断鼓吹印度是"世界上最大的民主国家"，但是缺乏社会改革的印度拥有世界上最大规模的贫困人口，落后的种姓制度、极大的贫富差距与性别不平等，都让其所谓的民主黯然失色。中国无疑不会走印度的发展道路，中国不仅在经济实力、科技实力等方面超过印度，在国家的行动能力、民族的凝聚力、社会的公平与人民的幸福程度方面更是远超印度。

实践已经证明中国选择社会主义发展道路是正确的。新中国成立后的前 30 年，中国在极为艰难的条件下，建立起了初步的工业体系，尤其是独立自主的国防工业体系，"两弹一星"项目获得成功，帮助我们解决了"挨打"的问题，同时也为后来的发展奠定了重要的基础。印度认为它与我国的发展差距并不是在改革开放时期形成的，而是在此之前形成的。中国完成了社会革命，消除了许多影响生产力发展的封建残余，正是在此基础上，才有后来改革开放的快速发展。最近 30 年来，中国解决了"挨饿"的问题，人民的物质生活得到极大的丰富。下一步我们要解决"挨骂"的问题，我们要在思想文化战场上取得胜利，为社会主义正名。在进一步完善社会主义制度的同时，还需要深入研究与宣传社会主义，让世界更好地了解社会主义。2020 年，我国完成了全面扶贫工作，让所有人共享改革开放的成果，不落下一个人。社会安定，经济发展，中国成为 2020 年世界主要经济体中唯一实现正增长的国家。

中国特色社会主义是马克思主义中国化的产物，辩证地利用市场经济，包容人类社会发展的多样性，形成人类命运共同体的思想，开创了社会主义事业的新局面。从人类社会权力演化的一般历程来看，当代西方资本主义已经进入高度成熟期。其早期以军事实力为依托，进行殖民掠夺，积累资本；之后则着力构建资本主义的世界政治体系，二战后，尤其是过去数十年间，着力打造了由西方资本控制的国际经济分工体系。社会主义中国的崛起首先打破了其军事霸权，抗美援朝战争的伟大胜利打破了西方军事力量不可战胜的神话。改革开放以来，中国通过参与国际分工，积累资本，也动摇了西方资本主义国家的垄断地位。如今它们能够依赖的主要是文化霸权，输出意识形态。但是这种缺乏现实基础的宣传是不会长久有效的。中国特色社会主义立足于实践，以实事求是为原则，积极发展民生，努力实现社会公平，改善生态环境，赢得了广大人民的支持，也在国际社会树立了典范。在处理世界及人类面对的重大问题时，中国坚持和平共处五项原则，不搞扩张，不搞矛盾转移，与扩张成性的西方资本主义国家形成了鲜明对比。

当代人类社会发展面临不少严峻的挑战，从政治纷争到环境危机，再到核武器威胁等，所有这些都需要人类携手合作，才能解决。但是从某种意义上说，西方资本主义已经出现了严重的问题，如果不进行深刻改革，指望它来解决全人类发展面对的困境是不现实的，而中国特色社会主义为人类社会提供了一条新的发展途径。

中华文明的崛起

中国的崛起不仅仅是一个民族国家的崛起，也不仅仅是一种特色政权的崛起，更是一种文明与文化的崛起。中华文明与古埃及文明、美索不达米亚文明、印度河流域文明、古希腊文明同属历史悠久的古文明，但是在所有古文明（包括美洲文明在内）中，只有中华文明是连续发展、未曾中断的，并且经过不断融合，形成了现在这个有超过 14 亿人口、面积超过 960 万平方公里的超大型的文明体。中华文明绵延不绝，发展到这么庞大的体量，绝不是偶然。除了独特的地理因素之外，中华文明具有优秀传统，包容开放，能够不断学习与吸收其他文明的优点，比如从来自印度的佛教融入中华文化传统之中，如今又把西方的科学文化吸收进来。在农业时代，中华文明应该说是发展最充分的，不仅文化连续，而且形成了超稳定的社会结构与完善的意识形态。中华文明在历史进程中发展出了四大板块：以农耕为主的东南板块，以游牧为主的西北板块，处在两者之间的生态交错带板块，以及海洋板块。四大板块相互补充、彼此交融，组成了博大的中华文明。中华文明是人类文明的重要组成部分，其历史经验与文化财富对于解决当代人类社会的问题仍然具有不可替代的意义。

不可否认，中华文明在近代社会转型中落后过，错失了科学革命、工业革命等近代化进程，以至于当代人类文化从思想到审美、从科学技术到生活方式，几乎全为西方所垄断。许多人把西方文化等同于现代文化、世界文化，等同于先进文化，而忘记了我们自身的优秀传统文化，甚至认为没有必要再提中国文化。西方在世界政治、经济与军事等方面的强势地位，尤其是在科学技术上的领先优势，使西方文化获得了前所未有的认同，由此形成了一套以西方文化为中心、以资本主义为基础的观念体系，我们称之为"现代性"。现代性垄断了科研、教育、文化传播等社会生活的方方面面。任何批评与反思都可以用保守、僵化、反科学来标签化。在这样的观念体系中，中国文化是属于前现代的，已经过时，是历史包袱，应该受到批判与抛弃。按照现代性观念，人类文化将会为一种"先进的"文化所统一，当然，这种文化必定是西方文化。现代性观念把自己包装成具有"普世"价值的、唯一合理的、符合人类未来发展方向的思想。在当今中国知识界，这种思想观念还有不少拥趸，他们以之为标准来批判自身的文化，殊不知自己已经处在现代性观念体系之中，浑然失去了自我反思的能力。

随着中国的崛起，我们日益认识到西方文化是有问题的。不仅仅是现代性观念，还可以追溯其更深远的根源。西方文化源自古希腊文化，而古希腊的农业基础来自西亚，在这种经济生产方式中，农耕与畜牧是矛盾的，需要发展贸易交换。古希腊利用爱琴海岛屿众多的优势，很早就形成了利用海上贸易不断进行海外殖民的传统，古罗马继承了这一传统。我们承认西方文化在开拓世界方面曾经很优秀，但其文化基因是带有侵略性的，这进一步为其宗教思想所强化。西方文化缺乏包容精神（许倬云称之为"独断"），到处挑起纷争，到处制造对立，在其殖民扩张过程中，给世界留下了许多难解的矛盾。这种文化与资本主义混合之后，表现为无止境的贪婪；为了满足无穷尽的物质欲望，在全球资源利用上几乎是竭泽而渔。侵略性、狭隘、贪婪构成西方文化难以改变的文化基因。哲学家罗素曾言，如果中国完全模仿西方文化，不仅是中国的悲剧，而且是世界的灾难；中国文明作为一种独特的文明，在全球遭遇危机时，可能是世界唯一的希望；如果世界只有一种西方文化，一旦遭遇危机，人类就可能失去了其他的选择。

中国的崛起绝不仅仅代表军事上免于挨打、经济上免于挨饿，这一崛起最终代表的是中国思想文化的兴起。中国的崛起立足于中国文化基础，是五千多年历史文明的继续发展，是更久远历史文化的绵延。中国人祖祖辈辈生活在这片土地上，这里的一山一水、一草一木已经为文化所浸润，都有了文化意义，这是诗经汉赋、唐诗宋词等反复歌咏过的土地，生活在这片土地上的我们早已为历史文化所渗透。中国文化含蓄隽永、包容宽和，尊重世界上每一种文化的优点，愿意学习所有文化的优点；同时，中华文化对于解决人类未来面对的挑战具有重要意义，我们无须妄自菲薄。

结　语

三个维度的崛起是当代中国发展的基本目标，这些目标不仅对于中国人，而且对于整个人类来说，都是具有重要意义的，具有不可替代的公共性。中国完成从农业社会向工商业社会的转型，不仅仅让中国摆脱了被欺凌、被掠夺的地位，让中国人摆脱了贫困，还意味着占人类 1/5 的人口完成了历史转型；同时证明，在人类解放与发展事业中还存在一条有效的路径，一个古老的文明重新焕发出新的活力，人类文化在面对未来挑战时有更多的选择。

中国文化的前途

我曾听过一个节目，是讲世界未来造车格局的，主持人说最后真正的玩家只有两个：一个是以特斯拉为代表的美国，强调单车智能化的水平；另一个是以比亚迪、百度等企业为代表的中国，强调车路协同。主持人说双方都是从自己的技术优势出发，很难说谁好谁不好。作为一名并不懂造车的听众，我从自己的角度，一名文化学者的角度，注意到中美造车思路差异背后的文化思想差异。美国是现代西方文化的代表，其文化思想基础是个体本位的，在此基础上衍生出了自由主义、私有财产至高无上等观念。相比而言，中国的文化思想基础是集体或整体本位的，由此形成整体思维、社会主义、人民战争等观念，强调广泛的参与和协作，集中力量办大事。造车技术路线的背后有更深刻的文化思想背景联系。泛泛而言，两者都有各自的选择，但是具体到特定时代、特定事情上，可能会结果迥异。

个体本位是近代西方资本主义社会的基础，其优点不言自明，有利于发挥个人的创造性，但缺点同样明显，就是整体性相对欠缺，包括忽视社会整体利益、人类整体利益等。个体本位已经是西方的文化基因，渗透到西方社会的方方面面。作为一个军事爱好者，我注意到了中美在武器设计思路上的差异。系统科学形成于美国，但非常有趣的是，美军武器的设计始终无法摆脱对单个武器极端先进性的追求。美国在各方面实力都还雄厚的时候，发展出了诸如 F-15 战斗机这样较为均衡的精品，但近一二十年，不论是朱姆沃尔特级驱逐舰、福特级航母，还是 F-35 战斗机，都陷入了怪圈，把众多先进技术聚集在一起，试图打造无敌的存在，结果是系统集成遇到难以克服的困难。F-35 战斗机因为太胖，"闪电"的绰号变成了"肥电"。相比而言，中国在许多技术上落后于美国，但是中国武器设计非常注意系统集成，整体性始终是优先考虑的目标，近年来出现了 055 型驱逐舰、歼 -20 战斗机、东风 -17 导弹等精品。中国武器设计注意小步快跑，降低技术难度，在尖端技术不如人的情况下，以系统集成来弥补不足，从而实现快速赶超。

还有一个例子值得一说，那就是抗美援朝战争。中国人民志愿军和朝鲜人民军将以美军为首的"联合国军"和南朝鲜（韩国）军从鸭绿江边赶回到"三八线"，取得了伟大的胜利。至于胜利的原因，毛主席说是敌人钢多气少，志愿军钢少气多，侧重于强调精神的力量。具体到战略战术的分析上，我们深知美军的长处，也知道其弱点，因此多采用近战、夜战、白刃战，抑制其火力上的优势，发挥我军的长处；通过穿插、渗透、伏击等机动灵活的战术打击高度依赖机械装备的敌军。抗美援朝战争不仅是精神的胜利，也是战略战术的胜利，而其背后有着文化思想观念的支持。比较中美力量，不能只看局部的、静态的武备，还要总体地、动态地看问题，美军的机械化优势在山地众多、交通条件不佳的朝鲜半岛也可能成为其劣势，优势与劣势是可以相互转化的。

以前文典型的例子为代表，我们可以看出其背后共同的中国文化思想观念，可以归纳为四点：（1）实践理性；（2）整体本位；（3）辩证思维；（4）社会主义。整体本位与社会主义有点相似，但实际上并不相同，社会主义提供的主要是一种价值观。许多人可能不赞同把社会主义当作中国文化思想观念，认为它来自马克思主义，仍然是舶来品，最多也只是马克思主义中国化的产物。这种说法无疑一定的道理，从字面上看没错。在马克思主义刚刚传入中国不久时，梁启超先生就说它与中国文化传统中的社会主义较为契合，中国文化传统中本身就有社会主义的因素，"等贵贱、均贫富""王侯将相宁有种乎"，与好言血统的欧洲贵族社会形成鲜明对比。向前追溯，中国文化之所以能接受佛教思想，原因之一就是，佛教主张众生平等的观念与中国文化暗合。尽管中国文化中的社会主义并不等同于马克思主义的社会主义，但是这种文化根源无疑有助于社会主义在中国新民主主义革命中的接受与发展。社会主义作为一种文化思想观念早已深植于中国文化传统中，它深刻地影响了我们民族的性格。这种思想的张扬、发挥，往往意味着高度的社会凝聚力，就像我们在朝鲜战场上看到的，中国人民志愿军把自我牺牲精神、创造力发挥到了极致。中国近现代社会的革命一方面的确要归功于那些勇立潮头的先驱，另一方面更要归功于千千万万觉醒的民众，这正是天安门广场上矗立人民英雄纪念碑的重要原因！

回过头来说实践理性的问题。中国文化的宗教氛围不浓，我们敬天法祖，但不迷信天，后羿射日、精卫填海、愚公移山等，这一系列神话传说表明，早在中国文化的形成期，我们的祖先就相信人的力量。世界是复杂的、难以预测的，但是人可以通过坚持不懈的实践最终克服困难。在中国文化传统中，中国人对人的有限性有深刻的认知，并不奢求一劳永逸的终极方案，而是注重务实与苦干。水滴石穿，绳锯木断，中文成语中有众多这样的表达，都在反复确认一项中国人生活的原则。在中国的武器设计、载人航天工程等大项目中，我们都可以看到中国人身上的务实与苦干作风。为什么是这样的呢？中国文化传统的主体是在农耕时代形成的，我们的农耕方式不同于兼营畜牧与海上贸易的欧洲，是一种以谷物种植为主兼营家畜饲养的小农经济模式。这种方式是以土地耕作为中心的，除了解决当下面临的问题，人们无处可逃。相较而言，畜牧、游牧或者海上贸易群体都可能采用劫掠、殖民来解决问题。于是，大禹要去治水，秦始皇要修建万里长城，隋炀帝要开凿大运河……只有通过实际的努力才可能解决问题。

说到整体本位与辩证思维，大家首先想到的可能是中医，中医把身体看作一个整体，用阴阳五行相生相克的原理来解释疾病的发生，非常具有辩证性。《周易》就是辩证思维的代表作。为什么整体本位与辩证思维会成为中国文化思想的基本观念呢？相较而言，西方文化中个体本位简直是根深蒂固，尤其是在近现代社会，它俨然成为一种信仰级别的存在。同时，西方文化存在终极追求，其标志就是上帝，中国人往往很难有西方人这样的宗教情结。终极追求延伸为追求唯一真，或许如有些研究者所认为的，这有利于科学的发展，但不免容易让人走向极端与刚愎。在自然科学领域还可以接受，成为追求真理的科学精神，而在人文社会领域，必定会导致西方文化中心论，认为西方文化才是唯一正确合理的文化。西方这样的极端思想在中国文化中很难找到观念基础，"四海之内皆兄弟""旧时王谢堂前燕，飞入寻常百姓家"，表现的是中国文化中的天下一体与世事兴衰无常的观念。我将这些观念的形成归因于中国的农业生产方式，它是自给自足的，是一个完整的文化生态系统，追求人与自然的高度相融。

文化传统或者文化基因大多数时候是中性的，既可以是优点，也可以是缺点，需要有合适的环境才能将其发挥为文化优势。之所以特别强调以上四种观念，是因为它们与当代世界环境的变化趋势相契合。以人类社会结构为例，狩猎采集时代基本为平均主义社会，即便存在等级，也很难稳定传递。农业时代等级社会开始形成，等级社会也成为精英社会，一小撮掌握资源的人控制着整个社会，这里资源不仅包括物质资源，也包括知识、意识形态资源。古今中外的农业社会，概莫能外。当然，其中也有差异，哪个社会精英占比更高、流动性更强，哪个社会就可能发展得更好。农业时代的中国有科举制，因此与其他农业社会相比有更高比例、流动性更强的精英队伍，不像欧洲那样关注贵族血统。农业时代的物力有限，精英所占比例是非常低的。近现代社会转型之后，生产力得到很大的发展，中产阶级随之兴起，欧洲开先河，美国最终拔得头筹。而如今，随着新时代的来临，美国中产阶级的发展似乎遇到了瓶颈，不但没有扩大，部分中产成员反而坠入社会下层。中国正在形成世界上人数最多的中产阶层，更值得关注的是，走中国特色社会主义道路的中国致力于实现最大多数人民的共同富裕，出现精英阶层大众化趋势，也就是说，中国有可能在未来形成"大众化的精英社会"。人尽其才，物尽其用，这应该是比较理想的社会结构。

互联网时代的到来正在助力新型社会的成长。互联网极大地压缩了空间距离，如今我们在网上购物的时候，对这一点深有体会，从前梦寐以求的统一大市场就在眼前，你可以买云南的蘑菇、东北的木耳，甚至是意大利的果酱，就好像你在家附近的超市购物一样。如今人工智能发展迅速，这将极大降低精英的门槛，以前很难享受到的医疗服务可能会普及化，经过反复学习的人工智能能够准确诊断绝大多数疾病。可能有人会问：美国的人工智能也发展很快，为什么美国不能继续领先呢？从社会结构的角度来看，美国是一个高度成熟的精英社会，换句话说，是一个精英锁死的社会。精英在政坛、资本市场、大学之间无缝切换，实在是无懈可击，对于其他试图进入这个圈层的人来说，存在着难以逾越的障碍，这也就是美国的"平行宇宙"，不同圈层各安天命，老死不相往来。从某种意义上说，这样的社会需要一场革命性的变革才能有新的发展。

当代社会与科技的发展也日渐复杂，不再有像 19 世纪那样的确定性，复杂性科学真正兴起。面对不确定性，实践理性是合适的思想观念，乌托邦式的终极追求已经过时。确定性是现代性的特征，笃信放之四海而皆准的规律、准则，从市场经济到社会制度，乃至于艺术形式。这种线性的发展思维曾经给我们带来很大的损失，而今我们回归传统。月盈则亏，水满则溢，天道忌盈，在中国文化观念中，世界本就是复杂的、不完美的，中国文化甚至忌讳完美，不追求极致与绝对，这样的观念很适合当代世界。美国是个现代性超强的国家，可以说是现代性的巅峰，它与宗教的绝对追求联系在一起。美国的思维方式有点单向度，对于美国来说，所谓反恐就是消灭恐怖分子，如果恐怖分子藏身深洞，那么就发展穿地炸弹；如果一年不行，那么就再来一年，就这样，美国在阿富汗的反恐持续了20 年之久，不过最后还是像西贡溃败一样狼狈地离开了阿富汗。阿富汗反恐的失败不是技术的失败，而是观念的失败，现代性主导的美国无法有效应对后现代的复杂性。

进入 21 世纪，我们似乎发现后现代的精神与中国文化观念暗暗契合。和而不同，求同存异。中华文明五千年反复融合，融合的前提是对命运共同体的认同。最晚在距今 6 000 年前后，已经形成史前中国的互动圈，一个文化意义上的中国已经形成。融合是中华文明史的常态，中国文化中的融合是真正的交融，就好比汉族的形成，众多不同的族群融合为一个更大的群体，其中不存在拥有绝对主体性的族群，也不是一个吞并另一个，一个消灭另一个。相较而言，西方似乎一直没有处理好这个问题，欧洲至今仍处于四分五裂的状态；在近现代，更是大搞殖民主义、种族主义，甚至进行种族清洗，至今仍然到处煽动族群对立，弄得偌大的世界不得安宁。中国选择进一步改革开放，继续推动"一带一路"国家之间的共同发展，积极践行人类命运共同体的理念。我深信中国的道路是正确的，因为这是历史发展的大趋势，它符合全人类的利益。

从来没有适用于任何时代的文化思想理念，三十年河东，三十年河西，曾经让西方垄断世界的文化思想理念已有些过时，不适合这后现代的世界，不适合这个高度复杂、关联密切的世界。中国文化的发展曾引领世界，也曾落入低谷，今天的中国正在把自身文化遗产的优秀之处发挥出来。任何文化如果故步自封，都可能陷入发展停滞的局面。发展越成功的文化，越容易形成固化的结构，导致革新困难。中国文化在农业时代发展极为充分，与小农经济生产方式相协调，形成了相当完善的社会结构与意识形态，所谓长幼有序，各安其位，顺天应时，恰到好处。这也使中国在向近现代社会转型，也就是走向工商业时代的时候，出现了船大难掉头的问题。从鸦片战争一直到改革开放，中国经历了一系列内外相加、代价巨大的变革，终于实现了社会与文化的成功转型。这样的问题，如今的西方也可能会遇到。过去数百年，西方的发展的确非常成功，引领了人类社会的近现代转型。而今时代已发生深刻的改变，主导其社会的个体本位、机械世界观、分析导向的思维模式以及宗教情结（救世主心态与所谓的终极观念）等观念已然过时，并且带来了许多难以解决的现实问题，到了需要革新的时候了。

当然，这不是说，当代中国文化就是完美无缺的，我们自动就有幸运加持，无须努力就会赢得胜利。实际情况并非如此，当代中国是一种镶嵌式的发展模式，有一部分走在世界前列，还有一部分落在了后面，就像在北京，我们既可以看到极为现代化的 CBD，也可以看到拥挤逼仄的小胡同一样。从大的发展趋势来看，我们充满信心，中国文化走向复兴是大概率的事情，但是其中还有不少困难需要克服，尤其是那些拖后腿的问题。在这些方面，西方的历史经验与教训，就可以为我们所借鉴。文化因为学习而更丰富，因为包容而更博大，我们需要积极学习包括西方文化在内的世界不同文化的优点，融合创新，为人类繁荣做出更大的贡献。

图书在版编目（CIP）数据

中华文明格局的起源：考古学的视角 / 陈胜前著
.-- 北京：中国人民大学出版社，2024.3
ISBN 978-7-300-32601-6

Ⅰ.①中… Ⅱ.①陈… Ⅲ.①考古学 – 研究 – 中国
Ⅳ.① K870.4

中国国家版本馆 CIP 数据核字（2024）第 046565 号

中华文明格局的起源
考古学的视角
陈胜前 著
Zhonghua Wenming Geju de Qiyuan

出版发行	中国人民大学出版社	
社　　址	北京中关村大街 31 号	**邮政编码**　100080
电　　话	010-62511242（总编室）	010-62511770（质管部）
	010-82501766（邮购部）	010-62514148（门市部）
	010-62515195（发行公司）	010-62515275（盗版举报）
网　　址	http://www.crup.com.cn	
经　　销	新华书店	
印　　刷	北京瑞禾彩色印刷有限公司	
开　　本	890 mm × 1240 mm　1/32	**版　　次**　2024 年 3 月第 1 版
印　　张	13.125 插页 2	**印　　次**　2024 年 12 月第 3 次印刷
字　　数	245 000	**定　　价**　88.00 元